JN439441

아들아!

미쳐라! 미쳐 버려라!

아들아!
미쳐라! 미쳐 버려라!

발 행 | 2012년 6월 25일

지은이 | 곽재석(winhouse@winhouse.co.kr)
펴낸이 | 윤재호
펴낸곳 | 나루코(주)
주 소 | 경기도 고양시 성사동 704-10 고양지식정보산업진흥원 305호
전 화 | 070-7122-3488
팩 스 | 031-966-5564
홈페이지 | www.naruco.kr

본문삽화 | 조환철
편집디자인 | 서정훈
인 쇄 | (주)신화프린팅

ISBN | 978-89-964390-2-8
정 가 | 12,000원

나루코는 '나루'와 contents의 'co'를 합성한 것이다. 나루는 강과 물목을 이어주는 역할을 하는 곳으로 문화교류의 장이기도 하다.
이렇듯 콘텐츠를 생산하는 곳과 필요로 하는 곳을 연결해 주는 connector, communicator, cooperator 등의 역할을 하는 회사를 이른다.

아들아! 미쳐라! 미쳐 버려라!

곽재석 지음

나루코

아들아! 그리고 이 책을 읽게 될 조카들아!
너희의 나이가 지금 몇 살 이든 간에…….
이 책을 읽기 위해 책장을 넘기려 한다면,
하나만 부탁을 하자.

너희의 잔을 완전히 비워 놓고 이 책을 잡아라!

무엇인가로 가득 채운 마음으로 이 책을 절대로 읽지 마라!

대충 읽어 볼 생각이라면 더더욱 책장을 넘기는 짓으로 너희의 귀중한 시간을 허비하지 마라!

만약, 너희 가치관을 보호하는 자존심이라는 것이 작동되어 마음의 문을 닫아놓은 채로, 또는 너희의 잔을 가득 채운 채로 이 책을 읽게 되면, 단연코! 이 책으로부터 어떠한 것도 너희의 잔에 담아갈 수가 없단다.

이 책은 그저 짜증나는 잔소리들을 나열한 종이 묶음에 불과 하게 된다.

마음의 잔을 비우고, 너희의 가치관을 지키는 대문을 열어놓은 채로 이 책을 통해서 무엇을 너희의 빈 잔에 담아갈까를 고민하는 마음으로 책장을 넘겨라!

콘크리트처럼 굳어져 가는 너희의 고정관념과 왜곡 될 수도 있는 가치관을 무너트리고 다시 쌓게 하는 것이 이 책의 목표다. 무너져가는 너희의 편향된 고정관념과 편견, 왜곡된 가치관을 지키려 애쓰기보다, 너희의 소중한 인생 철학과 가치관들이 과연 올바른 것인가 한번 회의(doubt)해 보고 재점검한다는 자세로 이 책장을 넘기길 진심으로 부탁한다.

너희가 지금 가지고 있는 생각들과 이 책의 내용들과 치열하게 논리적 싸움을 해라!

그래야만 이 책을 읽는 동안에 잃게 되는 너희의 다른 수많은 **기회비용의 손실을 최소화 할 수 있단다!**

둑에 갇혀서 썩어갈 수도 있는 너희의 고정관념들, 왜곡된 생각들에 물꼬를 터줘, 그 생각들이 흘러내려 도랑이 되고, 시냇물이 되고, 강물이 되어 마침내! 자유로운 영혼의 바다로 흘러가기를 희망한다.

차 례

20대를 위하여

차 례

30대를 위하여

너희 인생의 결정적 역할을 하는 멘토(mentor)가 되기를

아마도 지금의 너희로서는 이 책의 많은 부분들이 이해하기에는 어려운 내용이 많을 것이다. 대충 읽어 보고는 "좋은 이야기네" 하고는 책꽂이 한 귀퉁이에 처박아 둘 수도 있겠지.

대충 좋은 이야기 따위들을 짜깁기해서, 너희에게 들려주기 위해서 이 책을 쓴 것이 아니란다.

아빠의 생각들을 활자화 해 아빠의 허기진 허영을 채우기 위함도, 너희에게 뭔가를 인정받고자 하는 공명심을 충족시키려 함은 더더욱 아니다.

너희들이 아빠가 해주는 말들을 제대로 이해 할 때쯤의 나이가 되면, 아빠의 생각들도 다르게 바뀌어 있을지도 모르지.

『나의 생각들이 틀릴 수도 있고, 절대로 옳을 수도 없단다. **세상에는 다름이 있을 뿐, 반드시 옳다!** 라는 것은 없기 때문이란다.

세상엔 다양한 무게와 크기의 **'다름'** 만이 존재한단다.

그 **'다름'** 의 차이를 너희에게 이야기 해주려 한다.』

나보다 더 넓은 세상을 경험을 해본 사람들의 시각과 큰 지혜를 가진 현명한 사람들의 입장에서 보면, 아빠의 생각들 또한, 크기가 다른 또 다른 우물에 지나지 않을 수도 있고, 편향되고 편협된 생각들일 수도 있단다.

나의 생각들을 좀 더 지혜롭고, 편향되지 않은 보다 현명한 생각들만을 너희에게 들려준다면 더할 나위 없이 좋겠으나, 지금의 생각들을 더 키우고, 보안할 수 있을 때까지, 또 더 많은 경험과 지혜를 쌓을 때까지, 내가 너희들 곁에 살아 있으리라는 보장은 그 어디에도 없단다.

불의의 사고로, 또는 심각한 질병으로 1년 뒤 또는 2년 뒤에 건전지가 수명을 다하듯이 갑자기, 아빠에게 주어진 생(生)을 마감할지도 모르지…….

생각해 봤단다. 심각하게 생각을 해 봤단다.

만약 1년 뒤에 죽는 다면, 나의 인생에서 무엇이 가장 아쉬울까?

다 써보지 못한 일기장과 같이 내가 다 넘겨보지 못하고 아깝게 남아 있는 인생의 날들일까?

마지막까지 다 먹어 보지 못하고 남겨진 사과 조각 같은, 나머지 생에 대한 미련일까?

해보지 못한 일들!

마무리하지 못한 일들!

먹어보지 못한 맛난 음식들!

가보지 못한 미련이 남는 장소들!

이루어내지 못한 목표들!

그 어떤 것들도 아빠 나머지 생(生)의 미련이 될 수는 없단다.

그럼, 무엇이 아쉽고, 미련으로 남을까?

그것은 너희가 성장함에 따라 그때그때 그 나이에 맞게 해주고 싶었던 말들을 다하지 못하는 것! 아빠가 경험하고, 아빠가 읽은 세상들, 아빠가 세상을 바라보던 관점들, 그것들을 너희에게 육성으로 말해주지 못하는 것! 그것들이 아빠의 아쉽고 안타까운 생에 대한 미련이 될 것이라는 결론을 내렸단다.

아빠의 이야기들이 너희들에게 잔소리로 들릴 것이라는 것도 잘 알고 있지. 이해도 가지 않고, 가슴에 와 닿지도 않는 짜증나는 꼰대의 잔소리가 되리라는 것을…….

그래도 말해 줘야 한단다.

너희가 느끼고, 깨달을 때는 이미 시간이 늦을 수도 있으니. 어쩌면 너희가 너희의 평생을 통해서도 생각해보지도, 느껴보지도 못하고 죽어갈 수도 있으니…….

너희를 폄하하고 무시하거나, 불편한 생각이 들게 하려는 의도가 아니란다.

사람들이 똑같은 경험으로도 그것을 해석하고 도달해내는 결론은 사람의 얼굴이 다양한 것처럼이나 다르기 때문이며, 똑같은 경험과 정보를 가지고도 자신의 그릇 크기만큼 만을 담아가는 거란다.

너희가 교육받고, 너희 스스로 경험하는 시행착오들을 통한 경험들이 아빠의 그것들과 해석하고, 결론을 내리는 결과물이 크게 다를 수도 있단다. 그것은 세상을 보는 관점이, 기본적 생각의 방향이 다르기 때문이지.

생각이, 또 세상을 바라보는 관점이 자기 자신의 인생을 얼마나 심각하게 좌우하며, 때론 심각하게 왜곡되게 하는지!

거듭 말하지만, 아빠의 생각만이 올곧은 생각이라고 할 수도, 합리적인 관점이라고 할 수도 없다.

나와 똑같은 생각을 갖기를 희망하지도 않으며, 세상을 측정하는 너희의 잣대 위의 눈금들이 아빠의 그것들과 같은 것이기를 강요함도 아니다.

그러나 적어도 다른 시각들이 있음을, 다른 관점들이 있음을, 또 그 다른 시각과 관점으로 세상을 바라볼 때, 똑같은 사실들도 너희가 진실이라고, 신념이라고 생각하고 믿어왔던 것들도 프리즘의 왜곡된 시각과 관점일 수 있다는 깨달음을 줄 수 있기를 희망하기 때문이란다.

나의 생각과 철학을 딛고, 너희만의 합리적인 인생의 철학과 올바른 너희 **인생의 잣대**를 형성하는 초석이 되기를 고대한다.

너희의 가치관에, 세상을 측정해 가는 너희의 잣대 위에, 아빠의 생각과 철학이 한 귀퉁이는 차지해, 불합리하고 왜곡된 생각들이 차지할 그 자리를 대신하기를 희망하고, 너희가 인생을 살아가는데 참고가 되는 **【피카소의 관점】**이 되기를 강력히 희망한다.

고여 썩어갈 수도 있는 너희의 고정된 생각들에 물꼬는 터줘, 강이 되고 바다가 될 수 있는 너희 인생의 결정적 역할을 하는 멘토(mentor)가 되기를 참으로 희망한다.

따라서 **이 글은 대충 한번 읽어보고, 버리는 것이 되어서는 안 된다. 좋은 소리네! 하고 한번 읽고 던져 버려서도 안 된다. 너희가 스물이 되고, 서른이 되고, 그 이상이 되어서도 읽고 또 읽어 줘야 한단다.**

설사 이해를 한다고 해도, 그 이해가 전부가 아닐 수도 있단다. 두고두고 읽어서 행간에 숨어진 뜻을 이해해야 한단다.

반복해 강조하지만, 사람은 자신의 그릇만큼만 담아가는 거란다. 너희의 그릇이 커졌을 때, 다시 읽고 또 읽어서 너희의 그릇이 커진 만큼 다시 담아가야 하기 때문이란다.

【돌아가신 할아버지께서는 얼마나 많은 이야기를 아빠에게 해주고 싶으셨을까! 얼마나 아빠가 시건방지고, 미우셨을까!

꽉 채워진 종지 그릇을 들고 서있는 내게서, 할아버지께서는 얼마나 많은 벽과, 절망감을 느끼셨을까?

사춘기 때는 시건방지고 철이 없어 그분의 말씀에 귀 기울이지 않고, 철들어 성인이 되어서는 그이의 말씀들이 고루하신 생각이라 듣지 않고.

그이의 말년엔, 어눌하신 말씀이라 듣지 않고,

그리고 그분이 가시고 난 후에…… 그곳으로,

다시는 뵐 수 없는 그곳으로…….

매번, 그저 말없이 물끄러미 바라만 보시던, 그이의 눈길은

영원히 지워지지 않는, 웅장하게 각인된 장면으로 남아

가장 크게 울려 퍼지는, 고막 찢는 웅변이 되어…….

눈물짓게 한다.】

2012. 6

【자꾸만 공부를 해도 잊는다고 기죽을 것 없단다. 나는 머리가 나쁜가 봐 하고 의기소침할 것도 없단다. 우리가 한두 번 보는 것으로 기억을 하지 못하는 것은 아주 당연하단다. 한두 번 봐서 기억을 바로 하는 친구들이 있지만, 그런 친구들을 부러워하지도 주눅 들지도 마라. 그런 친구는 돌연변이이거나, 아마도 정상적인 머리가 아닐 가능성이 크단다. 한두 번 공부한 것으로 바로 기억하지 못하는 것은 정말로 정상적인 사람에게는 너무나 지극히 당연하단다.】

【우리가 영어를 공부해야 하는 절대적 이유!
국제화 시대를 사는 우리는 글도 모르는 문맹에서 벗어나야 하고, 입을 벌려 의사를 표현하고, 귀로 상대의 말을 들을 수 있어야 한다는…….
벙어리에서 벗어나야 하는 절박함!
바로 그것이 우리가 영어를 공부해야 해야 하는 절대적, 절대적, 절대적 이유란다.
아들들이 벙어리로 세상을 살아가는 것만큼은 아빠는 절대로 용인할 수 없다!】

-본문 중에서-

아들아! 미쳐라! 미쳐 버려라!

10대의 생각이 자신의 인생의 방향을 심각하게 좌우하기도 하고, 또 평생을 가지고 가는 가치관의 초석이 되기도 한단다.

오늘 하루에 대하여

오늘, 내일, 모레 등등의 명칭으로, 또 월요일과 화요일, 수요일과 같은 요일이라는 명칭으로, 같은 날짜의 숫자들이 일주일마다 반복되고, 그것들이 반복되어 한 달을 채우고, 일 년을 채우지.

마치 같은 날들이, 같은 요일들이, 끊임없이 반복되는 것이라는 착각을 유도하려는 듯이…….

그러나 실상, 오늘이라는 구체적인 날짜는 너희들 인생에서도, 아빠의 인생에서도, 또 우리와 동시대를 살아가는 지구상의 60억 사람들에게도 영원히 되돌릴 수도, 반복되지도 않는 정말 소중한 날이란다.

오늘 하루가 중요하다는 사실을, 오늘은 영원히 반복되지 않는다는 사실을 깨닫고 사는 사람들이 어찌 아빠뿐이랴!

【순간을 지배하는 사람이 인생을 지배한다.】라고 '에센 바하' 라는 철학자도 오늘을 말했고,

【미래는 오늘에 의해서 만들어지고, 오늘은 어제의 덕이다.】'T. 플러' 라는 철학자도 오늘에 대해서 역설했단다.

오늘 하루가 얼마나 중요한 날인가!

생일이나, 기타 기념이 될 만한 날만이 소중한 것이 절대로 아니란다.

생일이나 기타 기념일들을 우리가 다시 챙기고, 특별한 날로 여기는 것은

지나간 시간의 아쉬움을 억지로라도 되돌려 보고 싶어하는 마음의 표현으로 우리 인간들이 세월의 흐름을 측정하기 위해서 반복되도록 만들어 놓은 그 모양과 숫자가 같은 날짜에 특별히 의미를 부여해 기념을 하는 것일 뿐이란다.

기념일들을 챙기고 소중히 여기는 것은, 그것은 되돌릴 수도, 반복할 수도 없는 지나간 날에 대한 안타까운 향수(homesickness)일 뿐이란다.

절대로 같은 시간의 반복이 아니란다. 같은 시간이 반복되어 너희들에게 주어지지 않는단다.

물레방아가 똑같이 반복되는 물에 의해서 돌아가는 것처럼 보이나, 오늘이 또다시 반복되는 것이 아니란다.

오늘 하루가 모여서 일 년이 되고, 그 일 년이 모여서 우리의 칠십 평생이 된단다.

우리에 주어진 인생의 날들이 얼마나 될까?

우리들의 칠십 평생은 기껏해야 25,000일 남짓이란다.

우리는 우리에게 주어진 25,000여 일들을 매일 한 장의, 하루의 일기를 쓰며 넘기듯이 살아가는 것과 같단다.

이미 너희는 수천 일을 이미 써버렸고, 기껏 남아야 19,000페이지(page) 이하의 날들이 남았겠지.

아빠에게 남겨진 생의 날들은 얼마나 될까?

기껏 해봐야 8~9,000일 남짓이겠지.

그것도 너희와 아빠가 평균의 수명을 산다는 전제 하에서…

오늘 해야 하는 일을 내일로 미루게 되면 내일이 어김없이 오늘이 되어서, 오늘(어제의 내일) 해야 하는 다른 일들이 생기는 거란다.

인생에서의 하루하루는 날짜를 수정 할 수 없도록, 지정된 날짜를 프린트 해 놓은 일기장과 같은 것이란다.

오늘 써야만 하는 일기를 오늘 마치지 못하고, 하룻밤이 지나버리면 어제의 내일이 어김없이 오늘이 되어 버린단다.

그리고 새로운 오늘의 일기를 써야 하는 오늘의 일기장에 어제의 일기를 밀려 쓸 수는 없는 거란다.

하루하루를 소중하게 보내는 것이 너희의 삼십대와 사십대, 그리고 오십대의 삶의 질을 좌우하는 것이라는 것을 심각하게 이해를 해야 한단다.

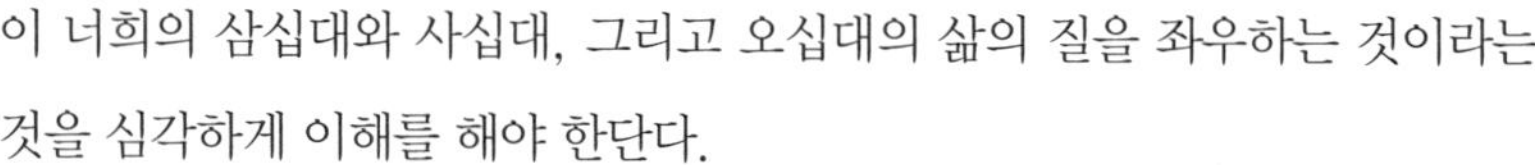

무엇을 하든 그 분야에서 성공을 한 사람들!

그들은 한결같이 자신에게 주어진 하루 하루를 최선을 다해서 살아온 사람들이란다.

따라서 우리는 오늘 해야 하는 일을 내일로 미루지 말아야 한단다.

내일은 내일 해야 하는 일들이, 그것도 차고 넘치게 우리들을 기다리고 있음을 명심해야 한단다.

"오늘 걷지 않으면 내일은 뛰어야 한다."는 말도 있지.

그러나 오늘 열심히 걷는다고 해봐야, 그것은 기껏 남들에게 뒤쳐지지 않을 뿐이란다.

오늘을 열심히 뛰어야만 우리가 저만큼 앞서갈 수 있단다.

남들보다 반드시 앞서가라는 말이 아니란다. 오늘 걸어야만, 또 오늘 뛰어

야만, 그만큼 너희의 목표에 더 다가갈 수 있는 것이지.

남들이란! 단지 우리가 얼마나 앞서 있는가를 측정하는 비교 대상일 뿐이란다.

'장 파울' 이라는 사람도 오늘의 이 순간의 중요성을 다음과 같이 말했지.

【인생은 한 권의 책과 같다! 어리석은 자들은 아무렇게나 책장을 넘기지만, 현명하고 지혜로운 자들은 차분하고, 주의 깊게 그것을 읽는다. 그들은 그것들을 단 한번 밖에 읽지 못한다는 것을 알고 있기 때문이다.】

오늘은! 이 순간은!

절대로!! 우리들의 인생에서 다시는 반복되지 않는 소중한 순간들이란다.

순서에 대하여

할아버지께서도 그러셨고, 많은 어른들께서 말씀하셨지.

"사람은 다 때가 있는 것이란다." 라고…….

아빠도 까불며 대답했지… "그럼! 목욕탕을 가면 되지요~오!"

그렇단다.

모든 일에는 다 때와 그 순서가 있는 거란다.

눈이 녹기 시작하는 봄에 우리는 작년 가을에 준비해둔 씨앗을 뿌릴 준비를 하고, 아지랑이 피는 농익은 봄날에 곡식의 씨앗을 뿌리지. 이때를 놓쳐버리면 한해 농사를 망치게 되는 거란다. 설사 좀 늦게 씨앗을 뿌릴 지라도 부실하게 자라게 되고, 기대하는 만큼의 수확을 할 수 없게 되겠지.

시대가 어느 시대인데 웬 농사짓는 타령이신가! 할지 모르나, 사람이 살아가는 근본은 매양 같기 때문이고, 시대가 아무리 변해도 그 근본은 변하지 않는 거란다.

【아빠는 그 근본을 이야기하는 것이고, 또 그것들만을 이 책에서 이야기 하려 노력할 것이다.

근본과 뿌리! 본질이 아닌, 곁가지들로, 또 아빠만의 경험과 개똥철학으로 너희에게 편향된 신념을 갖게 하는 일이 없도록 노력할 것이다.

아빠의 알량한 경험만이 세상의 전부인양 너희에게 말하지는 않겠다.

세상을 움직이는 기본적인 원리에 편향되지 않는 본질에 충실하려 노력할

것이다.】

세상이 아무리 발전되더라도 우리는 **영원히 변하지 않는 근본 원칙의 지배하에 살아가고 있는 것이라는 사실을 이해해야 한단다.**

수만 년 전 철기시대의 근본과 원칙들!

우주를 여행하는 현재의 시대와 너희에게 다가오는 미래의 세상을 움직이는 원칙과 원리들!

그것들은 한 치도 다르지 않은 것이라는 것을 우리는 인지해야 한단다.

우리는 착각을 하기 쉽단다. 또 많은 이들이 착각을 하고 살기도 한단다.

첨단의 시대인 21세기의 오늘은 수백 년, 수천 년 전의 시대와는 전혀 다른 시대이고, 전혀 새로운 근본과 원칙으로 움직이는 것 같으나, 그 근본들은 세상이 아무리 변할지라도 완벽하게 동일한 것이라는 것을 우리는 이해해야 한단다.

수천 년 전, 아니 그 이전의 시대인 철기시대, 그 이전의 시대에도 하루는 24시간이었고, 물은 높은 곳에서 낮은 곳으로 흘렀단다.

그 시대에도 낮과 밤이 있었고, 해는 동쪽하늘을 물들이며 뜨고, 서쪽으로 수채화 같은 노을을 만들었고, 바람 불고, 비 왔으리라.

철기시대엔 모두들 짐승 가죽 옷을 걸치고, 돌도끼를 들고 산으로 들로 사냥을 하러 나섰듯이, 지금은 여러 형태의 섬유 옷을 입고, 맨발대신 자동차라는 마차를 타고, 돌도끼 대신에 각종 스마트폰을 손에 들고 사냥감과 먹을 것들을 찾아 들과 산을 헤집고 다니는 대신에 각자의 직장이라는 일터로 사냥을 나서는 것이라는 것을 이해해야 한단다.

우리가 향유하는 문명의 이기(Convenience)들과, 우리가 배우고 습득한 알량한 지식들로 인하여 우리가 살아가는 시대는 철기시대와는 전혀 다른 원칙들

과 다르게 적용되는 우수하고 진보된 시대를 살아가는 것이라고 착각을 할 뿐이란다.

우리는 구석기시대의 원칙과 순리의 시대를 짐승가죽 대신에 양복을 입고, 넥타이를 매고, 맨발 대신에 명품구두를 신고, 자동차를 타고 살아가는 것일 뿐이란다.

수백 년, 수천 년 전의 시대와 지금의 우리 시대가 다른 것이 있다면, 그것은 우리가 누리는 발전된 문명의 이기들 뿐이란다.

우리의 조상들이 알지 못하고 이해하지 못한 사실들을, 우리는 진보된 과학으로 증명된 사실들을 지식과 정보의 형태로 인지하고 살아가는 차이 뿐이란다.

그 사실을 무엇보다 이해하고, 인정해야 한단다.

공부하는 게 좋은 사람이 어디 있겠니? 제 정신이고 정상적인 아이들이라면 노는 것이 재미있고, 공부보다야 컴퓨터 게임이 재미있겠지. 그러나 정말로 다 때가 있는 거란다. 중학생이 초등학교 공부를 할 수 없고, 대학을 다녀야 하는 20살의 나이에 중학교 공부를 할 수 없듯이, 스무 살이 되면, 스무 살의 인생과 그 나이에 맞게 해야 하는 일들이 있는 것이지.

그것도 대충 적당히 있는 것이 아니란다.

그 나이에 맞게 해야 하는 일들은 정신을 못 차릴 만큼 차고 넘치도록 너희들을 기다리고 있단다.

이 말은 아빠가 오늘 할 일을 내일로 미루지 말라고 하는 것과 일맥상통하는 말이지.

돌아가신 할아버지께서 아빠가 너희들 만할 때쯤 해주신 이야기를 하나 해보자.

똑같이 같은 직장을 다니는 두 집이 이웃해 있었단다.

한 집은 잘살고, 다른 한 집은 늘 가난했단다.

그래서 가난한 집 부인이 저 집은 어떻게 하기에 똑같은 월급으로 잘사는가를 몰래 숨어서 봤단다.

그랬더니 잘사는 집에서는 휴지를 쓰더라도 아이들 코를 닦아 주고, 그 휴지를 다시 말려서 화장실에서 사용하더란다.

"아! 별거 아니구나!" 하고, 이 집도 따라서 해보기로 했지.

그러나 이 집에서는 화장실에서 휴지를 먼저 쓰고, 그 휴지를 다시 말려서 아이들 코를 닦아 주려고 했단다.

그랬더니 아이들이 냄새가 난다고 다 도망을 가더란다.

이렇듯 모든 일에는 그 순서가 있는 거란다.

너희들은 게임은 1시간 하고, 공부는 20분을 하려고 하지.

그것도 게임만을 장시간 하기에는 엄마 눈치가 보여서, 그나마 하는 20분

정도의 공부도 흉내만 내는 형태이지.

주객이 전도되어 게임을 오랜 시간 하는 것이 지겨워서 공부는 하는 시늉만 하는 요상한 짓을 하는 것이지.

TV를 먼저 보고, 놀 것 먼저 놀고, 게임을 먼저 한 후에 공부를 하겠다는 너희의 어리석은 생각 때문에 엄마의 성격까지도 다 버려 놓는 거란다.

코를 먼저 닦고 화장실에서 사용해야 하는데, 너희는 자꾸만 화장실에서 사용한 휴지를 말려서, 그 휴지로 엄마 코를 닦아 주려고 하니, 엄마가 화를 내는 것이지. 너희에게 소리만 지르는 엄마로 만드는 것, 그 원인은 너희의 잘못된 순서 때문이란다.

아빠도 그 순서를 제대로 알지 못했단다.

청소년기 시절에 그 순서와 때를 제대로 알지 못해 많은 방황을 하다가 결국엔 처음부터 다시 시작을 해야만 했지. 누구도 그 순서를 심각하게 일깨워 주지 않았단다.

순서와 그 때를 맞추지 못하는 것으로 작은 문제를 일으키며, 대충 넘어가지지 않는단다. 때를 제대로 맞추지 못하고, 잘못된 순서는 너희의 평생을 어긋나게 할 수도 있단다.

하나의 순서가 잘못 채워진 와이셔츠의 단추를 전부 다 풀어헤치고, 다시 채워야 하는 것처럼…….

하나의 순서를 잘못 밀려 쓴 답이 전체의 답안지를 망치는 것처럼이나…….

세상을 살아가면서 일의 순서의 중요함이 어찌! 휴지 사용 순서의 정도랴!

TV와 게임에 대하여

많은 사람들이 바보상자라 하는 TV 앞에 앉아서 하루의 많은 시간을 낄낄거리며 보내지. 아빠 엄마도 그러하고, 너희 또한 그러하고. 아빠 엄마는 너희가 집착하는 컴퓨터와 TV 때문에 이것들을 모두 버려 버릴까를 심각하게 상의하곤 하지. 이런 일이 어디 우리 집뿐일까?

그러나 TV나 컴퓨터가 반드시 나쁘기만 한 것은 아니란다. 우리는 TV나 컴퓨터로부터 많은 정보와 지식을 얻고 있기 때문이지. TV나 컴퓨터를 아예 두지 않는 집들도 많은데 그것이 반드시 옳은 결정이라고 할 수는 없는 것이란다.

엄마나 너희는 드라마나 가요, 오락프로그램들로부터 지식과 간접 경험, 새로운 정보 그리고 휴식과 상식을 얻지. 물론 아빠도 다큐멘터리나 시사프로그램에서 또 다른 정보와 지식을 습득하지. TV나 컴퓨터로부터 얻는 정보나 지식들이 책으로부터 얻는 지식과 새로운 정보들보다도 훨씬 더 많을 뿐아니라, 우리가 미처 알지 못하고, 깨닫지 못하는 것들을 경험하게 하고, 또 우리가 갖고 있는 고정관념들을 깨도록 하는 등 헤아릴 수 없는 순기능들이 많다는 것을 아빠도 인정한다.

그러나 한번 생각해 보자. 아빠가 이 책에서 수십 번씩 반복해서 앞으로 【기회비용】이라는 이야기를 자주 할 것이다. 기회비용이란 게 뭐냐고?

기회비용이란 우리가 어떤 하나를 취하면 반드시 상대적으로 수많은 기회를 포기해야만 하는 기본적인 법칙을 말한단다. 이 기회비용이라는 법칙은 우리의 삶을 절대적으로 지배하며, 우리는 이 법칙을 피해갈 수 없단다. 마치 우리가 숨을 쉬어야만 살 수 있는 것처럼이나…….

이 법칙을 우리 자신에게 유리하고 효율적으로 활용하기 위해서 우리 머릿속에는 **판단력**이라는 것이 있단다.

그 판단력 이라는 것이 얼마나 다른 품질의 것들이 존재하는가를 이 책에서 역설할 것이고 이해를 시키려 노력할 것이다. 아무튼 차츰 이 책을 읽다 보면 기회비용이라는 것을 이해할 수 있을 거야. 이 기회비용이라는 법칙이 너희가 게임을 하고 TV를 보는 것에도 그대로 적용이 된단다.

앞의 휴지를 사용하는 순서와도 비슷한 말이고, 연관되어 반복되는 얘기지만, 예를 들어보자.

너희가 TV를 보면서 소진하는 시간에 공부를 해야 하는 기회, 즉 너희의 나이에 맞고 또 보다 유용하게 보낼 수 있는 헤아릴 수 없이 많은 기회들을 게임을 하는 대가로 반드시 포기해야만 하지.

TV로부터 얻는 지식과 정보 등의 가치를 50점이라고 치면, 너희가 공부를 해서 습득하는 지식의 효용가치는 100점이란다. TV로부터 얻는 정보와 지식보다 책으로부터 얻는 지식의 효용가치가 훨씬 높은 데는 그 이유가 있단다.

학교에서 배우는 지식이라는 것은

【"공부에 대하여"에서 다시 언급을 하겠지만】 **여러 우수한 학자들이 연구와 실험을 통해서 두뇌가 발전하는 단계에 따라서 합리적이고 적합한 수준의 지식을 가르치도록 만들어 놓은 체계적인 제도란다. 논리적이고 합리적으로 생각하고 사고하는 방법을 지적 수준에 맞혀 체계적으로 연습을 하는 것이지. 학교에서 배우는 지식은 나중에 그것들이 지혜의 형태로 만들어져 나올 가능성이 크지만, TV나 다른 매체를 통해서 얻는 것은 단순한 상식이 될 가능성이 크단다.**

너희가 100의 효용가치를 포기하고, 50의 가치를 얻는 어리석은 일에 많은

시간을 보내고 있으니, **엄마 속이 터져 나가는 거란다.**

게임도 마찬가지인 것이지. 게임도 마찬가지인데, 적당히 하면 머리를 식혀 주기도 하고, 또 공부를 하다가 잠시 쉬는 것도 좋아. 그러나 공부는 눈치가 보여서 잠시 하는 시늉만 내고, 주로 게임을 하려고 하니 문제가 되는 것이란다.

아빠가 딱지를 치고 놀고, 자치기를 하면서 놀았듯이 아빠와 다른 문명의 시대를 살고 있는 너희가 컴퓨터 게임을 하면서 놀거나 전자기기들로 놀이를 삼는 것은 너무나 당연한 것이지. 허나 적당한 시간만큼을 하지 않고, 또 일의 순서에 어긋나기 때문에 문제란다.

공부를 다 해놓고 "엄마 저 게임 좀 할게요."라고 말할 때랑, 숙제며 너희가 할 일을 다 해놓지도 않고 게임을 하겠다고 할 때의 엄마 목소리가 어떻게 달라지던?

게임을 하고 TV를 볼지라도 너희가 해야 할 일을 먼저 하고 게임을 하는 것과, 너희가 해야 할 숙제도 다 하지 않고 게임을 하는 것은 위에서 말했듯이 너희가 휴지를 화장실에서 먼저 쓰고, 그것을 다시 말려서 그 휴지로 엄마의 코를 풀어 주려고 하는 짓과 매한가지가 되는 것이란다.

그러니 엄마의 목소리가 유리 깨지는 소리를 내는 것은 너무나 당연한 것이지. 아빠도 엄마가 유리 깨지는 요상한 목소리를 낼 수 있는 능력이 있는지는 너희 덕분에 알았단다.

위에서 말한 휴지를 사용하는 순서처럼 일을 하는 순서를 잘 이용하면 게임을 얼마든지 하면서도 엄마로부터 잔소리를 듣지 않는단다. 어쩌면 게임을 하고 있는 너희에게 엄마가 과일까지 깎아다 준단다. 그토록 눈치 보면서 하던 게임을 당당하게, 또 과일을 먹어 가면서 할 수 있는 거란다.

어디 그뿐이랴! 컴퓨터 게임을 하고 앉아 있으면서 "엄마! 음료수 좀 가져다주세요.~ 오!"라고 소리치는 정신 나간 짓을 해도 엄마는 부드러운 목소리로 "음료슈~우? 어떤 걸로 주~욱~까~아?"라는 믿지 못할 놀라운(?) 일까지 일어날 수 있는 거란다. 지혜롭게 이 순서를 이용해라.

아빠는 너희가 공부만 열심히 하는, 아빠 엄마 속도 썩히지 않는 모범생이기만을 원하지는 않는다. 말썽도 좀 피우고, 적당히 속도 썩히는 아들이 나중에 엄마 아빠에게 효도하는 자식이 된다는 걸 잘 알기 때문이지.

아빠는 너희가 유년기 시절에 좋은 추억을 많이 쌓기를 바란다. 유년기 시절에 적당히 피우는 말썽들은 지나고 나면 전부 다 입가에 미소를 짓게 하는 아름다운 추억이 된단다. 그러나 너희가 해야 하는 일을 하면서 쌓는 추억이어야만 아름다운 거란다.

너희가 해야 하는 의무를 다하지 않고 쌓는 추억, 그것은 추억이 아니라 후회라는 찌꺼기로만 남을 수도 있단다.

생일에 대하여

너희의 생일에 요란을 떨지 마라! 너희는 역사적 사명을 띠고 이 땅에 태어난 것도 아니고, 인류의 간절한 소망으로 태어난 것도 아니란다.

너희가 태어날 때 용이 하늘로 승천하는 꿈도 없었고, 하늘이 열리지도, 별들이 쏟아져 내리지도 않았단다.

너희의 생일을 요란스럽고, 유별나게 생각하지 마라! 축하해 달라고 남들에게 주접을 떨지도, 어떠한 선물을 기대하지도, 은근히 강요하지도 마라!

많은 엄마들이 하나나 둘뿐인 자식을 위해서 유치원 때부터 파티를 시작하지. 고깔모자를 씌우고, 친구들을 부르게 하고, 음식을 차리고, 노래를 부르고, 선물들을 돌리고, 심지어 수십만 원을 들여 마술사를 부르고. 이렇게 넘치는 자식 사랑이 너희가 대단한 탄생이나 되는 양 착각을 갖게 하는 것인지도 모르지.

좋다! 생일파티는 유치원으로 끝을 내거라! 하나밖에 없는, 많아야 둘인 소중한 자식들이니…….

초등학교를 들어가고 중학생, 고등학생인 너희는 과연 너희의 생일을 어떻게 생각하고, 어떻게 보내야 하는 것이 옳은 일일까?

유치원 시절, 초등학교 저학년 시절의 위대한 탄생의 착각을 서른이 되고, 마흔, 오십이 될 때까지도 가져가는 사람이 많은데, 너희는 너희의 생일을 어찌 맞이하는 것이 옳은 일일까?

'어머니! 낳아 주셔서 감사합니다.

십 수 년 전, 이십 수 년 전 오늘! 얼마나 고생이 많으셨습니까?'

어머님이 살아 계시는 동안에는 너희가 태어난 날, 산고의 고통으로 고생하셨던 어머님께 큰절을 올려 감사의 인사를 드리는 날로 하는 것이 어떨까?

너희의 생일날 아침에 엄마를 거실 중앙의 자리에 앉으시게 하고, 돌아가신 할아버지 산소에서 드리는 절보다도 크고 정성이 담긴 큰절을 드려라!

그것이 참으로 마땅하고 옳단다.

너희는 정말로 자발적으로 마음에서 우러나오는 심정으로 어머님께 큰절을 올려야 한단다. 이것은 너희가 성장해서도 또 아빠가 죽고 난 뒤라도 어머니가 살아 계시는 동안에는 유지를 해줘야 옳단다.

일 년에 한번이라도 어머님께 산고의 고통에 감사를 드리고 나서 너희의 생일을 챙기는 속 깊은 아들들이 되거라!

똥파리와 꿀벌의 의무에 대하여

우리는 모두 각자가 반드시 해야 하는 기본적인 의무가 있는 거란다. 마치 그것은 세상에 존재하는 모든 것들이, 그 존재하는 또 존재해야만 하는 합당하고도 정당한 이유가 있듯이.

아빠가 아빠의 기본적 의무를 다하지 않는다고 가정해 보자. 가장으로서 최소의 의무인 너희와 엄마를 부양해야 하는 의무를 등한시하여 일하기를 싫어하고, 툭하면 집에도 들어오지 않고, 돈도 벌어다 주지 않고, 어쩌다 집에 오면 너희에게 술주정이나 한다면 지금의 너희의 행복이 유지될 수 있을까?

아빠가 아빠의 의무를 등한시할 때, 너희와 엄마, 그리고 너희와 연관된 많은 사람들까지도 심각한 고통을 받는단다. 우리 가족에만 국한되는 것이 아니라 크게는 국가와 사회에 까지도 그 영향을 미칠 수 있는 거란다.

엄마 역시도 엄마로서의 의무를 다하지 않는다면 어떻게 될까? 예를 들어 집안 청소도 하지 않고, 너희나 아빠에게 아침이며 저녁 차려 주는 것을 귀찮아하고, 너희에게 어떠한 관심과 보살핌도 없이 놀러나 다니고, 쇼핑이나 다닌다고 가정해 봐라. 너희나 아빠가 과연 행복할 수 있을까? 걱정으로 할머니나 외할머니, 아니 모든 가족과 친척들까지도 불행할 수 있는 거란다.

청소나 쓰레기를 치워 주시는 미화원 아저씨들이 그 의무를 등한시한다면 거리는 악취로 진동하고, 쓰레기는 넘쳐 나듯이…….

군인이 그 의무를 등한시하고, 경찰이 다른 짓을 하고, 학교 선생님이 학생을 가르치는 일에 소홀히 하면, 학생들이 불행해지고, 사회가 불행해지

듯이…….

세상에 존재하는 모든 것들은 그것들이 존재해야 하는 이유에 따른, 그에 합당한 의무가 반드시 있는 거란다.

우리 인간들에게 유용한가, 아닌가는 별개로, 존재하는 모든 것들은 그 의무를 다하고 있는 것이지.

우리가 싫어하고 징그러워하는 파리나 바퀴벌레도 그 존재하는 이유가 있는 것이지. 그리고 그들은 그들의 의무를 다하는 것이란다. 우리가 사라졌으면 좋겠다고 생각하는 파리나 바퀴벌레는 인간의 관점에서만 생각하기 때문이란다.

만약 그 징그럽고 더러운 파리가 없다면, 또 파리마저도 그 의무를 등한시하게 되면 어떻게 될까?

동물의 사체나 음식물 찌꺼기가 분해되는데 많은 시간이 걸리게 될 것이고, 불쾌한 냄새는 오랜 시간 진동하겠지. 결국엔 우리의 위생에도 심각한 영향을 주게 되겠지. 이렇게 우리가 하찮게 생각하는 파리조차도 그 의무를 등한시하면 우리가 예상하지 못하는 심각한 문제가 발생될 수도 있고 인간이나 다른 동물들이 불행해질 수도 있는 거란다.

몇 년 전 미국에서는 꿀벌들의 수가 갑자기 줄어든 때가 있었단다. 어떤 일이 벌어졌을까? 꿀벌에게 영향을 주는 바이러스에 의해서 급격히 줄어든 꿀벌들 때문에 전 세계 곡식 생산의 많은 부분을 차지하던 미국에서 과일이나 곡식의 생산이 급격히 줄어들었고, 그로 인해 국제 시장에서 곡식과 과일 가격이 폭등했단다. 꿀벌이 줄어서 과일과 곡식들이 꽃가루 수분이 될 수가 없었던 것이지.

우리가 생각하기에는 정말 하찮은 것 같던 꿀벌들도 그들이 해야 하는 의무를 등한시하고 다하지 못할 때, 이렇게 심각한 문제를 야기할 수 있는 것이란다.

매한가지란다. 너희의 행복이 아빠 엄마의 의무에 있듯이, 너희가 너희의 의무를 다하지 않는다면 아빠 엄마도 역시 불행해지는 거란다.

그럼 너희의 의무는 무엇일까?

밥 잘 먹고, 똥 잘 싸고, 아빠 엄마 말씀을 잘 듣고, 아빠 엄마가 인도하는 대로 반항하지 않고 따라 주는 것. 너희의 당면한 최대 의무인 공부를 열심히 하는 것, 그리고 너희가 해야 할 일을 스스로 잘하는 것들, 그와 같은 것들이지 않을까?

양말은 벗으면 반드시 세탁기에 넣고, 샤워를 한 뒤에 샤워부스를 정리하고, 수건을 정리해 놓는 것, 자기 방 정도는 스스로 정리하는 것 등등.

너희 스스로 할 수 있는 소소한 것들이 너희의 의무란다. 너희의 행복이 아빠 엄마의 의무에 있듯이, 아빠 엄마를 행복하게 하거나, 불행하게 만드는 것! 그것은 절대로 너희가 해야 하는 의무에 있단다.

너희는 아빠 엄마를 불행하게 만들고 싶니, 행복하게 해주고 싶니.

공부에 대하여

우리가 공부를 하는 이유는 무엇일까? 왜 영어며, 수학이며, 지겨운 것들을 공부해야 할까? 컴퓨터 게임이나 하고, TV 앞에나 앉아 있고, 농구나 하고, 영화나 보러 다녔으면 좋겠는데, 왜 지겨운 공부를 하라고 난리일까?

여학생들은 깻잎 머리나 하고 남학생이나 쫓아다니고, 남학생들은 똥 싼 바지나 홀딱 뒤집어 벗어야 하는 스키니 바지를 입고 여학생들 꽁무니나 쫓아다니면 좋겠는데, 지겨운 공부를 하라고 난리들일까?

너희가 공부하도록 만들어 놓은 학교의 교육 시스템은 수많은 우수한 학자들이 수십 년간의 경험과 시행착오, 그리고 치열한 연구를 통하여 만든 것이란다. 새하얀 백지와 빈 상자 같은 너희를 나중에 사회와 국가가 필요로 하는 건강한 사회의 구성원이 될 수 있도록, 또 너희를 건강하게 사회화 된 인재로 키우기 위하여 국가가 만들어 놓은 제도이지. 빈틈없이 완벽한 최고의 시스템이라 할 수는 없으나, 우리가 인정해야 하는 최상의 제도란다.

태어나면서부터 모든 것을 알고 태어나는 사람은 없단다. 앞으로 너희가 성인이 되어서 건강하고 능력 있는 사회의 구성원이 되어, 너희의 인생을 개척해 갈 수 있는 능력과 올바른 생각과 가치관을 갖도록 가르치고 또 배우는 것, 바로 우리가 공부를 하는 이유란다. 학교 공부가 반드시 너희의 성공을 보장하지는 못하지만, 보편타당한 건강한 사회인을 만드는 최상의 방법이란다.

너희가 지금 공부를 해야 하는 것은 미래를 위해 준비를 하는 것이고, 그 준비를 통해서 너희가 사회인이 되었을 때, 너희가 하고자 하는 일, 너희가 펼치고자 하는 꿈을 이룰 수 있도록 그 기초 체력을 기르는 것이란다.

우리가 매일 쓰고 말하기 때문에 쉽다고 생각하기 쉬운 **국어를 가지고 예를 들어보자.** 우리는 국어를 배워 책을 읽고, 글을 쓰는 방법을 배우지. 누구나 책을 읽을 수 있고, 글로써 자신의 생각을 표현하지. 그러나 똑같이 배운 글을 가지고도 보통의 사람들은 그저 쉬운 책을 읽고, 쓰는 일에 만족을 하는 사람들이 있는가 하면, 어떤 이는 단순히 읽고 쓰는 것을 넘어서 창조적인 소설이나 에세이 같은 것들을 써서 많은 사람들에게 간접 경험의 기회를 주기도 하고, 또 어떤 이는 사람들의 심금을 울리는 멋진 시를 쓰기도 하지.

너희가 국어를 우습게 생각하고, 또 배우는 일을 게을리 하게 되면, 너희 속에 내재된 창조적인 글을 쓰는 재주를 발견하기 어려울 뿐 아니라, 글을 쓰거나 말하는 것을 조리 있게 할 수가 없단다. 말이나 글로 표현해야 하는 표현력이 부족하게 될 뿐 아니라, 겨우 해내는 그 표현들 역시 매우 단순하고 유치하겠지. 이러한 것들에 부족함이 없도록 하는 것이 우리가 국어 공부를 하는 이유란다.

너희 모두를 소설가나 시인을 만들 수는 없을지라도 너희가 배운 읽고 쓰는 능력을 통해서 새롭고 다양한 지식들을 더욱더 습득하고 성장시켜 나갈 수 있게 하는 것이지. 우리 동네 도서관을 가득 채운 책들, 서가에 끊임없이 채워지는 새로운 지식들…….

그것들을 방치하거나, 또는 그것들을 모두 다 읽어 내 자신의 지식과 지혜를 끊임없이 넓혀 가는 것은 각자의 선택이고, 문제의식의 차이이지만…….

너희가 세상에 영향을 주는 위대한 작가가 될 수 있는 가능성을 확인하는 과정일 수 있으며, 적어도 도서관의 책들을 문제없이 읽어 내고, 제대로 이

해하면서 더욱더 너희의 지식을 키워 나갈 수 있는 기초를 만들어 주는 것이 바로 학교가 목표로 하는 것이고, 또 너희가 국어 공부를 열심히 해야 하는 이유란다.

너희가 잘 다루는 컴퓨터로도 예를 들어보자.

너희가 좋아하는 게임이나 인터넷 정도는 특별한 교육이 없이도 누구나 하는 것이지. 그러나 너희도 포토샵이라는 프로그램과 엑셀이라는 프로그램을 알 거야. 이 포토샵이라는 프로그램을 이용해 무엇인가를 하려면 일단은 너희는 이 프로그램을 다루는 법을 알아야 하겠지? 사진을 멋지게 편집하고, 새로운 영상을 창조하는 능력은 각자의 또 다른 능력이지만, 이 기본적인 프로그램을 다룰 줄 알아야 뭔가를 편집해서 새로운 디자인을 창조할 수 있겠지.

너희가 지금 공부를 하는 이유는 그 프로그램을 다루는 기본적인 방법을 배우는 것이라고 할 수 있단다. 너희 속에 내재된 다양한 재능들을 확인하고 밖으로 끄집어내도록 하는 방법을 배우는 거란다. 기껏해야 사진이나 보정을 하고, 편집을 하는 정도의 능력을 발휘하고 팽개칠지라도…….

오토캐드(Auto Cad)라는 프로그램도 있지. 아주 복잡한 기계를 쉽게 설계하고, 건물과 빌딩을 설계하는 프로그램이란다. 아빠도 이 프로그램으로 제품을 설계하고, 새로운 제품들을 개발한단다. 이 프로그램을 다룰 줄 모른다면 아무리 창조적인 아이디어를 가지고 있다 해도 그것을 표현할 수 있는 방법을 모르기 때문에 무용지물이 되는 경우도 허다하단다.

물론 이러한 프로그램을 아주 잘 다루어도 남의 창조적인 아이디어를 도면 위에 단순히 그려 주는 단순한 일을 하는 사람들도 많지. 새롭고 창조적인 아이디어를 가진 많은 사람들도 이러한 프로그램을 다룰 줄 몰라서 자신의 아까운 재능을, 아이디어를 포기하는 사람들도 많단다. 아니 그들이 표현을 할 수 있다고 해도 손으로 커다란 종이에 일일이 자신의 생각이나 아이디어를 그려야 하겠지.

이러한 새로운 문명의 이기들을 이용해서 1~2일 만에 끝낼 수 있는 일을 짧게는 수개월, 길게는 몇 년을 걸쳐서 연필로 종이에 그림을 그려 완성을 해야 하겠지.

조각을 한다고 가정해 보자. 너희는 기본적으로 조각칼을 다루는 방법을 알아야 하겠지. 나뭇결에 따라서 조각하는 방법 등 여러 가지를 배우는 것이지. 조각하는 방법을 안다고 해서 누구나 전시회에 진열할 수 있는 조각품을 만들어 낼 수는 없는 것이지만…….

어떤 이는 열심히 조각하는 방법을 배우고도 자기네 집 진열장의 한 공간에 서 있는 어설픈 조각을 만들지만, 어떤 이는 수천에서 수억 원을 받는 창조적인 예술품을 조각하기도 하지.

사람들에게 감탄을 자아내게 하는 수억 원의 가치를 지닌 창조적인 조각품을 만들 수 있는 확률을 높이는 방법!

너희 속에 내재된 창조적인 재능이 있는지를 스스로 확인하는 방법!

그것을 표현하여 증명시킬 수 있는 방법을 배우는 것!

인류사에 이름을 남기는 위대한 화가를 만들어 내는 확률을 높이는 방법!

적어도 위대한 예술품을 이해하고 감상할 수 있는 정도의 능력이라도 키우려 애쓰는 것!

그것들이 바로 너희가 미술시간을 우습게 보지 말아야 하고, 농땡이를 치지 말아야 하는 이유란다.

너희가 지금 하는 공부를 게을리 하고, 공부하기 싫다고 열심히 하지 않으면 나중에 할 수 있는 일이 없단다. 설사 있다고 해도 삽질을 해야 하겠지. 남들이 굴삭기로 쉽고 간단하게 일을 할 때, 너희는 삽질을 해야 하고, 남들은 자동차로 10분에 가는 길을 수백 년 전의 사람들처럼 두 다리로만 걸어서 다녀야 하겠지. 공부를 하기 싫어서 배우는 일을 게을리 한다면 너희가 나중에 성인이 되어서 할 수 있는 일, 그것들은 아주 제한적이 되는 것이란다. 위에서 말한 것처럼 수백 년 전에 누구나 할 수 있었던 삽질이나, 아주 단순한 일을 하며 살아야 하겠지.

첨단의 시대를 사는 너희가 배우는 일에 노력을 하지 않았으니, 너희가 할 수 있는 일이라는 것은 공사판에서 일하거나, 라면을 끓여 파는 일이나, 또는 주유소에서 남의 차에 기름을 넣는 일이나 세차를 해 주는 일, 남의 짐을 옮겨다 주는 일, 벽돌을 나르는 일, 남의 집이나 빌딩을 청소해 주는 일, 또는 쓰레기를 치우는 일들과 같이 머리나 능력을 이용하는 것이 아니라, 팔뚝의 힘이나 다리의 근육을 이용하는 단순한 일로 세상을 살 수밖에 없을 확률이 아주 높은 거란다.

근육을 사용하는 노동으로 삶을 살아가는 것이 잘못된 것이라고 할 수도 없고, 그 가치가 낮다고 단언할 수는 없으나, 우리는 모두 부가가치 있는 일을 통해서 자신의 노동의 가치를 높이려 하는 것이 기본이기 때문이란다. 부가가치란 무엇인가? 이 부가가치라는 것을 위해서 인간이 어떻게 살아가는가도 논의해 보자. 나중에…….

자꾸만 공부를 해도 잊는다고 기죽을 것 없단다. '나는 머리가 나쁜가 봐.' 하고 의기소침할 것도 없단다. 우리가 한두 번 보는 것으로 기억을 하지 못하는 것은 아주 당연하단다. 한두 번 봐서 기억을 바로 하는 친구들이 있지만, 그런 친구들을 부러워하지도 주눅들지도 마라. 그런 친구는 돌연변이이거나, 아마도 정상적인 머리가 아닐 가능성이 크단다. 한두 번 공부한 것으로 바로 기억하지 못하는 것은 정말로 정상적인 사람에게는 너무나 지극히 당연하단다.

우리의 머리는 USB같이 단 한번으로 저장되는 저장장치가 아니란다. 우리의 머리에는 기억들을 자동으로 잊게 하고, 걸러 주는 **'망각'** 이라는 훌륭한 장치가 있단다. 우리가 보고 느낀 것을 전부 다 어제 본 듯이 기억하게 된다면 우리는 모두 미쳐 버리게 되겠지.

우리의 머리가 과부화가 걸리지 않도록, 그래서 미쳐 버리지 않도록 만들어 놓은 안전장치가 바로 이 망각이라는 장치란다. 견딜 수 없는 아픔도 슬픔도, 넘치는 기쁨도 행복감도 환희들도, 이놈의 장치로 인해서 우리는 잊고 살 수가 있고, 또 평정을 찾아 살아가는 거란다.

하루 종일 보고 느낀 것들도 며칠이 지나면 1~2분 만에 하루의 일들 전부를 말할 수 있는 분량으로 압축이 되는 것이지. 중요하지 않은 것들을 걸러서 잊어버리게 만들고, 중요한 것들만 기억되도록 만들지. 더 많은 시간이 지나면 그나마의 기억들도 희미하게 되고. 그렇게 되지 않는다면 우리 머리의 저장장치는 꽉 차게 되어서 더 이상 새로운 경험이나 정보를 기억할 수

없게 되겠지.

우리의 뇌가 약 5기가짜리의 USB 메모리 장치와 같다면 5기가 정도의 데이터를 담고 나면 우리의 뇌는 더 이상의 정보를 저장할 수 없게 되는 것과 같은 이치란다. 우리의 뇌는 새로운 정보를 저장하기 위해 스스로 빈 공간을 만들어서 반복되지 않은 경험이나 중요하지 않은 기억의 많은 부분을 지워버리도록 구성되어 있는 거란다.

따라서 수업 시간에 집중을 하지 않고 멍하니 앉아 있게 되면, 우리의 머리는 즉각적으로 '아! 이놈이 중요하다고 생각을 안 하는구나!' 라고 판단하여, 수업 시간에 배운 내용이 며칠을 가기는커녕 교실 문을 나서기도 전에 잊어버리게 만드는 것이지.

그러면 어떻게 해야 영구 기억으로 저장할 수 있을까? 오래 기억하도록 하는 방법이 없을까?

그것은 바로 반복이란다.

자꾸만 반복을 하면 우리의 기억장치는 망각이라는 장치가 작동되지 않고, 반복된 학습을 압축해서 영구적으로 기억하게 하는 공간으로 저장을 하는 것이지. 물론 이놈도 오랜 시간 방치하면 잊어버리게 되지만, 반복적으로 압축된 지식은 단순히 잊히지 않는 정도의 역할만을 하는 것이 아니란다. 영구적으로 압축되어 기억된 지식들은 서로 유기적으로 융합되어 나중에는 단순한 지식이 아닌 **'지혜'** 라는 **로열젤리**의 형태로 나타나게 될 가능성이 상당히 높단다. 꿀벌이 꿀을 먹고 그냥 뱉어 놓으면 단순한 꿀이 되지만, 그것을 먹고 소화해 토해내면 전혀 새로운 로열젤리를 만드는 것처럼.

10가지의 재료들을 가지고 만들어 내는 요리의 맛과, 100가지의 재료를 가지고 만드는 요리의 맛과 품질이 같을까? 요리를 만들어 내는 다양성이 같을 수 있을까? 10가지 지식을 가지고 만들어 내는 어설픈 지혜보다는 100가지 1,000가지의 다양한 지식을 가지고 만들어 내는 지혜가 우수하고 현명하리라는 것은 당연하단다. 적어도 그 확률이 높으리라는 것은 당연하단다. 그래서 너희는 끊임없이 공부를 해서 다양한 지식을 쌓고 배워야 하는 거란다.

그러나 누구나 꿀벌처럼 똑같은 로열젤리의 지혜를 만들어 내지는 못한단다. 어떤 이는 꿀을 먹고도 그대로 뱉어내 같은 꿀을 만들고, 어떤 이는 그 꿀을 먹고도 냄새나는 배설물로 만들기도 하지. 설사 지혜의 형태로 만들어 낸다고 할지라도 그것은 인간이 가지고 있는 가치판단의 기준, 생각하는 방법 등등의 수많은 다양한 능력으로 인해서 우리들의 얼굴만큼이나 다양한 형태를 띠며, 그 지혜의 수준도 천차만별의 차이로 나타나는 것이란다.

똑같은 10가지의 정보와 지식을 결합해서 최종적으로 사람들의 머리가 분석하여 내리는 판단은 수만, 수십만 가지가 넘는 거란다. 현명하고 지혜로운 판단을 내릴 수 있도록 너희의 두뇌를 훈련시키고, 다양한 정보를 입력시키는 것, 그것이 바로 너희가 공부를 해야 하는 이유란다.

지식이 지혜로 나오지 못하는 사람을 보는 것만큼이나 허망한 일도 없단다. 단순한 지식은 백과사전을 머리에 넣고 다니는 것과 매한가지인 것이지. 백

과사전을 머리에 넣고만 다니는 사람들도 많단다. 지식을 지혜로 만들어 내지 못하는 사람들도 많을 뿐 아니라, 설사 그 지식들이 지혜로 나타난다고 해도 편향되고 왜곡되고, 요상하게 나타나는 경우도 너무 많단다.

같은 이유로 공부를 잘하는 학생만이 미래에 성공이 보장되는 것은 절대로 아니란다. 좋은 대학에서 공부한 학생이 반드시 사회에서 유능하다고 할 수는 더더욱 없는 것이지. 좋고, 훌륭한 조각칼 세트를 가지고 있다고 그들이 반드시 훌륭한 조각품을 만드는 것이 아니듯이.

그러나 실상 사회는 공부를 열심히 한 학생들에게 우선되는 기회를 줄 수 밖에 없는 거란다. 그 사람의 능력과 올바른 지혜를 발휘할 수 있는 정도를 측정하는 데는 몇 년의 시간과 시행착오 그리고 경비가 소요되기 때문에 성실하게 열심히 공부를 했다는 것은 곧 사회에서 요구하는 지식을 두루 성실히 섭렵했을 가능성이 크고, 위에서 말한 단순히 지식을 뱉어내는 것들이 아닌 회사나 국가에 닥쳐오는 어려움과 역경을 합리적인 지혜를 발휘하여 해결할 수 있는 인재일 가능성이 크기 때문이지.

조각품을 만드는 사람을 구하고자 할 때, 훌륭한 조각칼 세트를 준비해온 사람과 덜렁 녹슨 조각칼 하나를 들고 서 있는 사람 중 누가 더 훌륭하게 조각을 할 것이라고 생각을 할까? 멋지고 훌륭한 조각칼 세트를 준비해 온 사람이 반드시 녹슨 조각칼 하나만을 들고 서 있는 사람보다 창의적이고, 훌륭한 조각품을 만들 것이라는 보장은 절대로 없으나, 사회는 준비만으로도 그 가능성을 판단하기 때문에 너희는 학교 공부를 충실히 하는 것으로 일단 그 기회를 잡을 확률이 높아지게 되는 것이란다.

너희는 어찌 살고 싶니? 삽질을 하면서 살고 싶니? 빌딩의 청소나 남의 차를 세차나 해주는 일들을 하면서 살고 싶니? 아니면 너희의 꿈과 능력을 실현하고, 너희의 자식들에게 자손들에게 찬란하게 빛나는 창조적이고 창의적인 지식과 지혜를 남겨 주는 일을 하고 싶니?

어딘가에 아빠가 쓴 말이지만, 우리가 살아 있다는 증거!

그것은 끊임없이 우리에게 다가오는 갈등과 시련들이란다.

죽은 자에게 시련과 어려움이 오지는 않으니.

우리가 세상을 살아간다는 것은 수없이 닥쳐오는 문제와 갈등을 해결해 나가는 과정이란다.

너희는 100가지의 지식을 가지고 있는 사람과 1,000가지, 5,000가지의 지식을 가지고 있는 사람 중에 누가 닥쳐오는 어려움을 현명하게 해결할 가능성이 높을 거라고 생각하니?

너희에게 닥쳐오는 문제와 시련을 슬기롭게 해결하는 지혜를 발휘할 가능성, 그 확률을 높이는 방법.

그것이 바로 너희가 공부하는 또 해야 하는, 그것도 대충이 아닌 열심히 해야 하는 이유란다.

이웃에 대하여

엘리베이터에서 만나는 사람, 그가 누구일지라도 "안녕하세요." 하고 인사를 먼저 하라. 인사가 귀찮으면 눈인사라도 먼저 해줘라! 너희가 대학생이 되더라도 어린 친구들에게 "안녕!" 하고 먼저 인사를 해줘라. 혹시 피자를 배달하는 형이나, 동생일지라도 너희가 먼저 인사를 하라.

같은 아파트의 같은 동에 살면서 자주 보지 못하는 사람이라고 인사도 하지 않고 산다는 것은 참으로 삭막한 거란다. 인사도 없이 엘리베이터를 같이 타고 내려가는 10초의 시간이 마치 숨 막히는 30분처럼 느껴지는 것을 너희도 느꼈을 거야.

아빠가 삼십대 초반에 영어를 배우기 위해서 몇 개월 영국에 머문 적이 있지. 영국이라는 나라는 아빠가 학생 때 배우기를 **'산업혁명'이 시작된 나라, '선진국' '민주주의 나라' '신사의 나라'** 라고 배웠지. 영국 런던에 도착해서 처음에는 도대체 왜 영국을 **'신사의 나라'** 라고 했을까? 이해를 할 수가 없었단다. 옷을 멋지게 입는 것도 아니고…….

그러나 영국을 '신사의 나라' 라고 하는 이유를 깨닫는 데는 그리 오랜 시간이 걸리지 않았지. 이탈리아 사람들처럼 멋지게 입은 옷, 길게 기른 곱슬머리가 아니라 선진국의 국민답게 내적인 품성과 매너 때문에 **"'신사의 나라' 라고 하는구나" 라고.**

영국에서 가장 먼저 배워야 하는 영어가 뭐라고 생각하니? 그것은 바로

'Sorry!' 라고 한다. 영국에서 하루 중 가장 많이 쓰는 말, 그 역시도 'thanks' 보다 'sorry' 일지도 모른단다. 하루에도 수십 번을 sorry, sorry 하고 다니지. 'sorry' 를 입에 달고 다닌다고 해도 과언이 아니지.

영국의 지하철도 붐비기는 마찬가지야, 그리고 지하철의 폭이 좁단다. 마치 마을버스 크기의 폭이랄까! 수많은 사람들이 붐벼도 어깨를 치거나 발을 밟거나 등을 미는 사람은 적단다. 그만큼 상대를 배려하기 때문인 것이지. 어쩌다 서로 부딪치면 두 사람이 동시에 'Sorry!' 하면서 길을 양보하지. 서로 먼저 지나가라는 손짓을 하면서 발을 밟혀도 'Sorry!', 밟아도 'Sorry!', 싸울 일이 없단다.

지하철에서 입과 귀에 치렁치렁 피어싱을 하고, 머리를 닭 볏처럼 세워 노란색으로, 빨간색으로 염색을 한 사람마저도 다리를 꼬고 앉지는 않는단다. 그리고 빈자리로 사람이 다가오면 옆 사람들은 다가오는 이의 얼굴을 바라보고 엷은 미소를 지어 보이며 다리를 모아 옆 사람의 자리를 확보해 주지. 물론 세계적으로 악명 높은 축구장의 난봉꾼들인 '훌리건' 이라는 것이 영국에 있지만, 아빠는 평균을 이야기하는 거란다.

(너희가 아빠의 글을 읽을 때 너희의 가치관은 끊임없이 단원마다 반문을 하고 외치게 될 거야. '그건 영국이야기고요! 그럼 영국 가서 사시든지, 영국 사람들은 뭐 전부다가 그런가요?' 등등으로.)

반면, 우리는 어떠니? 아는 사람에게는 무한정 친절하지만, 모르는 사람에게는 퉁명스럽고, 무례하고, 건방지고 심지어 싸가지 바가지 없이 굴지. 우리는 지하철에서 옆자리가 비면 자신의 자리를 좀 더 넓게 확보하지. 눈을 지그시 감고, 엉덩이를 좌우로 실룩거리면서…….

【한번 보고 말 사람인데 뭐!】 라는 가장 단순 무식하고 추악한 말들이 당연시 통용 되고 인정되는 사회는 참으로 참담한 사회란다. 길거리마다 당연히

무례함만이 넘쳐나게 되고, 염치도 체면도 질서도 무너지게 되는 것이지.

한번 보고 말 사람!

사회를 유지시키는 체면, 염치, 남을 위한 배려 등을 일시에 무력화 시킬 수 있는 참으로 무서운 말이란다.

유럽 사람들이 한국에 와서 견딜 수 없어 하는 것이 어깨를 치고, 밀치고 하면서도 누구도 "미안합니다."라는 말을 하지 않는 거라고 한단다.

영국에는 대부분의 사거리는 신호등이 없는 회전 로터리란다. 물 흐르듯이 서로 양보하면서 자연스럽게 빠져 나가라고…….

우리는 왜 이런 회전 로터리를 많이 만들지 못할까? 아마도 하나의 사거리를 통과하는데 더 많은 시간이 들고 난장판이 되겠지. 왜 그럴까? 서로 먼저 가려고 머리를 처박을 것이 뻔하기 때문이겠지.

돈이 바닥나 런던 시내 식당에서 나비넥타이를 매고 아르바이트를 한 적이 있지. 식당 앞 인도를 청소할 때 사람들이 지나가면 빗자루를 세우고 사람들이 지나가도록 기다리면, 10명 중 8~9명은 그냥 지나가는 것이 아니라 가볍게 미소를, 윙크를 지어 보이거나 양팔을 벌리는 시늉을 하면서 **'Hello! My friend!'** 또는 **'Hi, how are you today?'** 라고 말을 걸어 주지. 집으로 돌아가는 길에 동네에 들어서면 찢어진 뱁새눈을 하고 걷는 아빠랑 눈이 마주치면 어김없이 처음 보는 사람일지라도 많은 사람들이 **'Hello!'** 하고 인사를 먼저 해 준단다.

이러한 것들이 사람들이 살아가는데 부드러운 윤활유 같은 역할을 하는 거란다.

상식과 예의! 내가 소중한 만큼 남도 소중하다는 배려! 이것이 사람 사는 사회인 것이지.

반면에 우리의 이웃은 어떠니? 너희는 또 어떠니?

그래도 아빠는 처음엔 한국에 돌아와 먼저 인사를 열심히 했단다. 어떤 사람은 이상한 얼굴로 쳐다보기도 하고, 또 어떤 사람은 아빠를 따라 와서 "저~혹시 저를 아시나요?" 어떤 아가씨는 "이 아저씨가 나에게 수작을 거는 걸까?"라고 의심하는 것 같기도 하고(젠장! 아빠도 여자 보는 눈이 있는데……).

왜 그럴까? 익숙하지 않기 때문이란다. 그 어디에서도, 학교에서도, 집 안에서도, 모르는 이에게 서로 인사하는 교육을 받지 않았기 때문이란다.

있다 해도 도덕책 귀퉁이에 무의미 하게, 존재감 없이 아주 형식적으로 하는 교육이지. 연습이 되지 않았기 때문이란다. 그런 게 뭐 중요한가! 부족한 개념 때문이란다.

우리는 동방예의지국이라 자찬하면서도 남들에게, 우리의 이웃에게 얼마나 무례한지 우리 스스로 생각해 볼일이다. 문을 열고도 바로 뒤 따라오는 사람을 위해서 문을 잡아 주는 작은 예의도, 배려도 베풀 줄 모른단다. 자기 몸뚱이만 쏙 빠져나가지. 남이야 닫히는 문에 코가 찌이든 말든, 손가락이 끼이든 말든…….

"내가 왜 당신을 위해 문을 잡고 있어야 하지?"라고 말하는 듯이. "당신은 당신 팔이 없나?"라고 말하는 듯이…….

뒤따라오는 이를 위한 작은 배려도 못하는 것은 종노릇에서 막 벗어난 **천민 근성** 때문이란다. **천박하고, 빈약한 자존심, 열등감** 때문이란다. "나는 이제 더 이상 종놈이 아닙니다."라고 행동으로 말을 하는 것이지. 이 말은 곧

전에는 종의 신분이었으나 지금은 아니다. 결국 종의 피가 흐르는 사람들이지.

뻣뻣하게 머리를 세우고, 그 무례함을 자랑하지.

외제차를 타고 다닌다고 거들먹거리고, 좀 넓은 평수에 산다고 거들먹거리고, 돈 좀 있다고 거들먹거리고, 명예가 있다고, 심지어 덩치가 크다고 거들먹거리고, 조금 예쁘게 생겼다고 거들먹거리고, 아파트 단지가 거들먹거리고, 동네가 거들먹거리고, 나라 전체가 거들먹거린다.

대한민국이 거들먹거린다.

'엘리 호퍼' 라는 철학자는 말했지!

【**"무례함이란 약한 인간이 강한 사람을 모방할 때 나타난다."**】라고.

"내가 왜 당신만 못해?" "내가 왜 당신을 위해서 어떤 일을 해야 해?" 라고 생각하기보다 **"당신은 나와 똑같습니다." "내가 소중한 그만큼의 크기로, 당신도 소중합니다."** 라는 생각을 해야 하겠지.

좋은 이웃을 만나는 것은 참으로 중요하단다. 좋은 이웃을 두었는가, 그렇지 못한가는 우리의 삶의 질까지도 크게 좌우 한단다. 우리가 매일 마주하는 가족, 그 다음이 바로 이웃 사람들이기 때문이지. 많은 사람들이 이웃을 잘 만나야 한다고 말하는데 정말로 맞는 말이란다.

그러면 우리는 어떻게 해야 넉넉하고 여유 있으며 배려심 있는 이웃을 만날 수 있을까? 그것은 우리가 먼저 좋은 이웃이 되려고 노력하는 거란다. 우리가 먼저 우리의 이웃들에게 좋은 이웃인가를 생각해야 한단다. 우리가 먼저 좋은 이웃이 되려고 노력할 때, 우리도 좋은 이웃을 만나는 거란다. 우리가 우리 이웃의 삶의 질까지도 좌우할 수 있다는 사실을 인식해야 한단다.

우리가 사는 아파트가 유리로 지어진 집이라고 상상을 해보자! 똑같은 위치의 화장실에서 층층마다 화장실에 앉아 있는 모습을…….

똑같은 위치, 바로 우리의 머리 위에서 똑같은 모습으로 사는 사람들, 그들이 우리의 이웃이란다. 우리 집 기둥을, 우리 집 천장을 바닥으로, 우리 집 바닥을 지붕 삼아 사는 사람들이란다.

작은 시작이지만 우리가 먼저 이웃에게 인사를 하자.

'이상한 사람이네!' 라는 이상한 눈빛을 보내도 그냥 하자. 기왕 내 손으로 문을 열었으니, 내 몸뚱어리만 쏙 빠져나갈 것이 아니라 뒤따라오는 이를 위해 그이가 누구든 간에 1초만 문을 잡아 주자.

만나면 인사하자. **안녕하시냐고! 오늘 날씨 좋다고!** 만나면 미소 짓고, 눈인사를 해 주자, 웃어 주자. 내 머리 위에서, 내 발 아래에서, 엉덩이를 까고 쭈그리고 앉아서 볼일을 보던 이웃의 모습을 상상하면서…….

국민소득 4만 불! 5만 불! 무례하고 천박한 배부른 돼지들이 거들먹거리며 사는 사회가 아니라 사람들이 사는 사회!

작지만 우리가 먼저 시작하자.

우리가 먼저, 좋은 이웃이 되려고 노력하자!

보물에 대하여

책에서 얻어지는 지식은 논외로 하더라도 책은 우리에게 수많은 상상력과 지혜를 제공한단다. 판타지도 좋고, 만화책도 좋고, 그 어떠한 책이라도 **너희 삶의 깊이를, 상상력의 폭을 풍부**하게 한단다.

우리가 많은 것을 직접 경험하기에는 우리의 칠십 평생은 너무도 짧단다. 책은 우리가 직접 경험해 보지 못한 수많은 정보와 지식을 제공해 주고, 이렇게 얻은 수많은 간접 경험은 우리를 지혜롭게 해 주지. 많은 간접 경험으로 얻은 지식과 지혜는 너희의 삶과 생각을 정말로 풍부하고 다양하게 해 줄 거야. 너희가 자신의 오감을 통해 경험한 것만을 믿고 산다면 너희의 사고의 깊이는 얕아질 뿐만 아니라 지극히 편협하고 단순한 사람으로 살아갈 가능성이 높단다.

사람이 머릿속에 그려보는 상상마저도 자신이 알고 있는 만큼만 상상할 수 있는 거란다. **'아는 만큼만 보인다.'**는 말이 있다고 했지. 사람은 아는 만큼만의 세상을 세상의 전부라고 믿고 사는 거란다. **'우물 안 개구리'**라는 말도 있지. 우물 속의 개구리는 우물 속이 세상의 전부라고 믿고 사는 것이고, 시냇가의 개구리는 시냇가가 세상의 전부라고 믿고 살겠지. 우리는 우리의 생각과 사고를 시냇가 만큼만이라도 넓히려 노력해야 한단다. 우물 안에서만 평생을 살다가 죽는다면 얼마나 억울할까!

'우물'이란 구경하는 세상의 넓이를 말하는 것이 아니란다.

많은 나라를 여행하고, 수많은 경험을 했다고 해서 그 사람이 우물 속을 벗어난 사람이 될 수는 없는 거란다.

아빠가 이 책에서 수없이 반복해서 이 **'우물'** 이라는 말을 인용하겠지만, **'우물' 이란** 자신의 생각과 가치관이 확고하고 강하게 굳어져 있는가, 아닌가를 말한단다. 우물과 같은 자신의 생각이 굳어져 남의 말이나 경험에 귀 기울이지 않는 사람을 **'우물 속의 개구리'** 라 한단다.

자신만이 최고라고 생각하는 사람!

절대로 자신의 생각을 바꾸려 하지 않는 사람!

남의 말에 귀 기울일 줄 모르는 사람!

자신이 경험하고, 아는 것이 세상의 전부라고 믿는 사람!

이미 뚜껑 닫아 놓아 아무것도 자신의 그릇에 담을 수 없게 만들어 놓은 사람!

모두 다 **'우물 안 개구리'** 란다. 그 우물의 크기만 다를 뿐이지. 그 우물의 크기를 늘리고, 세상엔 나보다 우수하고 지혜로운 생각들이 국립도서관의 책의 숫자만큼이나 많다는 것을 일깨우게 하는 방법!

바로 독서란다.

인류의 발전은 우리 조상들이 쌓아 놓은 지식과 경험을 바탕으로 발전을 해온 것이란다. 아빠의 지혜를 그 자식들이, 자신들의 지식으로 습득하고, 그 자식의 자식들이 다시 아빠의 지혜를 습득하고 발전시켜서 오늘날의 과학을, 사회를, 지식을 발전시킨 것이지.

글을 발견하면서 우리 인류는 급속도로 발전을 했단다. 말로만 전달해야 했던 지혜와 시행착오를 글로 남겨서 후손들이 같은 시행착오를 겪지 않고도 선조들의 기술과 지혜를 얻을 수 있게 되었기 때문이지. 동해 바다, 서해 바닷물이 정말로 전부 다 짠맛이 나는지 우리가 모두를 찾아다니면서 확인할 수는 없는 것이란다. 그러기에는 우리의 인생이 너무나 짧지.

우리의 생각과 경험이 우리가 처음이고, 최초일 거라는 어리석은 아집과 착각에서 벗어나자. 우리의 경험과 생각은 수천 수백 년 전에 수없이 많은 사람들이 이미 고민하고 경험했던 것들로, 강가의 모래알만큼이나 존재감 없는 것임을 이해해야 한다.

그런 주제 파악을 쉽게 해 주는 곳! 남의 경험을 나의 경험으로 삼을 수 있도록 해 주는 지혜와 지식의 바다!

수많은 사람들이, 또 우리의 선조들이 경험과 시행착오를 통해 발견한 보편타당한 진리들을, 지혜들을, 세상을 살아가는 모든 이들에게 예외 없이 적용되는 학문의 지혜를 배울 수 있는 곳!

그 보물창고들을 그대로 방치해 버려둔다면 그 얼마나 안타까운 일이니!

우리는 학교에서 공부를 하지. 많은 사람들은 학교 공부가 모든 공부의 끝이라고 생각을 한단다. 어느 대학에서 공부를 하고, 어느 대학에서 박사학위를 받았다고 우쭐거리는 사람들도 있지.

그러나 한번 생각해 보자!

당구를 예로 들어보면, 학교 교육이라는 것은 마치 당구를 칠 수 있는 큐대를 잡는 방법과 공을 맞히는 방법, 그리고 그 규칙 정도만을 가르치는 것이라 할 수 있단다. 골프를 예로 들어보면, 총 14개의 골프채를 휘둘러 공을 맞추는 방법만 가르쳐 주는 것이라고 볼 수 있지. 탁구로 예를 든다면, 탁구를 치는 방법과 탁구를 치는 룰, 라켓을 잡는 법 등만 가르쳐 준다고 봐도 무리가 아니란다. 당구를 500을 치고, 골프의 싱글(single)과 언더(under)를 치는 능력과 기술은 절대로 학교에서 가르쳐 주지 않는단다.

그런데도 많은 사람들은 이제 더 이상 배울 것이, 공부할 것이 없다고 생각을 하지. 왜? 나는 이미 학교에서, 대학에서 탁구를 치는 방법과 라켓을 잡는 법, 골프채를 휘두르는 법, 그리고 큐대를 잡고 포켓볼을 치는 룰들을 배웠으니까. 이제 시작이면서 끝이라고 생각을 하는 것이지.

자! 남들이 어떤 생각을 가지고 살아가든 내가 관여할 일도 아니고, 관심도 없단다. 그러나 아빠 자식인 너희만큼은 이런 웃기는 생각을 갖지 않기를 바란다.

【**'가장 어리석은 자는 자신의 경험만을 믿는 자이며, 지혜로운 자는 남의 경험을 자신의 경험으로 삼는다.'**】라고 '프루드' 라는 철학자도 말했단다.

남의 경험을 나와 다른 남들의 생각들, 내가 미처 경험하지 못했던 지혜들, 그것들을 가장 손쉽게 구할 수 있는 곳!

너희가 학교에서 배운 기초 지식을 가지고 너희의 능력을 무한히 키워 갈 수 있는 곳!

아니, 반드시! 무한히 키워 가야만 하는 곳!

바로! 책 속이란다.

너희 곁을 스치는 바람에 대하여

'준비'를 한다는 것은 미래에 일어날 일에 대하여 미리 대비한다는 것을 의미하지. 또한 준비를 한다는 것은 현재에 미래를 예측해 대비를 해야 하는 것을 의미한단다.

우리는 겨울의 추운 날씨를 대비해 땔감을 미리 대비해 놓지 않으면 겨울이 왔을 때 그 추위에 견딜 수 없게 되는 것이지.

준비하는 자는 다가오는 역경과 시련도 이겨낼 수 있으나, 생각 없이 사는 사람은 자신에게 닥치는 시련과 역경을 원망하기만 한단다.

우리의 세상은 철저하게 한 치(혓바닥의 길의 1/3)의 오차도 없이 움직이는 과학이란다. 따라서 우리는 얼마든지 미래를 예측하고 대비할 수 있는 거란다. 우리 개인에게 닥쳐오는 소소한 문제들은 한 치만큼도 내다볼 수 없다고 하지.

그것은 바다에서 이는 잔파도의 방향을 우리가 알 수 없는 것과 같단다. 하지만 서해안에서 발생하는 조수간만의 커다란 바닷물의 움직임은 얼마든지 예견하고 대비할 수 있는 것이지.

마찬가지로 세상은 우리가 과학적으로 예측하고 증명하는 범위 내에서 움직이는 거란다. 세상의 기본적인 원리들이 우리가 충분히 예견하고 예측하는 방향으로 움직이지 않는다면, 어느 날 태양이 서쪽에서 뜨고, 겨울이 지나고 갑자기 푹푹 찌는 여름이 온다면, 우리는 단 하루도 불안해서 살 수가 없겠지. 우리가 말하는 **불가사의(mystery)**라는 것들은 우리의 과학으로 증명해 내지 못하는 것뿐이란다. 결국 우리의 현재 과학 수준이 낮은 것뿐이지.

준비만 하다가 기회를 놓치는 일도 물론 있지. 모든 것에는 한쪽으로 너무 치우치지 않는 중용의 지혜가 요구되는 이유이기도 하지. 그러나 분명한 것은 준비하는 자에게만 **'기회'**가 오는 거란다. **준비가 되어 있지 않으면 기회가 와도 잡을 수가 없는 거란다. 아니, 그것이 기회인지조차도 모른단다.**

예를 들어보자. '장종훈'이라는 프로야구 선수가 있었단다. 지금은 은퇴를 했지만 그 사람은 처음에는 프로야구팀에 연습생으로 들어갔단다. 다른 선수들의 방망이를 닦아 주거나, 글러브를 챙겨다 주는 일로 시작을 했지. 그러나 그는 같은 연습생들과 선수들이 쉬거나 잠잘 때에도 매일 늦은 밤까지 손에서 피가 나도록 야구방망이로 때리는 연습을 했단다.

그리고 어느 중요한 시합이 있을 때, 여느 때처럼 선수들의 방망이를 챙겨다 주는 일을 하고 있었지.

시합은 지고 있었고 타석에서 준비하던 한 선수가 몸에 맞는 볼로 크게 다쳐서 경기에 뛸 수가 없었단다. 그가 열심히 연습을 하고 있었다는 것을 알고 있었던 감독은 기왕에 지는 게임, 그에게 한번 기회를 주자고 생각했단다. 그리고 그는 수많은 신문기자들이 있고, 생중계가 되는 상황에서 홈런을 쳤단다.

사전에 철저하게 준비를 했기 때문에 그 우연히 찾아온 기회에 홈런을 칠 수 있었던 것이지. 그리고 그는 은퇴를 할 때까지 몇 번의 홈런왕을 하기도 하고, 당대 최고의 선수로 명성을 날렸단다. 비록 야구팀에서 주전자에 물을 나르는 후보로 들어갔지만, 남들이 쉴 때, 남들이 잘 때, 열심히 연습하고 준비를 했기 때문에 운 좋게 찾아온 우연을 자신의 기회로 만든 것이란다.

아빠가 대학 때 방송국 아르바이트를 한 적이 있지. 1988년 올림픽이 열리는 해에. 태릉올림픽선수촌 선수들을 취재하는 일을 보조하는 것이었지.

시간이 나서 선수촌을 둘러보는 중에 누군가 8월의 찌는 듯이 더운 날, 다른 모든 선수들이 오침을 하는 시간에 혼자 땀을 흘리며 슈팅 연습을 하는 사람을 봤지. '이충희' 라는 농구선수였단다. 당대 최고의 슈터(shooter)로 이름을 날리던 사람이지.

그렇게 오는 거란다!

명성과 실력은 우연과 행운으로 너희 곁에 다가오지 않는단다.

절대로…….

준비가 되어 있지 않은 자에게는 기회가 찾아와도 그것이 기회가 될 수 없는 거란다.

기회가 왔을 때 준비를 시작하려 하는 것은 기차가 도착한 뒤에 기차표를 사러 뛰어가는 것과 매양 같은 짓이고, 멧돼지가 튀어나오고 난 뒤에 총을 가지러 집으로 뛰어가는 짓과 마찬가지가 되는 거란다. 기회는 사라지는 것이지. 그것은 기회도 아무것도 아닌 상황이, 그저 너희 곁을 스쳐 지나가 버리는 의미 없는 바람이 되어 버린단다.

사람들은 말하지. '누구나 일생을 통해서 세 번의 기회가 온다.' 라고. 웃기는 소리란다. 많은 어리석은 사람들은 말한단다. '그는 단지 운이 좋아서 기회를 잡은 것이다.' 라고. 그리고 자신의 무개념과 빈 머리를 애써 위로하지.

아빠와 엄마가 끊임없이 너희에게 공부하기를 강조하는 이유가 바로 이 **'준비'** 라는 것을 갖추도록 하는 것이란다. 기회가 왔을 때, 그 기회를 잡을 수 있는 준비를 시키는 과정이란다.

준비되어 있지 않은 자! 그 옆으로는 휑하니 바람만 분다!

벙어리에 대하여

영어를 열심히 해 보려고 하는데 쉽게 지치고 포기를 하는 이유가 뭘까? 수학은 인수분해 공식을 외워서 그 공식을 적용하여 푸는 연습을 많이 하면, 인수분해에 관한 다양한 문제가 나와도 쉽게 풀 수가 있지만, 영어(언어)는 그렇게 간단하지가 않단다.

간단한 예를 들어보자.

I / am / a / boy.

아마 이 간단한 영어를 모르는 사람은 없을 거야. 이처럼 간단한 영어 문장마저도 적어도 7~8가지의 문법으로 구성되어 있단다. 문법이란 언어를 사용하는 강력한 규칙이며, 약속이란다.

I = 1인칭 대명사이면서 주어

am = be 동사이면서 1인칭 현재에 쓰는 be 동사

a = 관사 +부정관사

boy = 명사 +주어인 I를 꾸며 주는 주격 보어

이렇듯 영어를 처음 대하면서 만나는 아주 쉬운 문장도 많은 문법들로 구성되어 있지. 따라서 영어(언어)는 명사 부분 또는 대명사나 또는 형용사 어느 한 부분만을 죽어라 공부해 봐야, 전혀 소용이 없게 된다는 거란다. 말이나 글을 어느 한 부분만 잘 안다고 해서 말을 할 수 있거나, 또 글을 쓰거나,

읽는 것이 불가능한 것처럼.

따라서 쉬운 영어책을 선택해 처음부터 끝까지 봐야 한단다. 그냥 보는 것으로 될까? 그 책의 내용을 100% 습득해야 하겠지. 그런데 그 습득이 어디 쉬운가? 외우면 잊어버리고, 외우면 잊어버리고. 한두 번 봐서 다 알 수 있고 또 외울 수 있다면, 어디 그게 제정신을 가진 정상적인 사람이겠니?

사람이 잊어버리는 것! 그건 머리가 나빠서가 아니란다. 아주 자연스러운 거란다. 망각이란 우리가 세상을 살아가는 데 있어 절대적으로 필요한 중요한 부분이란다. 아빠도 학생시절을 돌이켜보면, 영어를 박살내겠다는 의지로 수없이 싸워 봤지. 정말로 수없이…….

머리도 빡빡 깎고, 눈썹도 밀고, 골방에 박혀도 봤고, 또 할아버지가 감자를 보관하기 위해 만들어 놓은 지하창고에도 박혀 있어 봤단다. 그러나 기껏해야 대명사 부분까지, 약 40에서 50쪽까지만 까맣게 연필이 칠해져 있고, 나머지 부분은 단 한 장의 책장마저도 넘겨지지 못한 채 책꽂이에 거꾸로 꽂혀서 무거운 먼지만을 뒤집어쓰고 앓고 있던 수많은 영어책들의 기억이 생생하단다.

'영어와 싸워 이기겠다.'

'영어를 정말로 열심히 하겠다.'

'완벽하게 외우겠다.'

이런 생각들이, 또 실제로 이를 악물고 열심히 공부하겠다고 덤비는 행동들이, 각오들이, 아이러니 하게도 결국엔 영어를 포기하게 만드는 원인 중의 하나란다.

실제로 영어를 못하거나, 자신 없어 하는 수많은 사람들도 학생 때에는 이러한 의지로 영어를 열심히 공부해 보려고 노력했던 사람들이란다. 그러나 그들 중 많은 수의 사람들이 결국엔 영어를 포기하고, 영어라면 진절머리를 내고 겁을 낸단다. 정말로 이상하고 웃기는 결과이지 않니?

영어를 박살내자!

영어를 완벽하게 공부해 보자!

전부 다 외워 버리자!

이런 각오가 또 이런 각오로 영어를 공부했기 때문에 영어라면 진저리를 치게 하고, 겁먹게 하고, 결국 마지막에는 포기하게 된 거란다.

'뭐 영어를 못해도 사는 데 커다란 지장이 없잖아.' 라고 스스로를 위로하면서. 그리고 영어를 조금 잘하는 사람들을 보면, 마치……영웅처럼 바라본단다. 아주 부러운 눈으로…….

영어와 전투하듯이 싸우면서 공부했던 수많은 사람들 중 결국엔 영어를 이긴 사람들이 매우 드물단다.

'깡그리 외워 버리자!' 하고 열심히 공부했던 사람들! 전부라고는 할 수 없으나 많은 사람들이 영어를 미워하고 증오한단다.

영어(언어)는 싸워서 이기는 대상이 아니란다. 절대로 싸워서 이길 수도 없는 대상이란다. 만약 싸워서 이길 수 없는 친구지만, 내게 너무나 필요한 존재라면 어떻게 해야 할까? 그 상대를 친구로 만드는 거란다. 오랜 시간을 두고 달래며, 친하게 지내서 정이 드는 친구로 만드는 것이지. 친하게 같이 지내다 보면 이해를 하게 되고, 또 그 영어가 좋아지게 되는 거란다.

그럼, 영어와 친하게 지내는 방법은 무엇일까? 멀리 사는 4촌이 가까운 이웃보다도 못하다는 말이 있지. 자주 보고 만나는 것이 훨씬 빠르게 정이 드는 거란다. 사람과의 관계 역시 자주 보고 만나는 것, 그보다 더 가까워지고 서로를 이해하는 좋은 방법은 없지. 그래서 그리도 아빠는 뻐꾸기 울듯이 절대로 영어를 외우려고 하지 말라고 강조하는 것이고, 반복해서 보기를 강조하는 것이고, 끝까지 보기를 강조하는 거란다.

그럼, 우리가 영어를 배워야 하는 이유는 무엇이며, 그 목적은 무엇일까?

첫 번째 이유

'한글보다 뛰어난 문자는 세계에 없습니다. 세계의 알파벳입니다.' 미국의 언어학자 '로버트 램지'(메릴랜드대) 교수가 2009년 10월 6일 주미 한국대사관 코러스하우스라는 데에서 열린 한글날 563번째 기념 특별에서 한글 예찬론으로 한 말이란다.

우리는 우리의 글과 말인 **【한글의 과학성과 우수성을 인정하고, 자긍심을 가져야 한단다.】** 우리가 과학적이고, 배우기 쉬운 우수한 한글을 가졌음에도 영어에 목을 매는 이유가 무엇일까?

그것은 바로! 영어가 국제 언어이기 때문이란다.

중국의 인구가 100억이 넘는다 하더라도 중국어가 국제 언어가 될 수는 없는 거란다. 국제 언어로서 영어의 지위는 우리나라가 한국어를 포기하고 일본어를 우리의 국어로 만들 수 없는 것보다도 확고하단다.

우리가 여러 국적의 사람들과 의사소통하기 위해서, 그 각각의 나라 말들을 다 배울 수는 없겠지. 따라서 세계의 모든 국가는 앞선 기술을 가지고 세계 시장에서 선두에 있던 영국과 미국의 언어인 영어를 세계의 공통어로 하기로 약속을 하고, 각각의 나라 사람들이 그 공통 언어를 공부하고, 그 언어로 의사소통을 하게 되면, 모든 나라 사람들이 쉽게 의사소통을 할 수 있게 되겠지. 그래서 우리는 영어를 공부해야 하는 거란다.

영어는 영국이나 미국, 호주 사람들과만 대화를 목적으로 하는 것이 아니란다. 영어가 영국사람, 미국 사람들만의 언어가 아니란다. 영국이 종주국인 축구가 영국만의 운동이 아니듯이, 우리의 태권도가 이제는 더 이상 우리만의 운동이 아니듯이…….

우리는 영어를 우리들처럼 제2국어로 쓰는 다른 나라 사람들과도 대화를

해야 하기 때문에 아주 유창하게 해야 할 필요는 없는 거란다. 물론 미국이나 영국 사람처럼 영어를 잘하면 좋겠지만, 그렇다고 인도나 태국 사람들과 이야기할 때, 미국 사람이나 영국 사람들과 같은 발음으로 영어를 해서 그 상대가 잘 알아듣지 못 한다면 그것 또한 영어를 잘하는 것이라고 할 수는 없단다.

영어는 의사소통이 목적이지, 영어를 미국 사람과 같은 발음으로 잘한다는 것을 자랑하는 것이 목적이 아니기 때문이지.

많은 한국 사람들은 발음이 미국 사람과 같지 않다고 웃기도 하고 놀리기도 하지. 그것은 정말 옳지 않단다. 참으로 어리석을 뿐 아니라, 언어의 본질조차도 모르는 사람들이란다. 우리는 어차피 미국이나 영국에서 10년을 공부하고 살아도 미국 사람들과 같은 완벽한 발음으로 영어를 말할 수는 없단다.

따라서 미국 사람처럼 영어를 잘하겠다는 욕심을 버리자. 단지 영어로 영국, 미국 사람들이 아니라 영어를 제2국어로 쓰는 다른 나라 사람들과 만이라도 영어로 대화를 할 수 있는 것을 목표로 삼자. 영어로 단 한마디도 제대로 못하면서 미국사람의 발음이나 흉내 내려했던 우리의 어리석음을 인정하자!

이미 세계는 한국에서 아침을 먹고, 지구 반대편에 가서 점심을 먹는 시대고, 또 물건이나 서비스를 팔기 위한 시장이 국내 시장만이 아니라 세계가 하나의 시장이 되어 버린 지 오래란다. 아빠는 아침 8시 비행기를 타고 방콕이나 마닐라에 10시 30분에 도착해 12시부터 미팅을 시작해 저녁 6시까지 장시간의 미팅과 상담을 끝내고, 다시 시내로 가서 3~4시간의 쇼핑을 하고 밤 12시 비행기로 되돌아와 아침에 출근을 한단다.

아빠가 살아가는 지금의 시대로도 이미 충분히 전 세계를 자국의 도시들을 하루에 누비듯이 하는 시대를 살고 있단다. 너희가 살아가야 하는 21세기 중반의 세상은 영어를 못하고는 정말로 벙어리로 살아야 하는 세상이 되어버릴지도 모른단다. 이미 십수 개의 나라들을 하나의 나라로 만들려는 유럽처럼, 너희가 살아가는 시대는 비자도 국경도 없는 시대가 될지도 모른단다.

이미 아빠가 가지고 있는 APEC(Asia Pacific Economic Cooperation)이라는 카드는 호주 일본 중국 등 18개국을 어떠한 비자도 없이 어디서든 어느 때든 비행기 티켓만으로 국내 도시를 드나들 듯이 하고 있단다.

영어를 공부하는 목적, 또 해야만 하는 절대적 이유!

그것은 바로 국제시대에서 답답한 벙어리에서 벗어나자는 절박함이란다.

두 번째 이유

우리는 착각을 하고 살지. 많은 사람들이 우물 안 개구리의 입장이 되어서 세상을 살아간단다. 삼성, 엘지 등의 대기업이 핸드폰이나 가전제품 등이 세계에서 판매량 1등을 한다고 세계의 많은 사람들이 삼성이나 엘지의 휴대폰을 들고 다닐 거라는 생각은 착각이란다. 우리나라의 도로를 메우고 있는 현대차나 기아차로 다른 나라의 도로가 가득 차 있을 거라는 생각은 착각이란다.

지구촌에서의 대한민국은 동양의 한 구석에 위치한 작은 나라일 뿐이란다. 이것이 현실이란다.

우리는 지구촌의 거대하고 앞선 기술과 변화하는 문명과 지식을 끊임없이 받아들이고 배워야 한단다. 그래야만 뒤쳐지지 않는단다. 그러려면 지구촌의 세상과 소통하고, 끊임없이 배워야 하는 우리로서는 지구촌 세상과의 연결통로인 말과 글을 읽을 줄 알아야 하는 것은 너무나 당연한 것이지.

그래서 우리 사회는 영어 실력이 곧 그 개인의 모든 실력을 대변하는 것처럼 되어 버린 거란다.

그러나 **영어는 성공하기 위한 절대적인 열쇠가 아니란다.** 영어가 우리의 성공을 보장해 주지는 않는단다. **한국말을 잘한다고 성공이 보장되지 않듯이…….**

영어는 너희가 살아가는 시대엔 절대적으로 기본이 되는 언어일 뿐이란다. 우리가 학교 공부를 열심히 해야 하는 이유 역시 영어와 동일하단다.

공부 그 자체가 우리의 목적이 아닌 거란다.

따라서 **영어는 수단일 뿐, 영어 자체가 목적이 되어서는 안 된단다.**

영어를 목적으로 삼는 사람의 성공이란, 나중에 영어 학원 강사가 되는 것이 최고겠지. 토익의 점수나 토플의 점수가 반드시 중요하지는 않단다. 그것은 단지 영어를 구사하는 능력을 측정하는 단위일 뿐이란다.

반기문 유엔 사무총장과 같은 사람에게는 영어란 단지 자신이 이루고자 하는 꿈을 실현하는 수단일 뿐이란다. 따라서 너희가 하는 영어 공부나 다른 공부들은 그 자체가 너희의 꿈을 실현하는 수단이 되어야 한단다.

900점의 TOEIC 점수! 그것만을 자랑하는 어리석음에서 벗어나야 한단다. 명검을 가졌다 할지라도 그것을 올바르게 사용하는 방법과 제대로 된 검술을 할 수 없다면 그것은 단지 쇠꼬챙이를 들고 있는 것과 하등 다르지 않은 거란다.

따라서 일단 말을 할 수 있어야 외국에 나가서 장사를 하든, 공부를 하든, 너희가 목표를 세운 일들을 실현할 수 있는 것처럼 학교 공부를 충실히 해야 나중에 성인이 되어서 너희가 목표로 하고, 구상하는 계획을 실현시킬 수 있는 것이지.

우리가 영어를 공부해야 하는 절대적 이유!

국제화 시대를 사는 우리는 글도 모르는 문맹에서 벗어나야 하고, 입을 벌려 의사를 표현하고, 귀로 상대의 말을 들을 수 있어야 한다는…….

벙어리에서 벗어나야 하는 절박함! 바로 그것이 우리가 영어를 공부해야 하는 **절대적, 절대적, 절대적 이유란다.**

그것이 바로 아빠가 힘들여 벌어 온 돈의 많은 부분을 너희 영어학원에, 영어 선생에게 가져다 바치는 왕짜증 나는 이유란다.

너희 친구들이 이렇게 말하는 어리석은 놈들도 있을 거야.

나는 외국에 나가서 살지 않을 거야!

외국인들도 만나지 않을 것이고, 따라서 나는 영어를 못해도 전혀 문제가 안 돼!

아빠도 이렇게 말하고는 낄낄거리며 친구들과 웃기도 했지. 그렇게 말하며 친구들과 키득거리는 것은 마치

'나는 집에서 절대로 나가지 않고, 평생을 집 안에서만 살 거야! 집 앞 슈퍼도 안 갈 것이고, 친구도 만나지 않고, 사회생활도 안 할 것이니, 어떠한 옷도 필요가 없어. 평생을 팬티만 입고 집 안에서 살 거야! 라고 말하는 어리석고 정신 나간 놈과 같은 거란다.

영어는 반복이다

한두 번의 정독으로 영어를 마스터할 수 있다면, 그 쉬운 영어를 누군들 못할 사람이 있겠는가! 또 영어 책을 2번 또는 3번 봤다고 자랑을 하는 것은 두세 번 어떤 사람을 만나보고 그 사람을 다 안다고 말하는 것처럼 매우 어리석은 거란다. 영어는 최소한 10번은 보고 1번을 봤다고 할 정도로 겸손해야 한단다. 물론 처음엔 쉬운 책을 수십 번 반복하고 나서, 조금 더 어려운 영어책을 볼 때는 훨씬 쉽게 되는 것이란다. 그 어렵다고 느껴지던 영어책 속의 많은 부분들은 이미 쉬운 책을 통해서 알고 있는 것이기 때문이지.

문어체(글)니 구어체(회화)니 구분을 하지 마라

우리나라 말도 문어체가 따로 있고, 구어체 따로 있던? 영어도 마찬가지란다. 구어체의 영어가 따로 있을 거라는 생각은 버려라. 네가 지금 배우는 영어를 네 손가락을 통하면 영작이 되고, 네 입을 통해서 나오면 그것이 곧 구어체(회화)인 것이야. 구어체니 문어체니 하는 것의 차이는 있어 봐야 그 차이는 아주 미미하단다.

절대로 영어는 외우려 하지 마라

영어를 무작정 외우려 하는 것은 마치 사람을 만나자마자 악수하고, 뽀뽀하고 친하게 지내려고 너무 들이대는 것과 마찬가지란다. 만날 때마다, 빨리 가깝게 지내려는 욕심으로 포옹하고, 너무 급하게 친하게 지내려고 하고 난 후에, 그리고 스스로 생각하지, '이만큼 내가 친하게 지내려 노력했으니 상대도 나를 좋아하겠지!' 라고…….

그러나 어느 날 보면 외톨이가 되어 있는 거란다. 상대가 자신을 슬슬 피하고, 남들에게 '저 사람 이상한 사람이야.' 라고 하면서 쑤군대기 시작하고, 그러면 네 스스로 네가 친하게 지내려 했던 사람을 미워하고, 증오하기까지 하게 되는 거란다. 이러한 결과의 100% 책임은 자기 자신에게 있는 거란다.

사람과의 관계도 마찬가지란다. 자신이 상대를 덤비듯이 좋아하다가 내 스스로 상대를 미워하고, 증오하는 것이지. 사람들과의 관계나 이성과의 연애를 하는 것도 마찬가지란다. 친구에게서 소개받은 여자 친구에게 만나자마자 친해지려고 입을 맞추려 해 봐라! 눈에는 불이 튀고, 얼얼한 뺨따귀를 두 손으로 감싸 쥐게 될 것이니. 이것은 정말로 아빠가 보증을 한다. 좋아하는 감정이 든다고, 좋아한다고 덤벼드는 짓을 해서는 절대로 안 된단다. 그런 짓을 하는 것은 지나가는 개가 예쁘다고 달려들었다가 개한테 물리거나, 아니면 그 개가 겁을 먹고 멀리 도망을 가는 것과 마찬가지란다.

그리고 자신의 잘못된 행동은 깨닫지를 못하고는 '저런 멍청한 개아들' 이라고 욕을 하지. 아빠도 이런 실수를 회사에서 기르는 개와 반복하지. 저런 개아들! 하고 소리를 지르지.

'영어가 밉다.' '영어가 싫다.' 고 생각하는 수많은 사람들이 이러한 과정을 거친 거란다. 영어를 좋아해 보려고 무진 노력들을 했던 사람들이지. 하지만 대명사나 형용사 부분까지만 아주 까맣게 칠해져 있지. 포기를 했다가 다시 처음부터 시작을 하고, 또 형용사 파트 부분쯤에서 포기하고, 또 다시 시작해서 또 형용사 파트 정도쯤에서 포기하고, 몇 번을 이렇게 반복하다가 이제는 영원히 포기를 하는 것이지. 그리고 영원히 영어를 증오하기도 하지.

다시 말하지만 영어는 절대로 반복이란다. 수많은 단어와 규칙들을 어떻게 한두 번에 다 외울 수가 있겠니? 외운다 해도 바로 잊어버리는 것은 당연하단다. 영어는 잊어버리는 것을 두려워해서는 안 된단다. 다시 보고, 다시 보고 반복을 해서 보게 되면 자연스럽게 영어와 친하게 되는 거란다.

영어 책을 보는 방법!

절대로 어떤 책이든 20번 이상 보기 전까지는 단 하나의 문법도 외우려 하지 마라. 그냥 읽으면 된다. 외우려고 하면 외울 것이 너무 많기 때문에 질려 버리는 거야. 그래서 쉽게 포기를 하는 것이지. 그래서 대명사까지만 까맣게 칠해져 있고, 뒷부분은 하얗게 남겨진 영어책들만이 너희의 책꽂이를 채우게 되는 거란다. 절대 외우려 하지 말고, 소설책을 보듯이 또는 만화책을 보듯이 무조건 읽어 보는 거야.

하루에 보기로 계획한 페이지만큼…….

▶ 일단 이 책의 페이지를 보고 전체를 5등분 한다. 하루에 1등분씩 본다고 계획을 한다.

▶ 20가지 다른 색깔이 있는 볼펜을 산다.

▶ 색깔이 가장 엷은 색의 볼펜부터 잡고 점점 진한 색깔로 순서를 정한다.

▶ 마지막에 검정색 색깔을 선택한다.

1) 처음엔 노란색으로 밑줄을 친다. 모든 책의 내용을 노란색으로 밑줄을 치면서 본다.

2) 두 번째, 파란색 볼펜으로 밑줄을 친다.

20) 검정색 볼펜으로 밑줄을 친다.

이런 식으로 하면 **5일에 영어책을 한번 보게 되는 것이지,** 아니 밑줄을 치게 되는 것이지. 그리고 스무 가지의 다른 색깔을 다 칠하고 나면 자연스럽게 너는 이 책을 20번을 본 게 되는 것이지. 따라서 시간은 100일이 걸렸겠지! 단 하나의 문법도 외우려고 하지 않아야 해.

세상에! 100일 만에 영어책을 20번을 봤다! 여러 번 보면 저절로 머릿속에 기억되고, 또 20번 정도를 보다가 보면 자연스럽게 이제는 외우고 싶은 마음이 생긴단다.

또 그냥 밑줄 치는 것이 재미가 없다는 것을 알게 되고, 이상하게도 그 많은 규칙들의 반수 이상은 희미하게라도 이미 너희 머릿속에 들어와 있다는 것을 깨닫게 된단다. 그때 정식으로 외우기 시작하면 되고, 또 영어가 너무 재미있다는 것을 느끼게 될 거야. 그리고 50번을 보게 되면 그 책의 오타나 잘못 설명한 부분까지도 너희가 찾아내게 된단다.

그리고 100번을 보게 되면, **만약 내가 책을 쓴다면, '다른 예를 들어서 설명을 하거나' '나라면 다르게 이 문법을 설명 할 텐데!** 라는 경지까지 오르게 되고, 그리고 결국엔 **'이 책에선 더 이상 배울 것이 없네!** 라는 생각이 들게 되지. 그리고 나면 서점으로 가라! 그리고 아주 어렵다고 하는 어떠한 영어 책을 보더라도 그 책 속의 절반 이상은 이미 너희가 아는 단어일 것이고, 숙

어일 것이고, 70%는 너희가 아는 영어의 규칙들일 것이다. 손쉽게 너희 스스로 너희 수준에 맞는 새롭고 단계 높은 영어책을 고르게 되리라.

우리는 한두 번만 책을 봐서, 머릿속에 바로 각인된다면 얼마나 좋을까 하고 상상을 하지. **책을 베고 자면 자동으로 머릿속에 책의 내용들이 다 들어간다면 얼마나 좋을까!** 이런 상상을 해 본 적이 있지?

영어가 됐든 다른 과목이 됐든 간에 한두 번만으로 기억을 못하는 것은 지극히 당연한 거란다. 한두 번 봐서 바로 기억하는 친구의 머리가 문제가 있는 고장 난 머리일 가능성이 크단다. 잊어버리는 것! 그것은 너무나 자연스러운 거란다. 이 망각이라는 장치로 인해 견딜 수 없던 슬픔도, 시간이 지나면 잊고 사는 거란다.

그러면 우리의 뇌가 잊지 않도록 하는 방법은 무엇일까? 그것은 바로 아빠가 수없이 강조한 반복학습이란다. 반복학습을 끊임없이 할 때 우리의 뇌는 압축하는 프로그램과 같이 반복되는 학습을 압축해서 오래 기억하는 장치로 저장을 하는 것이지. 컴퓨터의 기록을 백업하는 것처럼. 반복학습을 하는 것! 우리의 뇌가 데이터를 압축, 저장하는 유일한 방법이란다.

책을 몇 번이나 봤는데도 아는 게 없다고 불평하지 마라. 세상에 태어나서 너희 스스로 끝까지 본 영어책이 단 한 권이라도 있기나 하니?

너희가 기억하는 게 없을지라도 영어책을 끝까지 봤다는 희열이라도 느낄 수 있는 거란다. 영어를 못한다는 많은 어른들 역시 세상에 태어나서 아무리 쉬운 영어책이라도 스스로 끝까지 본 책이 단 한 권도 없을 것이란 것을 아빠는 감히 장담한다!

길을 나가서 물어봐라! 아무나 붙잡고 지나가는 어른들에게 "당신은 영어가 자신 있나요?" 하고 물어보고, 자신 없다고 말하는 사람에게 또 물어봐라! 당신의 일생 "단 한 권이라도 스스로 끝까지 본 영어책이 있나요?"라고. 그들이 뭐라고 대답할까?

아빠가 보증한다. 내가 생각하는 답을 할 거라고. 설사 "본적이 있다!"라고 말하는 사람이 있다면, 다시 그에게 물어봐라!

"그럼 몇 번이나 그 책을 반복했나요?"

"!%&&$#$@$$#$%$%%!"

이것은 아빠가 아는 지인들 100여 명을 통해서 내린 결론이란다. 아빠가 대충 아빠의 생각을 이야기하는 것이 아니란다. 책을 끝까지 봤다는 희열! 그것이 영어를 좋아하게 되는 뿌듯한 동기를 부여해 줄 것이다.

영어! 절대로 외우려 하지 말라.

가장 쉬운 책을 그저 밑줄을 치듯이 읽고 지나가라! 그리고 반복하라! 그것이 영어와 친하게 되는, 아빠가 아는 유일한 방법이란다.

아들들이 벙어리로 세상을 살아가는 것만큼은 아빠는 절대로 용인할 수 없다.

허기에 대하여

과도하게 잘난 체, 과시하지 마라!

아빠도 극복하기 어려운 과제란다. 지금도 끊임없이 자신과 싸우는 극복하기 어려운 욕구란다.

사람은 누구나 자신을 과시하려는 욕구가 있단다. 이것은 인간의 내재된 기본적 욕구의 하나이기도 하지. 두꺼비가 제 몸을 곧추세우고, 심지어 제 몸속에 공기를 채워서 보다 크게 보이려 하려는 욕구처럼이나 아주 자연스러운 것인지도 모른단다. 이 과시하려는 욕구는 어떠한 목표의 성취를 위한, 동기 부여를 하는 순기능들도 있지. 이것이 곧 인간이 가진 명예 욕구를 충족하려는 시발점이 된단다.

그러나 두꺼비가 몸을 부풀려 과장을 하는 것은 생존을 위한 것이지만, 인간이 하는 과장은 자신의 허영심을 채우려 한다는 역기능이 있단다. 잘난 체, 과시를 하는 것이 문제가 되는 것은 자신의 허영심을 충족시키기 위해서 상대방에게

'인정' 이라고 하는 것을 지나치게 구걸하기 때문이란다.

사람들은 다른 사람을 인정해 주는 것에 매우 인색하단다.

마치 돈을 쓰는 것만큼이나 인색할 뿐 아니라, 지극히 정당하고, 합리적인 상황에서만 거부감 없이 '인정' 을 한단다. 사람들이 성형 수술한 연예인이나 일반 사람들에게도 거부감을 갖는 이유는 단순히 단점을 커버하는 정도가 아닌 **'상대의 미(beauty)가 나에게 과도하게 강요되었다.'** 라고 느끼기 때문

이란다.

겸손하라고 해서 지나치게 겸손해서, 자신이 가진 탁월한 능력이나 재능마저도 일부러 숨기는 짓은 하지 말아야겠지. 단지 잘난 체를 하여 인정받고자 하는 욕구에 너무 집착하지 말라는 것이란다. 적당한 잘난 체와 과시는 지극히 인간적이기도 하지만, 남들로부터 인정받고자 하는 욕구와 자신을 과시하고자 하는 지나친 욕구가 사람들과의 갈등을 일으키는 큰 원인 중에 하나일 뿐 아니라, 자신을 외롭게 만드는 원인 중에 하나란다.

주머니 속의 송곳처럼(낭중지추囊中之錐), 향내 짙은 향수처럼 '남들은 너의 진가를 자연스럽게 알게 된다.' 고 확신하라. 또한 사실이 그러하단다.

주머니 속의 송곳과 깊숙이 숨겨 놓은 향내는 말하지 않아도 상대가 아는 법이란다. 그것을 일부러 말하는 순간 그 향내와 송곳의 가치는 무의미해지는 거란다.

잘난 체와 과시로 남들로부터 인정을 받을 수도 또 자기 자신을 높일 수도 없단다.

잘난 체하고, 드러내 과시를 해서 사람들이 알아준다면 세상에 누군들 인정받지 못하는 사람이 있겠니? 자신을 과시하려 하면 할수록 자기를 과시하여 인정받고자 하는 그만큼의 기대치만큼으로 자신의 가치를 떨어뜨리는 결과만이 있는 거란다.

잘난 사람이 굳이 잘난 체를 해야 할 이유가 없는데도, 부자가 많이 가진 것을 자랑해야 할 이유가 없는데도…….

자랑하고 잘난 체하는 것만큼 인간관계를 불편하게 하고 해치는 것은 없단다.

만나기만 하면, 과시하고 자랑하는 것은 끊임없이 자기 배를 채우려 하는 허기진 사람과 진배없단다. 상대방을 무시하고 깎아 내리며 거들먹거리는 행동으로 자신을 높이려 하는 어리석은 사람들, 그것은 아주 천박하고 무례한 언동이고 위험한 생각이란다. 상대를 무시하고 깎아 내려서 자신을 높이려 하는 만큼의 크기로 자신의 가치가 깎인다는 사실을 알지 못하는 사람들이 많단다.

자신의 가치는 상대를 존중하면서 올릴 수는 있어도 상대를 깎아 내려서 자신을 올릴 수는 없는 거란다. 은연중에 "나는 너희랑 다르다."라는 자만심을 보이는 것뿐이란다. 그런 언동은 상대에게 상처를 줄 뿐 아니라, 자신에게도 회복 불가능한 치명적인 약점이 되며, 회복 불가능한 낙인의 상처를 남기게 된단다.

겸손한 사람과 마주하는 것은 얼마나 마음이 푸근한가? 겸손한 사람이란 열린 마음을 가진 사람이란다. 겸손한 사람은 자신의 생각이나 사고를 굳은 콘크리트처럼 만들지 않는단다.

남의 의견에 귀 기울이고, 남을 배려할 줄 알며, 자신의 잘못된 생각을 언제든 수정하고 배워 끊임없이 자신의 그릇을 키우는 일을 기쁘게 생각한단다. 그런 겸손한 사람이 되거라. 거리에 넘쳐나는 저 거들먹거리는 저급한 사람들 사이에 너희가 서 있지 마라.

아들들아! 남에게 푸근함을 주는 그런 겸손한 사람이 되거라!

긍정적인 사고에 대하여

세상을 살면서 너희가 절대로 해서는 안 되는 말이 있단다. 그것은 바로

"할 수 없습니다."

"그걸 내가 어떻게 해."

"포기하자!"

라는 말이란다.

아빠가 싫어하고 경멸하는 사람! **'할 수 없다.'** **'안 된다.'** 라고 서둘러 대답하는 사람이란다. 부정적인 면만을 확대해서 안 된다고 서슴없이 말하고, 불가능하다고 말하는 사람이란다. **포기한다고 말하는 순간! 할 수 없다고 말하는 순간!** 너희를 감싸고 있는 모든 세포들이 그 말을 듣는단다.

즉각적으로 긴장하고 있던 두뇌의 세포들은 긴장을 풀기 시작하고, 포기하는 쪽으로 너희의 생각을 유도하기 시작하지. 너희의 몸을 구성하는 세포들 역시도 너희 생각의 방향으로 향하게 된단다.

포기한다고 말하는 순간! 그것을 성공시킬 수 있는 기회는 영원히 너희에게서 떠나는 거란다. 할 수 없다고 말하는 순간! 너희는 절대로 그것을 할 수가 없단다.

자전거를 만든 사람을 예로 들어 같이 생각해 보자!

두 바퀴로만 움직이는 자전거를 아빠와 너희가 같이 만들기로 했어. 그리고 두 바퀴의 자전거를 만들었다고 치자. 제대로 작동이 되는지 알아보기 위해서

는 그것을 테스트해 봐야 하겠지. 중심을 잡을 수 없기 때문에 한 번 넘어지고, 두 번 넘어지고, 결국엔 결론을 내리겠지. **아! 두 바퀴로는 인간이 중심을 잡기가 어렵구나!** 기본적으로 인간이 안정적으로 중심을 잡기 위해서는 최소한 세 개의 축이 필요하고, 그것을 충족시키기 위해서는 세 개의 바퀴가 필요하다는 결론을 내리겠지. 그리고 두 바퀴로 달리는 자전거를 포기하겠지.

다 만들어 놓고도 포기를 하는 경우! 조금의 잘못된 설계나 테스트로도 포기를 생각하는 경우들! 우리가 세상을 살아가면서도 참으로 많단다.

세상엔 불가사의한 것은 없는 거란다. 다만, 우리의 과학이 그것을 증명하고, 설명하지 못할 뿐이란다..

마찬가지로 세상에 할 수 없는 일은 없단다. 다만, 우리가 그 방법을 알지 못할 뿐이란다.

신은 문제를 풀고 해결하는 방법을 쉽게 허락하지 않는단다. 수백 명을 태우고 수천 킬로그램의 짐을 싣고도 하늘을 날아오르는 비행기를 봐라. 너희는 상상이나 할 수 있니? 아빠도 수백 번이 넘는 비행기의 탑승으로도 이해할 수도 납득할 수도 없단다. 세상의 일들은 할 수 있다는, 하고야 말겠다는 의지가 있는 사람들에 의해서 수많은 실패와 시행착오로 만들어지는 것이란다.

어떠한 일이라도 해보지도 않고 지레 포기하는 사람들. **"그게 되겠어요?"** 라고 말하는 사람들. 부정적인 면만을 확대해서 바라보는 사람들. 그들에 의해서 이루어지는 일? 그것은 정화조를 채우는 일 외에는 단 하나도 없단다.

"해보겠습니다."

"해보면 되겠지요."

"해보면 방법이 나오겠지요."

실패를 두려워하지 않는 사람들, 실패를 통해서 배우는 사람들, 적극적인 사람들에 의해서만 세상의 변화와 성공은 성취되는 거란다.

시도해 보지도 않고 **"안 되는데요." "할 수 없습니다."** 라고 말하는 자들!

해보지도 않고 지레 포기하는 자들! 부정적인 면만을 바라보는 사람들! 참으로 혐오스러운 부류의 사람들이란다.

너희가 그런 부류에 속해, 내가 낳고 키운 자식을 아빠가 혐오하는 일이 생기게 하지는 마라!

아빠의 경험을 하나 이야기해 보자. 사업을 시작한 후 처음으로 서울 목동 지역에 아주 큰 대형 공사를 수주했단다. 목동에서 가장 높이 서 있는 한국 굴지의 건설회사인 현대건설의 처녀 작품인 '하이페리온' 이라는 주상복합 아파트에 아빠 회사의 처녀 제품인 롤 방충망 설치를 하는 수주였단다. 당시는 아빠와 직원 단 둘뿐이었지. 아빠는 며칠을 고민했단다. 둘이서 어떻게 12,000창의 제품을 조립해 생산을 할 수 있으며, 어떻게 저 많은 제품을 둘이서 설치를 할 수 있을까! 아빠는 너무 처음부터 커다란 공사를 수주했다고 생각했고, 공사를 포기하는 것으로 결정했지.

그리고 하나뿐인 그 직원과 상의를 했단다. '포기하자. 이건 우리 둘이 해내기에는 무리다!' 그 직원이 포기에 동의를 했다고 해도 전혀 이상한 것이 아니었단다. 지극히 당연한 것이라고 생각을 했을 것이고, 아빠도 그 결정이 현명했다라고 자위를 했겠지.

그러나 그 직원은 "사장님 우리 한 번 해봅시다. 어떻게 얻은 기회인데 포기를 합니까!" "해봅시다. 해보고 포기를 해도 합시다."라고 아빠를 설득했지.

결국 우리는 몇몇의 도움과 방법들을 찾아 그 일을 완성해 냈단다.

만약 아빠가 그때 포기를 했더라면! 가끔 잠에서도 벌떡 일어나는 악몽과 같단다. 그 직원의 긍정적인 생각, 할 수 있다는 도전정신! 그것이 오늘날의 아빠 회사를 있게 했고, 회사를 일으키는 결정적인 계기가 됐단다.

어떤 생각으로 일을 대처하는가? 긍정적인 생각으로 대처하는가? 아니면 부정적인 생각을 하는가? 그것이 절대로 우리의 현실과 위치를 결정한단다.

【'세상의 모든 위대한 성공들! 한결같이 처음엔 모두 다 불가능하다고 했던 일들이다.'】 '칼라일' 이라는 사람의 말이다.

【'내 평생 비관론자가 성공한 예를 본 적이 없다.'】 '윌리엄 오닐' 이란 사람의 말이란다.

아빠 역시도 부정적인 사람이 성공을 하는 경우를 본 적이 없다.

인생에서 가장 위험한 것이 있다면 그것은 도전하지 않으려 하는 것이다. 도전하지 않고 앉아만 있기에는 너희가 너무 젊다! 소심하고 용기가 없는 인간에게는 모든 것이 불가능한 것이다. 모든 것이 불가능해 보이기 때문이지.

그렇단다. 세상의 모든 것은 긍정적이고, 적극적인 사람들에 의해서만 이루어지고 발전하는 거란다. 너희가 그런 사람들의 무리 속에 속해 있기를 간절히 희망한다.

세상에 안 되는 일은 없다! 다만 우리가 그 방법을 찾지 못할 뿐이다!
Nothing impossible! Just, we couldn 't find the solutions!
아빠 회사의 모토 중의 하나란다.

대화(말투)에 대하여

우리가 말하고 입을 벌려 이야기하는 것이 얼마나 중요한가!

한번 같이 생각해 보자.

'말투는 그 말을 담는 그릇이다.' 라는 말이 있단다. 아빠도 극복하지 못하는 것 중에 하나이지. 아빠도 주장한단다. 아직도 어리석은 주장을 한단다. 거친 말투나 흥분한 상태에서 소리치며 말하면서도 그것의 내용을 보라고!

말투가 어떠한가? 흥분해서 말하는가, 조용한 어조로 말하는가? 등의 겉봉투나 그릇을 보지 말고 무엇을 말하는지 그 내용을 보라고 주장하지.

하지만 반대로 아빠도 거친 말투와 흥분하여 주장하는 사람들의 말을 들으려 하지 않지. 심지어 그런 사람들을 미워하고 싫어하면서도 그들과 똑같은 투로 말하면서도 아빠가 말하고자 하는 본질을 이해하지 못하는, 듣는 사람들의 부족한 지적 개념이 문제라고 말하지.

아무리 좋은 내용의 말이라도 그 말을 담는 그릇이 잘못되었다면 사람들은 그 말의 내용을 보려 하지도 않을 뿐 아니라, 그 내용을 미리 짐작하게 되고, 서둘러 판단을 내리게 된단다.

개밥 그릇에 진수성찬을 담아서 내놓으면, 그것에 감사하는 사람이 있을까? 그것을 먹으려 하는 사람이 있을까? 아무리 정결하고 정성이 담긴 음식일지라도 그것을 담는 그릇의 선택에 신중을 기해야 하듯이, 너희가 말하고자 하는 내용도 가장 부드럽고 아름다운 말투의 용기(dish)를 선택해서 담아야 하는 이유란다.

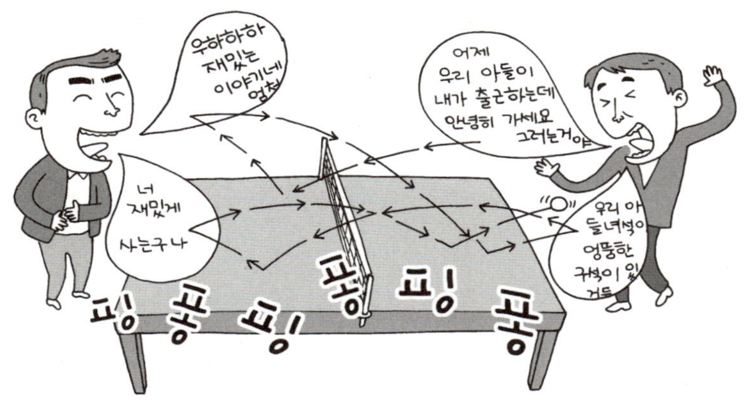

자신의 의견을 남에게 강요하지 마라

남들도 나름대로의 철학으로 살아갈 권리를 인정하라. 논리와 이성으로 설득당하는 사람은 단연코 없단다. 생각을 바꾸는 것은 상대방 스스로 하는 것이란다. 설득되어 생각을 바꾸는 사람, 정말로 드물단다.

먼저 상대의 말을 충분히 들어라! 그리고 상대의 의견 중에 너희가 인정할 수 있는 것만을 찾아라. 그리고 인정하라. 상대의 잔에 채워진 모든 문제를 다 말할 수 있도록 유도하면서 상대의 잔을 완전히 비우게 하라.

상대가 말하는 도중에 말을 끊지 마라

자동차가 다니는 도로에도, 길을 걷는 인도에도 질서가 있단다. 약속이 있단다. 대화에도 질서가 있단다. 이상한 논리의 말이라도 이의를 제기하지 말고 끝까지 인내를 가지고 들어라. 상대가 하고 싶은 말을 하나도 남김없이 다 토해냈을 때에만 비로소 상대는 너희 말을 들을 준비가 되는 거란다. 완벽하게 잔을 비웠을 때, 그때 가서 너희의 의견을 조용한 톤의 어조로 말하라. 가장 아름다운 그릇에 담아 이야기를 하라. 그러면 너희가 말하는 논리를 상대가 비로소 듣게 된단다.

조금이라도 상대가 말하고 싶은 것이 남아 있는 중간에 말을 가로채거나 중단시키지 마라. 상대의 말을 다 듣고 나서 조용히 네 이야기만을 하라. 상대가 토해 낸 찌꺼기의 잘못을 지적하지도 말고, 상대가 인정할 때까지 밀어붙이지도 마라. 너희가 한 말을 지금 당장 상대가 인정하기를 기대하지 마라. 상대가 너희가 한 말을 곱씹어 생각할 수 있는 시간을 줘라.

따라서 상대를 설득하고 싶거든 모든 결론은 상대의 몫임을 명심하라. 상대는 스스로 설득되는 거란다. 타인의 논리에 의해서가 아니라 스스로의 생각으로만 설득되는 것이지. 목소리 높여 소리를 지르며 토하는 열변으로 상대를 설득할 수는 없는 거란다.

많은 사람들은 상대의 논리를 듣는 것이 아니라, 상대가 말하는 목소리의 톤과 말하는 분위기까지도 듣는 거란다. 높은 소리와 큰소리로 말하게 되면, 누구나 그가 뭘 말하려 하는가를 듣지 않으려 한단다. 하늘을 보자고 소리치면, 절대로 하늘을 보려 하지 않는단다. 반복되는 표현이지만 본질을 보려 하지 않고 하늘을 가리키는 손가락을 바라보고, 손톱 밑의 때를 지적하는 것이 보통의 사람들이란다.

논쟁에서는 어떠한 결론을 맺지 마라

너희와 다른 생각을 인정하라. 세상 사람들이 모두 너와 같은 생각을 한다면 얼마나 재미없겠니?

대화는 탁구게임과 같단다. 주고받는 것이 대화란다. 혼자만이 알고 있는 화제를 꺼내 강의하듯이 말하지 마라! 공감할 수 있는 화제를 찾아라.

상대가 말하는 비슷한 경험을 이야기해 말을 꺼낸 상대방을 김새게 하지 마라. 상대가 말하는 순간, 그 비슷한 너희의 경험을 찾으려 마라.

재미있다고 맞장구를 쳐라!

재미있다고 목젖이 보이도록 크게 웃어 줘라! 건성건성 듣는 것이 아닌 정성을 다해 집중력 있게 들어줘라. 그것이 대화를 하는 맛이란다.

귀와 입에 관하여

귀가 두 개이고, 입이 하나인 이유는 남의 말을 두 배로 들으라는 뜻이라는 구나. 말을 잘하는 것이 중요하지. 하고자 하는 말을 또박또박 논리 정연하게 잘하는 것도 무척이나 중요하지. 그러나 사실 남의 말을 잘 듣는 것이 말을 잘하는 것보다 몇 배나 중요하단다. 말을 잘해 남에게 감동을 주는 확률보다 말을 잘 들어 감동을 줄 수 있는 확률이 몇 배나 높단다.

그냥 입을 닫고 끄덕여 건성으로 듣는 것이 아니라, 집중해서 들어주는 것이 중요하단다. 눈을 반짝이고 상대의 말을 집중해서 들어라! 잘 이해가 안 되는 것은 즉각 물어보라!

'침묵은 금이고 웅변은 은이다.' 라는 말이 있지.

왜 침묵이 금이 되고, 웅변이 은이 되는가? 말이 많으면 실수를 할 가능성이 많을 뿐 아니라 아무리 좋은 말들을 토해 놓아도 많은 사람들은 상대의 말을 들으려 하지 않는단다. 잘 듣는 것이 잘 말하는 것보다 훨씬 상대에게 감동을 주는 것이란다.

잘 말하려 욕심을 부리지 말고, 잘 듣기를 욕심 부려라!

당당함에 대하여

당당 하라! 어느 상황에서도 **너에게 당당 하라!**

자기 자신에게 당당하기만을 애써라!

자기 자신에게 당당하다면 누구에게도 당당할 수 있는 거란다. 당당하라고 하면 대부분의 사람들은 상대방에게 당당하려 애를 쓰지. 그러나 당당함은 반드시 자기 자신에게 당당해야 하는 거란다.

세상을 살면서 타인과의 싸움보다 자기 자신과의 싸움이 더 치열할 뿐 아니라, 너희 인생의 많은 부분을 좌우하는 것 역시 너희 자신이란다.

절대로 자기 자신에게 당당해야 하는 거란다.

남들에게 당당한 모습을 보이려 애쓰지 마라. 상대에게 표현하는 당당함은 자신의 무례함을 광고하고 상대를 짜증나게 하는 일이 될 뿐이란다.

오직 자기 자신에게 당당하려 노력하라. 남들에게 당당하기를 애쓰면 그 당당함은 반드시 무례함으로 나타나는 법이란다.

남에게 당당하려 애쓰는 사람을 보는 일만큼 고통스러운 일은 없다.

우리가 키우는 우리 집 강아지도 우리가 귀여워하고 애정을 가질 때 타인들로부터도 애정을 받는 거란다. 우리가 함부로 우리 집 강아지를 대하면 타인들도 아무런 주저 없이 함부로 대하는 법이란다. 반대로 과도하게 우리 집 강아지를 예쁘게 생각하고 귀하게 대해 달라고 남들에게 주장을 해 봐라! 더러워서 쳐다보지도 않게 된단다. 그저 내가 예뻐하고 애정을 가지면 남들도 주저함 없이 애정을 보인단다.

너무 자신에게 당당함을 표현하게 되면, 제집 강아지를 제 자식보다도 더 귀하게 여기고, 빨강 물을 들이고, 고가의 옷을 입히고, 강아지를 물고 빠는 사람들을 보면 많은 사람들이 그러지. 에이그! 저 인간들! 자기 부모님들에게 안부전화는 제대로 할까? 경멸의 눈길을 보내는 법이란다.

너희의 자존심이 상처날 것을 염려하기보다 남의 자존심에 배려를 할 줄 알아야 하는 거란다. 자신의 자존심이 상처받을 것만을 염려하는 사람은 빈약한 자신의 자존심을 반증하는 것이고, 언제나 텅 빈 자신의 자존심을 채우려는 허기진 사람이란다. 자신의 배가 부르면 내 배를 더 채우기보다 남의 허기를 생각할 수 있는 여유가 있는 것처럼.

사람들은 너무나 빠른 순간에 너무나 정확하게도 스스로에게 당당한가를 간파한단다. 그리고 주저없이 그에 합당한 대접과 대우를 하는 거란다.

사람들이 시도 때도 없이 짖어 대는 개를 대하는 방법!
그저 피해 가거나 돌을 던지고 간다.

저당 잡힌 너희 인생에 대하여

스무 살이 되기 전까지는 '내 인생은 나의 것! 나의 인생은 나의 것' 이라고 주접을 떨며, 주장하지 마라.

너희 인생을 너희 스스로 책임질 수 있을 만큼 너희의 판단과 생각들이 익지를 않았으니…….

스무 살까지는 너희의 인생은 아빠와 엄마에게 저당 잡힌 인생인 것이라는 것은 인정해야 한다. 너희 인생의 책임자는 바로 엄마 아빠이기 때문이지. 너희가 적어도 스무 살의 나이가 되기 전까지는…….

우리는 너희의 인생을 저당 잡고, 아빠와 엄마가 겪으며 살아온 인생의 시행착오들을 바탕으로 아빠 엄마가 **'인생을 다시 산다면'** 이라는 가정 하에 너희를 통해서 엄마 아빠의 시행착오들을 수정해 가는 과정이란다.

아빠 엄마의 인생을 다시 살 수도, 다시 수정할 수도 없으니…….

아빠 엄마의 말씀을 잘 듣는 것! 그것이 스무 살 전까지의 너희 인생의 의무란다. 함부로 엄마 아빠에게 성질을 부리거나, 짜증을 내거나 너희 멋대로 하려고 할 수도 있지.

그렇게 하라! 그 즉시 아빠는 힘으로 응징을 할 것이고, 너희 다리 하나쯤 부러뜨리는 것은 아직은 아빠에게 쉬운 일이다. 물론 아빠는 너희와의 갈등을 대화로 풀려고 노력을 할 것이다. 그러나 그것이 안 되면 힘으로 할 수밖에…….

아빠나 엄마가 너희에게 행사하는 폭력은 절대로 화풀이가 아니란다.

너희가 서너 살 때 감기약을 먹기 싫어해 뒹굴고 도망 다니고, 먹던 약을 뱉어내고 할 때 아빠는 너희의 배에 올라타 아빠의 다리로 너희의 양팔을 누르고 입을 강제로 벌리고 감기약을 먹였단다. 그것들이 지금의 너희가 건강하게 성장한 자양분이 되었지. 그와 똑같은 심정으로 폭력을 행사할 것이라는 것이다. 너희 몸에 좋다면 폭력을 행사해서라도 먹일 것이고, 너희의 미래에 도움이 된다면 다리를 부러뜨려서라도 실행하게 할 것이다.

너희를 올바른 길로 인도하는 것! 그것이 아빠로서의 최소한의 의무이기 때문이다. 아빠가 초등학교 4, 5학년 때쯤 막 군대를 제대한 동네 형이 부모님에게 "왜 패서라도 공부를 가르치지 않았느냐?"라고 울면서 하소연하는 것을 봤고, 아빠 또한 한때는 아빠의 길을 수정해 주시지 않고 침묵으로 바라보시던 할아버지를 나중에 원망한 적도 있단다.

할아버지께서는 침묵으로 바라보시면서 아빠가 스스로 겪어 깨닫도록 하셨지. 그것들이 아빠를 성장시키고 성숙하게 하는 또 다른 형태의 자양분이 되었으나, 아빠는 그렇게 하지 않을 것이다. 무엇이 올바르게 사는 인생인가? 정답은 없다. 아빠도 그 정답을 모른다.

'사랑의 정의'와 같이 '인생'이란 화두는 너희 자신과 너희 자손들이 대대로 풀어야 하는 영원한 우리들의 숙제란다. 굳이 정답이 있다면 너희에게 주어진 인생이라는 하얀 노트 위에 너희가 정성으로 채워 가는 것! 그것이 너희 인생의 정답일 것이다.

그러나 아빠가 믿는 정답을 너희 인생의 초석이 되도록 노력할 것이다. 아빠나 엄마는 최소한 너희의 인생이라고 너희에게 주어진 그 새하얗고 소중한 인생의 노트에 그 소중함을 모르고 낙서나 끼적이고 탕진하도록 방치하지는 않을 것이라는 것이다.

학원비나 대고, 밥이나 먹이는 것이 아빠의 의무가 아니란다. 낭떠러지를 향하는 너희를 지키는 것이 너희로부터 아빠라는 호칭으로 불리는 아빠의 최소한의 의무이기 때문이란다.

인생에 대한 정답은 모르지만, 적어도 엄마, 아빠는 '우리의 인생을 다시 살 수 있다면' 이라고 우리가 잘못된 기회비용의 선택으로 인해 후회하고 반성하는 것을 너희가 똑같이 반복하도록 방치하지는 않을 것이다.

아빠 성질이 더럽다고 너희가 말해도, 너희 엄마가 뱁새눈을 하고 아빠를 째려 봐도, 다른 이들이 "아이들을 인격적으로 대하세요." "동등하게 수평적으로 대하세요."라고 충고를 해도.

그래도 너희로부터 아빠라 호칭되는 내가 밥이나 먹이고, 학원비나 대고, 허허거리며 개념 없이 마음씨 좋은 너희와 친구 같은 아빠가 되기보다는 **아빠가 믿는 너희로부터 아빠라 불리는 진정한 그 의무에 충실할 것이다.**

새벽에 관하여

아침에 일찍 일어나라!

아침에 일찍 일어나라는 이야기만큼이나 진부하고 고리타분한 이야기도 없지. 그러나 정말로 아침에 일찍 일어나 하루를 시작하라. 여명이 그려내는 수묵화 같은 그림을 바라보며 하루를 시작하라!

'일찍 일어나는 새가 먹이를 잡는다.' 라는 고루한 이야기를 하려 함이 아니란다. 아침에 일찍 일어나 시작을 한다는 것은 아빠가 이야기하는 신의, 성실의 기본이 되는 거란다. 아침 늦게까지 늘어지게, 게으르게 자고 일어나는 자를 아무리 잘 보아도 그들의 가능성은 낮단다.

너희도 생각해 봐라. 9시 수업 시작이라고 헐레벌떡 지각하지 않을 만큼만 늦게 교실에 들어오는 친구가 공부를 제대로 할까? 9시 출근이라고 땡 하고 출근하는 놈이 제대로 일을 할까? 전혀 라고 할 만큼 가능성이 없는 사람이란다.

아빠가 찾아 놓은 많은 발견들, 죽으라고 노력을 해도 아이디어가 나오지 않던 생각들이 어느 날 아침 일찍 나가서 연구를 하다 보면 정말로 '손에 들고 담뱃대를 찾는 사람이 있다.' 는 듯이 너무나도 쉽게 그 아이디어가 떠오른단다.

사람들은 누구나 24시간을 산단다. 지위가 높든 낮든, 가난하든 부자든 간에 모든 인간에게 주어진 시간은 절대로 24시간이란다.

아침에 일찍 일어나 하루를 시작한다는 것은 남들보다 명쾌하고 신선한

머리를 몇 시간 더 활용한다는 것을 의미하고, 그것들이 쌓이면 아침을 게으르게 사는 자들보다, 아침 시간을 침 흘리며 탕진하는 자들보다 수천 일들을 더 활용하게 되는 것이지.

남들보다 수천의 날들을, 그것도 상쾌하게 재충전된 아침의 시간을 활용해 너희가 하는 일, 너희가 하고자 하는 일, 그 일이 어떤 일이든 간에 그 일을 성공하지 않는다는 것이 외려 이상한 일이지 않겠니?

짬뽕 같은 놈에 대하여

체면과 염치란 말은 아주 좋은 말이고 사회를 지탱하는 중요한 요소인데, 체면을 중요하게 여기는 것이 마치 허영을 부리는 것처럼 되어 버려서 지금은 이상하게도 체면을 무시하는 요상한 세상, 희한한 사회가 되어 버렸다.

염치(廉恥) : 결백하고 정직하며, 부끄러움을 아는 마음

염치가 없다는 말은 자신이 정직하지 않은 행동을 하면서도 부끄러운 줄을 모른다는 말이란다.

체면(體面) : 남을 대하기에 떳떳한 도리나 얼굴

얼굴은 그저 눈, 코, 입을 배열하는 넓은 판이 아니란다. 우리는 수많은 감정의 표현과 희로애락, 그리고 뭐라 명명할 수 없는 수많은 것들을 얼굴로 표현한단다.

우리는 우리의 얼굴을 정말로 소중히 생각해야 한단다. 이 세상에 너희와 같은 얼굴을 가진 이가 없다는 것은 네 얼굴이 곧 ID카드와 같은 거란다. 얼굴에 책임을 지라는 의미는 마치 너 자신을 전시장에 전시해 놓은 전시품과 같은 거란다. 너를 아는 모든 이들이 너희의 성품과 인격, 품질을 꼼꼼한 눈으로 평가하는 것과 같단다. 그래서 링컨은 **"40대의 얼굴은 스스로 책임을 져야 한다."**라고 했단다.

아들아! 경우에 따라서는 허기가 져도 배가 부른 척하고, 입에 써도 달다고 말할 수가 있어야 하는 거란다. 자기감정에 솔직해서 하고 싶은 말을 다 한다는 것은 너무 생각 없는, 천박한 단순함의 표현이란다. 체면과 염치가 얼마나 세상을 부드럽고 여유 있게 하는지.

마지막 남은 한 조각의 피자. 그것은 음식을 남겨서 아까운 것이 아니라 **'아름다운 남김의 여유'** 란다.

아빠는 음식을 남기는 것은 나쁜 것이라 배웠지만, 너희는 마지막 남은 한 조각의 피자에 욕심을 부리지 않는 여유 있는 사람이기를 바란다.

너희는 그런 사치를 부려도 되는 시대에 살고 있단다.

염치와 체면을 모르는 사람은 아무렇지도 않게 새치기를 하고, 서둘러 사람들을 밀치면서 빈자리를 향해 뛰어가고, 남이야 불편하든 말든, 다리를 꼬고 앉고, 비행기에서 뒷사람에게 양해도 없이 의자를 뒤로 제쳐 준비도 안 된 뒷사람을 놀라게 하고, 사람이 내리기도 전에 엘리베이터로 밀고 들어오고, 같은 동 아파트에 살면서도 만나는 사람에게 목례도 않는단다.

작은 분쟁에도 똥개처럼 싸우려 대들고, 식당에 애들이 뛰어 다니고 난리를 쳐도 자기 자식들만의 특권인 양하고, 누군가 자신의 행동을 지적하면 **"당신이 뭐야?"** 라고 턱을 들이대며 천민 근성을 드러낸단다. 아이들의 잘못을 사람들이 지적하면 **"당신이 뭔데, 우리 애들을 야단쳐요."** 라는 하녀 근성의 아줌마들이 길거리마다 넘쳐 나고, **"당신 뭐야?"** 를 외치고 턱을 들이대며 다니는 종놈의 신분에서 막 벗어난 듯이 천민 근성을 드러내는 아저씨들이 거리마다 넘쳐 난단다.

사람들이 체면과 염치를 알고, 그것들을 소중히 하려 애쓴다면 정치며, 사회며, 우리가 사는 세상은 자연스럽게 사람 사는 사회가 된단다. 몰 염치와 몰 체면의 행동이 용인되는 사회는 희망도 없는 좀비의 세상인 것이지.

역으로 체면을 차리라고 하면, 자신을 과대하게 보이려 하거나, 과시하려는 것으로 체면을 차리는 것으로 착각을 하는 사람들이 너무 많단다. **체면이**

라는 것은 자신의 입장만이 아닌, 남의 입장을 배려하는 처신이어야 한단다. 체면을 차리라고 하면 자신을 과시하기 위해서 허영을 부리기 쉽지. 자신을 위한 체면은 허영을 부리는 것이 되어 버린단다. **점잖은 척, 교양 덩어린 척, 우아한 척, 이 또한 허영의 다른 모습일 뿐이란다.**

반드시 체면을 차리는 일에는 남을 배려하는, 존중하는 마음이 바탕이 되어야 한단다. 나를 높이기 위한 교양, 나를 돋보이게 하려는 체면과 염치는 허영의 다른 얼굴일 뿐이란다!

내가 소중한 만큼 남을 배려할 줄 아는 사회라야 한단다. 우리 사회의 많은 사람들은 아는 사람에게는 무한 친절하고, 모르는 사람에게는 무례하고 예의도, 배려도 없는 사람들이 많단다.

혹여 식사 중인 친구 집을 방문하게 되어, 친구 어머니가 식사를 했냐고 물으시면, "아직 못 먹었습니다." "주시면 감사하겠습니다."라고 넉살 좋게 이야기하는 것도 필요하지만, 이미 식사가 끝난 시간이고, 친구의 어머니가 설거지를 마친 상황이라면, "식사를 했습니다. 어머니"라고 말하는 염치를 아는 아들이기를 바란다.

만약에 식사를 이미 마치고, 설거지를 하고 계시는 친구 어머니에게 넉살 좋게 말해 보거라. "아직 안 먹었습니다. 어머니! 주시면 고맙겠습니다."라고, 그러면 친구의 어머님께서 말씀을 하실 거야. "그래! 식탁에 앉아라." 그리고는 속으로 말하실 거야. "웃기는 짬뽕 같은 놈이네. 정말!"

설거지까지 마친 친구 어머니가 또다시 너를 위해 밥상을 차려야 하는 수고를 배려할 줄 아는, **작은 염치와 체면을 아는 아들이기를 희망한다.**

생각(꿈)에 대하여

너희가 평상시에 어떤 생각을 하며 지내는가!

매 순간순간들을 어떤 생각을 하면서 살고 있는가!

이것이 너희의 인생을 좌우하는 아주 중요한 일이란다. 너희가 오락을 하고 싶다고 생각하면 너희 몸은 컴퓨터 앞에 놓여 있게 되고, 너희가 공부를 해야겠다고 생각하면 너희의 몸은 책상 앞에 놓여 있게 되는 것이지. 너희 몸을 움직이는 소프트웨어 그것은 바로 **너희의 생각이란다.**

너희가 입는 의복이 너희 패션의 안목과 심지어 너희의 지적 능력까지도 대변하듯이 지금의 네 모습은 절대로 너희 자신의 평상시 생각들을 그대로 대변하는 거란다. 그래서 어른들은 **'사람은 꿈이 있어야 한다.'** 라고 말하시지. 맞는 말이고 절대로 옳은 말이란다.

꿈이 있으면 작게라도 그 꿈의 실현을 위해 끊임없이 자신의 행동을 통제하고 절제하게 하여 그 꿈을 실현시킬 수 있는 방향으로 너희의 행동을 나아가게 만드는 거란다. 그 작은 행동이 모여서 추구하는 꿈에 근접하게 만드는 거란다.

'시작이 절반이다.' 라는 말도 있지. 생각하고 실천하려는 행동의 시작은 이미 방향을 잡게 되기 때문이란다. 성공을 하느냐, 실패를 하느냐는 별개의 문제로…….

그래서 출발이 또 시작이 의미가 있는 거란다. 꿈이 없는 사람은 지도 없이 어디로 가고자 하는 목표도 없이 여행을 떠나는 사람과도 같은 것이란다.

목표가 없으니 당연히 도달하는 곳도 없을 것이고, 설사 도달하는 곳이 있다고 치더라도 비오는 날 남의 집 처마 밑이겠지.

어떠한 생각이라도, 목표라도 가져야 하는 이유가 이것 때문이란다. 그러나 생각도, 목표도, 꿈도 올바른 것이어야 하는 것이지. 끊임없이 나의 목표가 올바른 목표인가? 올바른 길을 걷고 있는가를 회의(doubt)하고 되돌아봐야 한단다. 아무리 열심히 할지라도 올바른 생각을 끊임없이 목표에 대한 수정과 리체크(recheck)가 바탕이 되어야 하겠지.

최고의 등반가가 되겠다고 목표를 세우고는 야산만을 죽어라 오르락내리락하거나, 바위를 등반하는 연습을 게을리 하고 정글을 헤치는 연습으로 시간을 보낸다면 제대로 된 바위산을 오르는 등반가가 될까? 부산을 가겠다고 하는 놈이 설악산을 방향으로 잡고 아무리 열심히 성실하게 간다고 부산에 도착할 수 있을까?

최선을 다해 열심히 노력하되, 올바른 생각과 끊임없이 공부하고 연구하고 목표를 수정하는 것이 바탕이 되어야 하는 거란다.

활을 쏘는 사람은 바람의 방향과 풍속, 그리고 철저하게 호흡까지도 조절해 활시위를 놓지. 과녁을 빗나간 화살의 원인을 '바람 때문이야' '운 때문이야' 라는 어리석은 **궁수**는 없단다.

이런! 호흡이 문제구나! 바람이 생각보다 세구나!

다음 활시위는 호흡을 더욱 가다듬고 바람의 세기와 방향을 참고하고 활시위를 놓지.

생각 없는 최선은 의미가 없단다. 신이 만들어 놓은 원리를 무시하는 최선은 의미가 없단다.

최선을 다하면 부자가 되고, 성공을 한다고 하지만 그저 최선을 다하는 것으로는 가난하지 않을지라도 부자가 될 수는 없단다. 반드시 머리를 쓰는 최선이어야 하고 치밀하게 본질에 충실한 최선이어야 한단다.

대한민국의 축구 응원팀인 붉은 악마의 슬로건이 **'꿈은 이루어진다.'** 이지? 아주 좋은 슬로건이란다. **꿈은 이루어진다!**

그렇단다. 꿈꾸는 자! 반드시 그 꿈은 이루어진단다. 복권이 당첨되면 좋겠다는 허망한 꿈이 아니라면, 반드시 그 꿈은 이루어진다.

예를 들어보자. 너희가 간절히 가지고 싶은 운동화가 있다고 하자. 너희의 생각이 운동화에 집중되어 있으니 너희의 행동도 그 운동화에 집중될 것이고, 결국엔 유리창 너머로 진열된 운동화 앞을 기웃거리게 되는 행동으로 나타나게 되지. 다음 단계로 너희는 그 운동화를 사달라고 엄마 아빠를 조르기 시작할 것이고, 만약 엄마가 사주지 않으면 너희는 용돈을 모아서라도 그것을 가지려 하는 의지를 가지게 되겠지. 그 간절함과 의지를 우연히 알게 된 고모나 외할머니나 이모나 다른 친척들을 감동시켜 그분들이 사주시기도 하지.

'간절히 원하라. 그러면 이루어지리라.' 성경에 있는 말이다. 성경에는 정확히 **'간절히 원하고 기도하라! 그러면 이루어지리라.'** 라고 쓰여 있지.

참으로 맞는 말이란다. 간절히 원하는 사람이 기도만 하고 있지는 않을 것이라는 것을 이미 알고 있기 때문이란다.

하느님이 기도로 간절한 소망을 이루어지게 만드는 것이 아니라, 그의 간절한 소망이 그 사람의 생각을 지휘하게 되고, 그 생각은 행동을 통제하게 되어 반드시 이루어지리라는 것을 성경을 쓴 사람은 이미 알고 있기 때문이겠지.

간절히 원하라! 이루어지리라!

기도만으로는 절대로 이루어지지는 않으리라.

간절히 원하는 목표는 끊임없이 자신을 집중하게 하고, 너희의 행동은 그것을 얻게 되는 방향으로 작게라도 반복하도록 한단다. 그 작은 반복과 집착은 결국엔 그것을 이루게 한단다.

목표 없이 사는 사람! 생각 없이 사는 사람! 살아 숨을 쉬고 살고 있으되 죽은 시체와 진배없단다.

지금! 서 있는 너의 위치! 그것은 100% 평상시 너희 생각의 결과일 뿐이다!

덫에 대하여

어쩌다가 호기심에서 배운 담배, 너희에게 부끄럽게도 30년 이상을 그 유혹에서 벗어나지 못하는구나! 지저분한 주머니와 불쾌한 냄새, 해치는 건강, 너희와 엄마의 걱정에도 불구하고 흡연의 유혹과 중독에서 벗어나지 못하고 있단다. 참으로 부끄럽단다.

청소년기 한 번의 호기심과 객기가 평생을 얽매고 있단다. 너희도 아빠가 몇 번이나 끊기와 실패를 반복하는 것을 봤듯이, 담배의 중독성마저도 삶을 부끄럽게 만든단다. 그러니 너희는 아빠의 시행착오를 반복하지 않기를 정말로 부탁한다. 담배도 일종의 마약과 같단다. 담배마저도 이토록 사람을 지저분하게 만드는데 마약은 얼마나 사람을 피폐하게 만들겠니?

도박을 하는 사람! 이는 마치 사기꾼과 도둑놈과 매양 다르지 않단다. 남의 돈을 커다란 노력을 들이지 않고 얻으려는 욕심이기 때문이지. 친구들과의 도박은 게임 정도에서만 멈춰야 한다. 친구의 돈을 따려고 욕심을 부리는 순간 그것은 도박이 된단다. 도박의 중독성 또한 담배나 마약에 비견해서 더하면 더하지 약하지 않단다. 도박에 빠진 사람의 끝과 마약이나 대마초 같은 것에 빠진 사람의 끝은 언제나 비참하단다.

이제야 고백한다마는 아빠도 출장으로 한 번 갔던 시드니의 카지노 기계들이 오랜 시간 동안 눈앞에 어른거리더라. 할아버지가 땡볕에서 고생하셔서 보내 주신 학원비를 육교 위 야바위꾼들에게 가져다 바친 적도 있고, 총각 때 영어를 배우러 갔던 영국에서도 힘들여 아빠가 번 돈을 상당 부분 동네 도박장에서 잃기도 했단다. 단순한 호기심과 한 번의 시도가 그것으로부터 헤어나기 어렵게 하고, 사람을 망치는 수렁이 되기도 한단다. 아빠가 겪은 어리석은 경험을 너희가 또다시 겪지 않기를 바라는 마음으로 아빠의 어리석은 경험을 너희에게 고백하는 것이란다.

도박이나 담배, 마약, 모두 다 사람의 몸과 마음을 망치게 하고, 정상적인 사회생활을 할 수 없게 한단다. 두렵다. 심지어 그 무서운 마약도 도처에 너무나 쉽게 접할 수 있다고 한단다. 친구들과 어울리다가 술 한잔의 취기에도 너무나 쉽게 접할 수 있다고 한단다. 술이 안 취하는 약이라고, 기분이 좋아지는 담배라는 유혹으로…….

담배도 그러할진대, 주위의 사람들, 친구들이, 형들이 아무렇지도 않게 시작하는 것을 보고 너무나 쉽게 동참을 하게 된단다. 그리고 그것은 치명적인 덫이 된단다. 평생을 망치는 덫이 된단다.

중학생이, 고등학생이 담배를 피우고 술을 마시고, 어설프게 어른 흉내를 내는 한심한 짓을 경계해라. 절대 작은 유혹일지라도 이겨내어라. 단 한 번이라는 호기심이 돌이킬 수 없는 상태를 만드는 거란다.

평생을 얽매는 덫이 되는 거란다.

덫에 걸려 허우적거리는 너희의 모습을 아빠가 눈물 맺힌 눈으로 바라보게 하지는 마라.

자동차의 브레이크에 대하여

사람이 진실하게 사는 것! 그것은 신(God)이 만든 세상을 움직이는 기초적 원칙에 충실하며 사는 것이란다. 언제나 진실이 승리를 하는 법이지. 순간을 모면하기 위한 거짓. 그것은 언제가 되던 드러나는 법이란다.

이해가 가지 않지? 구체적으로 설명을 해보자. 왜 진실이 승리를 할 수밖에 없는가를 **논리적**으로 이야기해 보자.

신이 만든 세상은 반드시 **【인과관계】** (Causal relation) 라는 대원칙에 의해서 움직인다는 것을 우리는 먼저 이해를 해야 한단다.

세상에 존재하는 모든 것들은 반드시 원인과 결과라는 대원칙의 결과물들이며, 그 대원칙을 벗어나서는 존재할 수 없다는 **철칙**(ironclad rule)에 의해서 지배를 받는단다.

어떤 사실과 결과는 반드시 그 원인을 동반하지. 원인을 알 수 없는 결과만큼 인간을 공포스럽게 만드는 것은 없단다.

나중에 다시 반복해서 이 말을 인용하겠지만 **【불가사의】**한 일이라는 것들은 우리의 과학이 그 원인을 밝히지 못하는 것들뿐이란다. 부족한 과학의 한계를 나타내는 것으로 우리는 **【불가사의】**라는 라벨을 붙여 과학의 한계구분을 짓는 것이지. 지구상에 존재하는 모든 종교의 근본적 태생이 이 원인을 알 수 없는 결과물들이 주는 공포 때문이지도 모르지.

불과 30~40년 전만해도, 우리는 수많은 신(God)들에 둘러싸여 있었단다. 아빠가 어려서만 해도 가택신앙이라는 것이 있어, 장독대에 정화수라는 물을 떠놓고 기도를 드리고, 마을입구에는 서낭당, 뒷산에는 산신, 부엌에는 조왕신, 마루에는 성주신, 심지어 화장실에도 측간신 등, 보름달을 보고 소원을 빌기도 했지.

그러나 발전된 과학과 지식으로 **【인과관계】**를 정확히, 그리고 논리적으로 이해를 하게 된 우리는 더 이상 부엌과 마루를 지배하던 신들의 존재를 믿는 사람들은 없지. 태양의 빛을 반사하는 돌덩이인 의미 없는 달을 보고 소원을 비는 사람 또한 없지.

세상을 지배하는 기본적 원리가 대원칙에 의해서만 지배를 받는다는 것을 깨닫게 된 인류는 보다 고차원의 생각을 하게 되고 결국엔 절대적 존재를 인정하는 종교를 확고하게 만드는 것이지.(이 절대적 존재를 인정하는 종교에 대해서는 나중에 이야기를 하기로 하자.)

따라서 **진실**이라는 것과 **【논리적】**이다 **【합리적】**이다, 라는 것은 인과관계의 대원칙에 입각한 것이라고 할 수가 있지. 원인에 맞는 결과와 결과에 맞는 원인! 그 인과관계라는 대원칙에 충실한 자세, 그것이 곧 **진실**이라는 것이며, 그 인과관계를 규명하는 올바른 과정을 우리는 **【논리적, 합리적】** 이라는 명사를 사용하는 것이지.

따라서 **진실이라는 명사**는 반드시 원인과 결과로 명확히 규명되는 결과물을 명명하는 총체적 명사가 되는 것이고, 결과에 맞는 원인의 규명과 원인에 따른 올바른 결과를 예측하는 과정을 명명(naming)하는 명사를 **【논리적】** 라는 것이지. 이러한 기본적 전제하에 이제 각론으로 들어가 논리적으로 생각해 보자!

믿음이나 신뢰란 우리가 안심하고 누워 잘 수 있는 침대와 같은 거란다.

자동차가 브레이크를 밟으면 정확히 멈춰 줄 것이라는 믿음이 없다면 누구도 차에 오르려 하지 않겠지. 의자의 다리가 내 몸무게를 지탱해 주리라는 믿음이 없다면 누가 그 의자에 앉아서 편안히 쉴 수 있겠니? **달리는 자동차**

을 정확히 세워 주리라는 브레이크에 대한 절대적인 믿음으로 우리는 100km/h 가 넘는 속도로 고속도로를 내달릴 수 있는 거란다.

사람도 마찬가지란다. 너희를 아는 사람들에게 믿을 수 없는 사람이라는 이미지를 주는 것! 그것은 자신의 인생을 가장 비참하게 만드는 일이란다.

강한 부정으로 너희의 잘못을 부정한 적이 있지? 아빠 엄마는 너희의 인간성마저 의심을 했단다. 너무나 강하게 부정을 하니까 그냥 넘어가지만, 절대로 너희의 결백을 믿어 주는 것이 아니란다.

절대로 그런 짓을 다른 곳에서 해서는 안 된단다. 강한 부정으로 비난과 위기는 넘어 갔을지라도 너희는 상대에게 '믿을 수 없는 놈이다.' 라는 치명적인 이미지를 남기게 되기 때문이란다. 순간의 위기의 모면으로 바꾼 대가는 두고두고 너희를 '믿지 못할 놈이다.' 라는 이미지를 남기게 되고, 그것은 너희의 잘못을 인정함으로써 받게 되는 비난과 처벌, 그 이상의 대가를 지불하게 된단다.

믿을 수 있다는 평판이라는 것은 인터넷의 사용후기와 정말로 같은 것이란다. 평판이 좋지 않은 제품을 누구도 사지 않으려는 것과 같이…….

'코르네이유' 라는 작가도 **'거짓말을 하는 순간, 정말로 뛰어난 기억력이 요구된다.'** 라고 말했지.

그렇단다. 한 번의 거짓말은 반드시 또 다른 거짓말을 낳게 된단다. 왜냐? 누구라도 아무리 머리가 좋고 용의주도한 사람도 순간의 위기를 모면하기 위해서 꾸며낸 말을 오랜 시간 기억할 수는 없는 것이고, 또한 임시로 꾸며낸 이야기를 논리적인 인과관계를 만들기 위해서는 반드시 또 다른 거짓말을 해야 하기 때문이지.

그리고 일시적으로 만들어 낸 인과관계의 순서는 앞에서 말한 망각이라는 장치에 의해서 우리의 기억 속에서 몇 시간을 버티지 못하게 되고, 뒤죽박죽이 되어 버려, **'아유 씨!'** 를 연발하며, 너희의 돌머리를 탓하게 되고, 머리를 벽에 부숴 버리고 싶게 된단다.

하지만 솔직한 답변은 한결같이 일관된 말을 할 수 있는 것이지. 이것은 경찰이 범인을 가려내고 또 억울한 누명과 의심을 벗겨 주는 데에도 활용되는 기술이기도 하단다.

단 한 번의 책임으로 실수와 실패로부터 완전히 자유로울 수 있는 거란다. 법률에서도 **'일사부재리(一事不再理)의 원칙'** 으로 한 번의 죄를 두 번에 걸쳐 처벌하지는 않는단다. 그 누구도 한 번의 실수를 두고두고 비난하지 않는단다. 외려 그 솔직함에 감동하는 경우도 종종 있지.

잘못을, 실수를 인정하는 것은 그 사람이 개선의 여지를 보여주는 것일 뿐 아니라, 잘못의 인정을 통해 올바른 길을 선택할 수 있으리라는 희망을, 또 믿음을 주기 때문이란다.

너희를 아는 사람들로부터 믿을 수 있는 사람이라는 평판을 받는 사람이 되거라. 그것이 어떠한 커다란 명예와 돈, 성공보다도 소중한 것이란다.

너희를 낳고 기른 엄마 아빠마저도 너희를 믿지 못하게 되는 참으로 슬프고 고통스러운 일만은 생기게 하지 마라!

어떤 일이 있어도! 지구가 두 쪽이 나도, 어김없이 '태양은 동쪽에서 떠오른다!'와 같은 믿음과 신뢰를 주는 사람이 되거라.

많은 경험과 시행착오로 너희의 삶을 심도 있게 하라.

실패가 두려워 가만히 앉아 있기에는 너희는 너무나 젊다.

너희가 '눈물 젖은 빵의 의미'를 아는 어른으로 성장하기를 정말로 희망한다.

다시 강조하여 말한다.

수학점수20점과 남들보다 더 맞춘 15점의 암기과목으로

구분된 대학의 서열은,

최고의 일류 대학이 주는 학사, 석사, 박사 학위는 너희가 주렁주렁 달고 있는

스펙들은 너희에게 신분을 보장하는 진골의 증명서가 아니다.

-본문 중에서-

아들아!
미쳐라!
미쳐 버려라!

20대에 너희가 제대로 인식하면
너희의 人生이 달라질 내용들!

무너트리고, 깨부수는 것에 대하여

청춘! 혈기는 넘치고, 친구가 좋고, 오라는 곳은 없어도 갈 곳은 많은 것이 이 시기이지. 길은 멀고 캄캄한 어둠과 같은 터널을 지나는 것 같은 시기도 이 시기란다. 모든 것은 이미 기득권을 가진 자들이 차지하고 있고, 도대체가 틈이 없어 보이는 시기 또한 이 시기란다. 고뇌와 고독, 사랑과 눈물을 아는 시기도 바로 이 시기이지.

몸은 뜨겁고, 보이는 것은 모두 다 불만이고, 불평 덩어리지. 아빠 말도 짜증나고, 엄마의 잔소리도 짜증나고, 반항아적인 넘치는 혈기를 주체하기가 어렵지. 건강하게 너희가 성장하고 있다는 증거란다.

사춘기와 청춘의 시기는 지금까지 너희가 무비판적으로 받아들인 지식과 가치관들을 전부 다 송두리째 무너트리는 시기란다.

그래야 하는 시기란다.

아들아! 철저히 무너트려라. 깨부숴라! 너희의 기존 생각들을 모조리 깨부수고, 무너트려라! 그리고 다시 쌓아야 한다. 정성을 다해서 차근차근히.

고뇌하고, 아파하면서, 깨부수고, 무너트리는 일에만 치중해서는 안 된단다. 깨부수고 다시 쌓는 일을 방치하면 철부지 무개념의 양아치가 된단다. 다시 쌓는 일에 정성을 다해야 한단다. 비록 같은 자리에 다시 놓일지라도 왜 그 자리에 놓여야 하는가를 치열한 고뇌를 통해서 온전히 너희가 너희 스스로 쌓은 것이라야 한다. 너희는 다시 쌓는 일에 정성을 다해야 한단다.

그래야만 그것들이 온전히 너희만의 가치관이 되고, 철학이 된단다.

부숴 버리는 일을 게을리 하는 청춘!

깨부수는 일에 나태한 청춘!

기존의 무비판적으로 받아들인 생각들을 회의(doubt)해 보지 못하는 청춘! 다시 정성으로, 고뇌로 쌓으려 하지 않는 청춘들!

모두들 결국엔 무개념으로 세상을 살아갈 가능성이 많단다. 회의하고 고뇌하지 않는 청춘들! 편협하고 단순한 어른으로 성장할 가능성! 너무나 크단다.

무비판적으로 받아들인 모든 가치판단들을 철저히 부수고 다시 쌓아야 한단다.

고통스러운 과정을 통해서 지혜로운 판단으로 너희 속에 내재된

【양팔저울】을 이용하여 철저한 기회비용의 논리적 판단에 의해서 다시 쌓아야만 한단다.

청춘은 아픈 거란다. 그것은 성장하는 시기이기 때문이란다. 세상에 존재하는 모든 것들은 성장을 위해서는 반드시 홍역과 같은 아픔을 동반한단다.

'아픈 만큼 성숙해지고……' 라는 유행가 가사가 있듯이 성장은 반드시 아

픔을 동반한단다. 청춘! 그것은 아파하는 시기란다. 아파하고 고뇌하고, 청춘만이 가진 특권이란다.

뱀이 건강한 피부를 갖기 위해 탈피의 고통을 인내해야 하고, 나비로 새롭게 태어나기 위해 고치는 길고도 고통스러운 시간을 통해 새롭게 태어나지.

너희는 새롭게 태어나고자 하는 인고의 시간을 보내고 있는 거란다. 그 고통이 길고 깊을수록, 깨고 부수는 아픔이 클수록, 너희는 높이 비상하리라!

아빠도 너희와 같은 청춘의 시대를 보냈단다. 아빠가 사춘기 시절에 끼적였던 글귀 하나를 인용해 보자.

【다른 이들이 빨대로 요구르트를 빠는 인생을 살 때, 나는 쓴 막걸리를 마시는 인생을 살겠다. 다른 이들이 아스팔트를 걷는 인생을 살 때, 나는 자갈길을 걷는 인생을 살겠다. 매 순간 내가 살아 있음을, 숨 쉬고 있음을, 내 발바닥의 연약한 피부로 느끼며 살고 싶다.'】

【오만한 주둥이에 재갈을 물리고, 거들먹거리는 어깨 위에 울산바위 등짐을 지워라! 말뚝 박은 두 귀를 도려내고, 허영에 찬 두 눈에 모래를 뿌려라!

광란의 뜨거운 선홍 피 말끔히 뽑아내 정수리 가득히 두레박의 신선한 맹물을 부어라!】

아들아! 두려워 마라!

미래가 보이지 않는다고 불평하지도 마라!

너희가 지금 흘리는 땀이, 눈물이, 한숨이, 무섭게 파괴하는 기존의 생각들이, 부수고 다시 쌓아야 하는 고뇌들이, 깨는 아픔들이…….

그것들이 온전히 너희의 삶을 풍족하고, 단단하게 하는 거름이 되리니.

향기에 대하여

너희만의 개성을 지녀라.

너희만의 빛깔과 향기를 가지려 노력하라. 누군가 멋져 보인다고 흉내를 낸다고 할지라도, 꿀벌이 꿀을 먹고 로열젤리를 만들어 내듯이, 쪽이라는 풀잎으로 그 쪽빛보다도 진한 파란색을 만들어 내듯이 자기 자신만의 개성으로 승화시켜야 하는 거란다.

하느님의 아들이라는 예수님도 싫어하는 사람이 많단다.

인간의 아들인 너희들이야!~

모두랑 잘 어울린다는 것은 역으로 모든 사람과 잘 어울리지 못한다는 것과 같단다. 또한 모든 사람이 너희를 좋아한다면 그 역시 역으로 보면, 모든 사람이 너희를 확실하게 평가하지 않는다는 것과 동일하단다.

너희만의 빛깔과 향기를 지녀라! 모두에게 좋은 평판을 받기를 희망하지 마라. 너희만의 개성을 찾으려 노력하고, 가지려 노력하라. 그러나 너무 튀거나 너무 뒤쳐지는 개성을 자신만의 개성이라고 주접떠는 착각을 경계하라! 샛노란 머리와 치렁거리는 피어싱으로 개성이라 주장하는 한심한 어리석음을 경계하라.

남들이 선호하는 언동에 연연하지 마라.

너만의 빛깔과 향기를 가지려 노력하라.

양팔저울에 대하여

아! 이 얼마나 중요한 원칙인가! 우리가 돈이든, 시간이든 간에 그 어떤 것이든 간에 우리가 하나를 선택하는 순간! 그 반대급부로 반드시 포기해야 하는 것이 있단다. 이 원칙은 우리가 세상을 살아가는 데 있어서 누구라도 절대적으로 피할 수 없는 숙명적인 원칙이란다.

우리는 그것을 **'기회비용'** 이라고 하지. 일정한 금액의 돈으로 무엇을 선택하는 순간, 그 돈으로 살 수 있는 다른 모든 가능성을 포기하는 것! 너희의 재산인 시간을 써서 어떠한 일을 하던 간에 그것을 선택하는 순간, 다른 모든 선택의 가능성을 포기하는 것! 그것이 바로 아빠가 그토록 강조했던 기회비용이라는 것이란다. 그것은 비단 **돈에 국한되지 않는단다. 돈과 시간, 우리가 취하는 모든 선택의 순간에 존재하는 것이란다.**

예를 들어보자. 너희가 좋아하는 축구를 한다고 치자! 정말로 고대하던 동네 클럽 간의 결승전이라고 치자. 축구경기와 그 경기에서 승리의 환희와 기쁨만을 생각해서는 안 된단다. 정말로 너희에게 중요한 결승전의 축구경기는 수만 가지의 다른 선택들을 희생과 포기로 얻은 시간이라는 것을 의미하는 것이며, 전날 새로 산 축구화는 수만 가지의 다른 선택들의 포기에 따른 희생으로 얻은 운동화라는 것을 생각해야 하는 거란다. 이 기회비용의 법칙은 우리가 숨 쉬는 일처럼이나 우리가 살아가는 삶을 항상 지배하는 아주 기본적 법칙이란다.

너희가 데이트하고 싶었던 여자 친구와 만나 꿈같은 데이트를 할 때도 데이트의 달콤함의 반대급부로 잃어야 하는, 포기해야 하는 기회비용이 반드시 있는 거란다. 그 시간에 공부를 못하는 것, 다른 친구들을 만나지 못하는 것, 그 시간에 봐야 하는 TV의 방송을 시청하지 못하는 것 등등. 수많은 비용의 대가를 지불하고 데이트를 즐기는 것이라는 사실을 알아야 하지…….

너희가 정말 가고 싶었던 여행을 갔다고 치자. 그 소망하던 여행을 즐기는 대가로 포기해야 하는 수많은 다른 기회들이 또한 반드시 있는 거란다. 너희가 정말로 사고 싶었던 물건을 샀을 때도, 갖고 싶었던 물건을 가졌다는 기쁨을 대가로 지불해야 되는 수많은 다른 기회들의 포기가 있어야만 가능하다는 것이란다.

각설하고, 더 극명한 예들을 들어보자. 아빠가 엄마를 선택했다는 것은 전 세계 모든 여자들을 포기한다는 것을 의미하지. 기꺼이 포기한 전 세계의 가능성 있는 여자들이 아빠가 선택한 엄마보다 그 가치가 낮아서가 아니란다.

사랑하는 엄마를 얻었다는 기쁨만을 가질 수 없는 거란다. 물론 이 원칙은 엄마에게도 똑같이 반대로 적용되는 것이지.

결혼은 너희가 일생을 통틀어 최대의 기회비용을 지불하는 선택인 것이란다. 최선의 선택을 했으니 엄마 아빠는 서로에게 얼마나 최선을 다해서 서로에게 잘해야 할까?

목마른 우리가 시원한 물을 마시면, 우리는 반대로 무엇을 내줘야 하는가? 배고픈 우리가 배불리 무언가를 먹으면, 우리는 반대로 무엇을 잃는가?

우리는 포만감을 얻고 허기를 잃게 되고, 시원함을 얻고 갈증을 잃는 것이지. 허기와 갈증을 잃는 것이 무슨 의미가 있는가라고 반문할 수도 있으나, 얻는 것이 있으면 반드시 지불해야 하는 또 잃는 것이 있다는 **'기회비용'을 역설하기 위함이란다.**

심지어 생명을 영위하기 위해서 먹고 마시는 음식들의 소화 과정에서 발생되는 활성산소라는 반대급부로 우리는 늙어 가는 거란다. 우리는 이렇듯 매 순간순간들을 이러한 크고 작은 선택들을 하면서 또 그 선택에 책임을 지면서 살아가는 거란다.

또한 어떤 하나의 선택은 곧바로 다른 수많은 기회와 효용가치를 포기함을 의미한단다. 하나의 선택으로 인한 수많은 다른 기회들의 포기를 생각해 보면, 우리는 매 순간 얼마나 신중하게 "돈"을 써야 하고, 또 "시간"을 활용하고, "신중한 선택"을 해야 하는지!

'신' 이 깔아 놓은 기본적 원칙의 바탕 위에서 너희가 어떠한 것이 옳고 그름을 판단할 때, 또는 **너희가 선택하는 모든 시간과 비용의 지불에 이 기회비용의 원칙이 너희의 현명한 판단을 위한 양팔저울이 되게 하라!**

사거리에 대하여

나의 자유가 온전히 보장되는 아주 **극명한 장소! 바로 신호등이 있는 사거리란다.**

내가 아무리 바쁘고, 먼저 가고 싶더라도 반드시 적색신호에서 멈춰야만 하지.

적색신호에 내가 멈춰서야 하는 것은 내가 먼저 가고 싶은 욕구, 내가 우선이라는 욕구가 절제되고 양보되는 것이지. 내 자유의 제한과 양보로 인하여 나를 위해 그동안 멈춰서 기다려 준 상대 차는 자유를 향유하는 것이지.

너희가 횡단보도를 함부로 건너서는 안 되는 이유 또한 그러하단다. 빨간불에서는 차에게 길을 양보해야 하지. 빨리 건너고 싶은 너희의 욕구와 아무 때나 길을 건너는 너희의 자유가 제한될 때, 자동차는 온전한 자유를 누리게 되고, 그 반대로 자동차가 달리고 싶은 욕구와 운전자의 자유가 제한되고 양보될 때, 너희가 안전하게 길을 건너는 완벽하게 보장된 자유를 향유하게 되는 것이란다.

나의 자유가 제한되고 절제되지 않는 만큼의 크기로 내가 누리는 자유 또한 보장되지 않는 거란다.

나의 자유가 제한될 때에만 온전히 나의 자유가 보장되고, 그것을 향유할 수 있는 거란다.

무단횡단을 하는 사람들, 신호를 지키지 않는 사람들! 그들에게 아빠가 창문을 열고 고래고래 소리치는 이유란다. 약속이 깨지면, 어느 하나가 자신의

자유를 양보하지 하지 않게 되면, 여러 사람이 그 불편함을 감수해야 하기 때문이란다.

아빠보고 성질이 더럽다고만 말하지 마라! 너희도 창문을 열고 소리쳐라! **야! 이 개아들아!** 남의 눈을 의식하는 세상이어야 한단다. 모든 것을 경찰이나 법원이 판단하게 할 수는 없단다.

소소한 예를 더 들어보자. 지하철에서 나 하나 편하자고 다리를 꼬고 앉으면, 내가 누리는 편안함, 그만큼의 크기로 옆 사람에게 불편을 주는 거란다. 모두가 다리를 꼬고 앉는다면 모두가 불편함을 감수해야 하는 것이지.

지하철만큼이나 흔해진 비행기 에티켓도 예를 들어보자.

비행기의 이코노미 좌석에서 내가 의자를 뒤로 젖히는 만큼의 공간 확보를 향유할 때, 뒷사람은 내가 누리는 편안함만큼의 불편을 감수해야 한다는 것을 한번쯤 생각하자. 가뜩이나 무릎이 앞자리에 닿는 좁은 공간을 앞사람의 편안함으로 인해서 줄어들게 되는 것이지. 물론 앞자리를 뒤로 젖힐 권리가 앞자리에 앉은 사람에게 있다고 볼 수 있지. 의자를 뒤로 젖히는 버튼 역시 앞자리에 있으니까.

그러나 아빠도 잘은 모른다마는 그 버튼은 장거리를 가는 비행기에서 사람들이 모두들 잠들 때 사용하라는 버튼이 아닌가 싶다. 단거리의 여행에서는 절제를 해야 하는 버튼이 아닌가 싶다.

비행기에 타자마자 아무 생각 없이 의자를 뒤로 젖히는 머리 빈 사람들이 정말로 많단다. 몸이 정말로 불편해 의자를 뒤로 젖히더라도 고개를 돌려서 뒷사람에게 양해를 구하고 의자를 조금만 젖혀라. 그래야 최소한 뒷사람이 의자가 넘어올 것이라는 준비를 할 테니. 배려심 없이 의자를 갑자기 젖혀 버려 뒷사람의 무릎이 젖혀지는 등받이에 찌이게 하지는 말아라!

우리가 누리는 자유는 나의 자유가 절제되고, 양보될 때라야만 온전히 자유를 누리게 되고 또 보장되는 것이라는 것을 이해하자.

'왜 남의 눈치를 보며 살아? 당신이 뭔데?' 를 외치는 천박한 종놈의 피가 흐르는 자존심 빈약한 사람들이 넘쳐날 때, 우리 사회의 자유와 민주는 요원해지는 거란다.

술 취해 파출소에 들어가 **"당신 월급 내가 주는 거야!"** 를 아무렇지도 않게 외치는 용렬한 사람들이 넘쳐날 때, 우리 사회는 슬퍼지는 거란다. 우리의 민주주의 수준은 바닥 긁는 소리를 내게 되는 거란다. 그렇단다. 나의 자유가 제한되고 절제될 때, 그때가 바로 나의 자유가 온전히 보장되는 때란다.

내가 남을 배려하고 양보할 때, 나 역시 남으로부터 양보 받고, 배려를 받을 수 있는 거란다.

너희도 아마 기억하겠지? 발리에서 우리 가족이 돌계단을 걸어 내려갈 때, 걸어 올라와도 되는 충분한 공간이 있음에도 다소곳한 자세로 계단 아래에서 우리가 먼저 내려오기를 미소지며 기다려 주던, 열 살 남짓한 호주 소년의 양보와 배려의 모습을…….

아! 얼마나 아름다운가! 뛰어 내려가 안아주고 싶던 그 모습은 우리나라에서는 정말 불가능한 것인가? 아마 너희 중 하나가 그 호주 소년과 같은 행동을 했다면, 그것을 아빠가 봤다면, 아빠는 어떻게 행동하고 말을 했을까!

아마도 이러하지 않았을까? **"야! 너 뭐하고 서 있냐?"**

"네! 저분들이 먼저 내려오기를 기다리고 있습니다."

아빠도 여지없이 네 뒤통수를 손바닥으로 때리면서 말했겠지. **"지랄하고 계시네! 빨리 올라가 임마. 저 사람들이 이 계단 전세 냈냐?"**

아빠도 양보하는 법을 모른다. 자유가, 민주가 뭔지를 모른단다. 체면이 뭐고, 절제가 뭐고, 왜 우리는 남들을 배려해야 하는지. 결혼생활이 뭔지.

뭐가 정답인 줄 아빠도 모른단다.

누구도 아빠에게 가르쳐 주지 않았단다. 할아버지도, 할머니도, 초등학교에서도, 중학교에서도, 고등학교에서도, 수천만 원이나 받아 가던 대학교에서조차도. 모르지! 어딘가 기억을 더듬어 보면 졸며 보낸 도덕 시간에, 또 도덕 책 귀퉁이 어딘가에, 식당에 들어가면 아무런 의미도 진심도 없이 앵무새가 말하듯 녹음된 테이프를 틀듯이 던지는 **"어서 오세요."**라는 인사처럼, 그러한 교본 같은 내용이 있었는지도. 그것들을 제대로 공부하지 않은 아빠 탓인지도…….

으깨진 두부 조각 같은 우유 가루를 받아먹던 60년대도, 건빵을 배급받아먹던 70년대도, 올림픽을 하던 80년대도 아니고 월드컵을 하던 2000년대도 아닌 2011년을 넘겨, 비만인 애들이 차고 넘쳐나는 때에도, 애들 공짜 밥을 먹이는 일에 자신의 정력을 소진하는 무개념의 사람들을…….

100년 앞이 아니라, 10년 앞이 아니라, 당장 아이들의 목구멍을 넘기는 일을, 자신의 교육 목표로 삼은 무개념의 사람들을 너희의 교육을 책임지는 사람으로 선택한 우리의 잘못인지도…….

사람이 사는 사회가 아니라, 배부른 돼지들을 기르려는 사람들을 선택한 아빠의, 엄마의 무지와 무개념 탓인지도 …….

충고와 비난에 대하여

충고로 사람을 변화시킬 수는 없단다. 누구도 귀에 쓴 말로 변화되는 그릇이 큰 사람은 없단다. 상대가 독약을 주스로 알고 마시지 않는 한 충고하지 마라! 상대에게 이롭게 하려는 의도라고 합리화 하지 마라.

사람은 누구나 자기 방식대로 세상을 살아갈 권리가 있다는 사실을 인정해야 한단다. 세상엔 멋진 대접만 있을 수는 없는 법이란다. 세상에는 간장을 담는 종지도, 양념을 담는 양념통도, 담뱃재를 터는 재떨이도 있어야 하는 거란다. 아빠도 극복하지 못하는 문제란다. 비난과 충고를 함부로 하지.

대접이 되라고 말하는 아빠도 때로는 간장 그릇의 존재의 당위성과 가치를 망각한단다. 재떨이로 살아가면서도 자신이 재떨이인 줄을 모르는 것이 아빠를 포함해 보통의 사람들이란다. 자신이 간장을 담는 종지이면서도 자신은 대접이라고 믿고 사는 것이 그저 평범한 사람들이란다. 모두가 대접이 될 수는 없는 것이지.

그냥 두자! 그들의 권리를 그대로 인정하자!

충고를 구해와도 정성어린 격려와 칭찬을 하라. 상대의 단점이나 잘못을 들춰 비난하지 마라. 그저 있는 그대로 상대를 인정하라. 비난은 상대방에게 치명적인 상실감을 줄 뿐이고, 돌이킬 수 없는 상처만을 준단다. 수십 년을 살았어도 비난으로 변화하는 상대를 보지 못했다. 오히려 비난은 인간관계를 악화시키는 최상의 방법이란다.

잘잘못을 따지지 말자!

상대의 잘못이라고 말하는 순간, 분쟁만이 존재한단다. 사람들은 정말로 어리석게도 자신이 잘났다고 모두들 생각한단다. 자신은 절대로 틀리지 않다고 믿는단다. 무엇이 그들을 그토록 믿게 하고, 확신하게 하는지 모르겠으나 모두들 자기 자신이 가장 위대하다고 믿는단다.

아무런 근거도 없이 자신들의 가치관과 판단이 절대적으로 옳다고 믿기 때문에 자신의 잣대의 눈금이 틀리게 그려진 눈금일지라도 그 눈금을 전혀 의심하지 않는단다. 아니 잘못된 눈금인가를 알아보려 하지도 않는단다. 설사 잘못된 눈금의 잣대라 할지라도 고치려 하지 않는 사람들이 너무 많단다. 심지어 그 눈금이 잘못됐다는 말을 듣는 순간 자존심이 상했다고 기분 나빠하고 화를 낸단다. 바로 우물 속(자존심 속에)에 갇혀 사는 인간이기 때문이란다.

누에가 실을 뽑아내 고치를 만들 듯이 자신의 생각으로 나름의 이론을 정립해 놓고, 그것들로 자신의 주의를 감싸 철옹성을 만드는 것이지. 그리고 그곳이 세상의 전부라고 믿고 산단다. 누에는 자신을 변화시키고 새롭게 태어나기 위해서 보호막으로 고치를 만들지만, 사람들은 자신의 생각과 사상을 정립하고, 탄탄한 자신만의 논리적 완성도를 위해서 자신만의 생각의 철옹성을 쌓는 거란다.

사람은 누구나 이 과정을 거치게 되어 있지. 어떻게? 자신의 가치관이라고, 신념이라고 명분을 삼고…….

자신의 사고와 생각이 좁고, 편협할 수록 사람은 주장이 강하게 되고, 고집을 세우게 되어 있단다. 우물 속의 세상이 전부라고 확신하고 있으니…….

그러니 너희는 절대로 남에게 충고하지 마라.

남들의 눈금에 대해서 어떠한 참견도 하지 마라.

그들은 그들대로 살아갈 권리를 인정하라.

그릇대로 살아간다는 사실을 명심하라.

간장 종지로, 담뱃재를 터는 재떨이로 살아가도록 운명 지어진 사람이라는 것을 그대로 인정하라. 아빠도 극복 못하는 문제란다. 직원들에게, 만나는 젊은이들에게 꼰대처럼 목소리를 높여 말하지.

너의 그릇이 무엇을 담는 그릇인가를 돌아보라고.

대접이 되려고 노력하라고.

청자가 되어 귀하게 대접받으라고.

뭔 소리인지도 모르고 눈이나 껌벅이는 사람들에게도, '너나 잘하셔~어!' 라는 눈빛을 보내는 사람들에게도, 정작 아빠 자신의 그릇이 무엇인지 자신도 모르면서…….

유리로 만들어진 저들의 나약한 자존심을 건드리지 마라. 자신의 그릇을 키우려 하지 않고, 오직 지키려고만 하는 허약하고 빈약한 저 알량한 자존심을 건드리지 마라. 그러나 너희는 너희의 인생을 판단하는 잣대의 눈금이 올바른 것인가를 항상 의심하고 체크하는 일을 게을리 하지 마라.

너희는 충고에 귀 기울여라. **언제든 너희의 가치관을 수정하고, 올바르게 수정할 수 있는 기회를 박수로, 히딩크의 어퍼컷으로 환호하라.**

절대로 우물 속으로 스스로 기어 들어가 너희의 사고를 가두어 두려고 하지 마라.

부자에 대하여

누구나 부자가 되고 싶어 하지.

마음이 넉넉해야 부자고, 모든 것이 내 마음먹기에 달린 것이라는 등의 진부하고 통속적 이야기는 지양하자.

누구나 부자를 꿈꾸지.

부자를 꿈꾸는 것이 천박한 것이 아니고, 반대로 부자를 경멸하거나 폄하해서도 안 된단다.

부자들을 경멸하는 사람들, 폄하하는 사람들, 한결같이 열심히 노력하지는 않고, 그들의 노력을 폄하시켜 자신의 초라한 위치를 합리화 하려는 사람들 뿐이란다. 자신은 도덕적이라서 가난하고, 부자들은 부도덕하고 탐욕스럽기 때문이라고, 부족하고 어리석은 자신을 합리화 하지.

자! 그럼 부자가 되는 방법이 무엇일까? 어떻게 해야 부자가 될까? 부자가 되는 방법을 같이 연구하고 고민해 보자.

반복되는 이야기지만, 아침에 일어나 누구나 일터로 나가는 것은 구석기 시대에 돌도끼를 들고 들과 산으로 나가는 것과 같단다. 모든 동물들이 그날의 먹을거리를 찾아야 하는 것은 21세기를 사는 현대의 인간에게도 기본적으로 또 그대로 적용되는 것이지.

따라서 돌도끼를 들고 집을 나선 사람들 모두는 토끼 한 마리보다는 사슴을 사냥하고자 하는 욕심을 부리는 것이 당연한 인간의 본능인 것이겠지. 뒷다리는 나중에 저장해 먹을 수도 있고, 여유가 있게 남은 앞다리로는 짐승 가죽옷이나 가죽신으로 바꿀 수도 있고, 다른 이가 사슴뿔로 만든 솜씨 좋은 멋진 장신구와도 바꿀 수도 있으니까.

【열심히 일했지만 부자가 되지 못했다.】

누구나 자기 분야에서 최선을 다해 열심히 일한다면 부자가 되는 사회가 옳겠지. 그런 사회와 제도라면 정말 좋겠지. 그러나 제도와 인간이 만드는 어떠한 시스템으로도 그것의 실현은 불가능한 거란다.

그 불가능의 원인으로 사회와 제도의 잘못이라고 주장하는 사람들도 많이 있단다. 심지어 그 불가능을 인간의 어리석은 방법으로 실현해 보려고 노력했던 것이 바로 '공산주의'라는 제도였단다. 그것은 나중에 **'장군님에 대하여'**에서 심도 있게 같이 고민해 보자.

"나는 왜 가난해야 하는가? 아니 가난하지는 않지만 왜 부자가 되지 못하는 것인가?" 이렇게 물어보는 것은 다음과 같이 물어보는 것과 같단다.

"나는 열심히 낚싯대를 넣었습니다. 끈기 있게 기다렸고 성실하게 했습니다. 밤새 한숨도 자지 않고 낚시를 했습니다. 그런데 왜 나는 붕어를 낚지 못합니까? 왜 남들처럼 월척을 낚지 못합니까? 그것은 내 잘못이 아니라, 낚시터가 잘못된 것입니다. 낚시터가 불공평합니다."라고 주장을 하는 것과 같은 정말로 한심한 거란다.

월척을 낚기 위해서는 최선을 다해 머리를 써서 좋은 미끼와 좋은 포인트의 자리를 찾아야 한단다. 붕어가 입술만 닿아도 정확하게 입술을 꿸 수 있도록 구부려 놓은 낚싯바늘과 붕어의 입이 쉽게 들어가는 사이즈의 바늘 크기와 붕어가 좋아하는 미끼, 붕어가 배고파 하는 시간과 붕어가 몰릴 가능성이 있는 장소의 선택 등, 이 모든 것들이 치밀하고 정확하게 매치가 될 때, 우리는 월척을, 또 그물 가득히 붕어를 잡을 수 있는 것이겠지.

많은 사람들이 말하지. **'열심히 하는데도 운이 따르지 않는다.'** 모든 것이

다 준비가 되어 있었는데 갑자기 천둥 번개를 동반한 비바람이 치는 바람에 망쳤다고, 운도 더럽게 없다고…….

허나 그것은 운이 아닐지도 모른단다. 갑자기 천둥 번개가 치는 날씨마저도 너희가 치밀하게 고려해야 하는 요소임에도 제대로 대비하지 못한 탓일 가능성이 높단다.

부자가 되는 일에는 어떠한 운도 작용을 하지 않는단다. 그것을 시기하는 사람들의 눈에는 너무도 쉽게 돈을 버는 것처럼 보일 뿐이란다. 단지 운이 좋아서일 뿐이라고 생각을 하지…….

그렇게 생각하는 사람들! 한결같이 복권을 파는 매대 앞을 기우거리지.

그렇게 말하는 사람들! 그 쉬운 운을 왜 그들은 잡지 못ㅎ살까? 그렇게 말하는 사람들 한결같이 자신의 위치는 초라하고 찌질한 사람들이란다.

성공한 사람들! 부자인 사람들! 그 누구도 자신은 '운'이 좋아 성공을 했고, 부자가 되었다고 말하는 사람, 단 한 사람도 없는데…….

찌질한 그들이 '운'을 논하지…….

훌륭한 낚시꾼! 사기를 잘 치는 사람이란다. 붕어의 입장에서 보면.

그럼 왜 우리는 사기를 정말로 잘 치는 것에 해당하는 낚시꾼들을 비난하지 않는가? **그것은 낚시라는 것은 우리 인간들이 만들어 놓은 도덕, 법률, 기타 등등의 잣대로부터 자유롭기 때문이지.**

열심히 일했다고 다 부자가 될 수는 없단다. 그저 최선을 다했다고 성실하고 신의를 지켰다고 부자가 될 수는 없단다. 아빠가 이 책에서 수없이 강조했던 신의와 성실을 강조한 것은 동물과 다른 우리 인간들이 살아가야 하는 도리를 말했을 뿐이란다. 신의와 성실로 부자가 될 수는 없단다. 그저 단순히 열심히 했다는 것으로도 역시 부자가 될 수는 없단다.

낚시터에서 낚싯대를 열심히 늘어트려 놨다고 모두들 월척과 많은 고기를 잡을 수는 없는 것과 매한가지란다. 그것은 너희가 열심히 일하지 않아서가 아니라, 또 낚시를 열심히 하지 않아서나 낚시터의 구조나 시스템의 잘못이 아니라 어떻게 하면 붕어가 너희 낚싯바늘을 물게 할 것인가에 대한 연구와 노력이 부족한 탓일 가능성이 아주 높단다.

똥장군을 지고 아침 일찍 일어나 새벽부터 저녁까지 열심히 최선을 다해 일했다. 부자가 될 수는 없단다. 똥장군을 열심히 지는 것만으로는 가난하지는 않을지라도 부자가 될 수는 없단다.

아빠가 이야기하고자 하는 것은 이것들이 신(God)이 만들어 놓은 부자가 되는 기본적인 원칙이란다. 여기에 도덕이 개입되는 것은 인간이 만들어 놓은 보편타당한 규범이 개입될 뿐이란다.

예를 들어보자. 자동차를 가지고 예를 들어보자.

수백 킬로그램의 무게와 2~30명을 태우고도 문제없이 달리고, 안전하게 정지하는 자동차는 수많은 사람들의 끊임없는 노력과 연구 그리고 테스트 덕분이란다. 그러나 수많은 사람들이 연구를 한 것은 자동차가 문제없이 작동되도록 하는 기본 원리를 충실하게 연구를 했기 때문이라는 것이지.

결국엔 과학자나 인간들이 연구하는 것이 신이 만들어 놓은 과학적인 원리를 기본으로 하여 그 원리에 한 치의 어긋남이 없는 장치를 발견해 낸다는 것이지. 걸어다닐 수는 없으니 사람들은 은행에서 돈을 빌려서라도 차를 사고 싶어 하는 것은 당연하겠지. 그 자동차를 만들어 파는 사람들, 부자가 될 수밖에 없겠지. 반대로 달리는 도중에 중간에 제멋대로 서 버리는 자동차를 만들어서 부자가 될 수 있을까? 거창한 예를 들었나?

그럼 소소한 예로, 라면을 끓여 판다고 치자. 라면만을 끓여 팔지라도 땅도 사고 빌딩도 사는 부자가 될 수 있단다. 그것은 성실하게 좋은 재료와 정성을 쏟아 개발하고 실패하는 등 치열한 연구와 노력을 통해서 정말로 새롭고 남들이 흉내내지 못하는 독특한 맛을 개발해 내는 것이지. **라면을 먹으러 오는 이들이 기꺼이 지갑을 열어 돈을 내고 몇 시간이고 긴 줄을 서서라도 먹고 싶도록 차별화되고 독특한 라면을 끓이는 것이란다.**

길거리 골목마다 널려 있는 라면집들하고 하등 다르지 않은 맛을 내는 라면집 앞에서 너희는 긴 줄을 서서 차례를 기다리고 싶겠니?

이러한 방법들을 체계적으로 정립하여 학문적으로 연구하는 것을 우리는 '마케팅' 이라고 하지. 마케팅이라는 단어를 싫어하지만 달리 적당한 단어를 찾기가 어렵구나.

이것이야말로 인과관계를 분석하고 예측하여 신이 만든 규칙과 원리에 충실할 뿐 아니라, 주어진 정보를 분석하여 대비하고 예측하는 절대적 학문이라고 할 수 있지.

부자가 되는 방법에 가장 근접하는 학문이라 할 수 있단다.

소비자가 무엇을 원하는가? --- 분석, 기획한다.

소비자가 원하는 것을 어떻게 개발하고 생산하는가? --- 연구하고 실행한다.

어떤 루트와 방법으로 소비자에게 상품을 접근시키는가? --- 유통을 기획한다.

개발된 제품이 소비자에게 어떠한 만족과 반응을 주는가? --- 재분석하고 재검토한다.

이것을 제대로 활용하는 곳이 바로 대기업이란다. 월급 받고 전문적으로 연구하고 치열하게 분석하는 사람들을 제대로 고용하고 있는 곳이 바로 거대 기업인 대기업들이란다.

대충의 감으로 사업을 해 나가는 중소기업들이 이러한 대기업들과 경쟁하는 것은 마치 훌륭한 성능의 무기를 갖춘 잘 훈련된 군대와 돌과 괭이를 들고 마구잡이로 싸우는 농민군대와의 싸움과 비교할 수 있단다. 누구의 승리로 끝날 것인지는 자명한 일이지. 수억 년 전의 원리나 첨단의 현대, 또 앞으로 또 다른 수억 년이 지나더라도 세상을 움직이는 기본 원리, 성공하는 기본 원리는 변함이 없을 거란다.

이 **원칙은 인간이 편의대로 만든 규칙이 아니라, 신(god)이 만든 원칙이기 때문이지.** 탈세를 하고 사기를 치고, 잘못된 방법으로 부자가 되는 사람들이 있지. 사기를 잘 치는 것, 탈세를 잘하는 것? 그것 역시도 능력이라 할 수 있단다. 인간이 만든 규범과 도덕 그리고 법률을 제외하면.

최선을 다하는 자만이 성공할 수 있다!

그것이 사기일지라도, 남의 집 담을 넘어 부자가 될지라도, 그들은 최선을 다해 노력하고 연구를 다하는 자들이란다. 어떻게 하면 담을 잘 넘을까? 어떻게 하면 남의 눈에 띄지 않고 담을 넘을까를 연구하는 것. 그것은 도둑질로도 부자가 되기 위한 기본적 조건이라는 것이야. 최선을 다해 연구하고 노력하지 못하는 놈은 도둑질을 해도 좀도둑밖에 되지 못하는 것이지. 어설프게 도둑질하고 남들로부터 조롱과 비난을 받을 뿐이지.

사기를 잘 치는 자! 어떻게 하면 사람들이 낚시터의 붕어처럼 걸려들게 할까를 연구하는 것이지. 그럴 듯하게 사기를 치기 위해서 최선을 다하는 사람, 어떻게 해야 붕어같이 멍청한 사람들이 잘 속아 넘어가는가? 최선을 다해 노력하고 연구하는 자! **사기로도 부자가 될 수 있단다.**

사기와 도둑질을 옹호하거나 두둔하기 위한 궤변이 아니란다. 성공과 부자가 되는 기본 조건에는 거듭 말하지만, 불행히도 인간들이 만든 일종의 규범인 도덕과 신의 등은 포함되지 않는단다. 부자가 되고 성공을 하는 방법에는 철저하게 신이 만든 원칙만이 적용된단다.

물론 부자들 중의 많은 수의 사람들이 신의가 없고 성실하지 않은 사람들이 많지. 신의와 도덕, 그런 것들을 무시하는 사람들도 있지. 그들을 존경하지는 않더라도 그들을 비난하지는 말자. 그들은 적어도 최선을 다해 치열하게 연구하고 노력한 사람들일 가능성이 크단다. 그들을 비난하는 것은 신이 세상을 만들어 놓은 원리에 충실하게 사는 하이에나를 우리가 비도덕적이라고 비난하는 것과 같을 테니.

하이에나에게는 인간이 만든 도덕이 있을 수 없지. 인간의 관점에서 보기 때문에 그들이 야비해 보이는 것일 뿐이란다. 남이 사냥해 놓은 것을 훔쳐서라도 자식을 먹이고, 자신의 배를 불리는 것이 신(God)이 만들어 놓은 기본적인 원리라는 것을 이해해야 한단다.

인간의 도의, 신의, 도덕 등 그딴 것들이 신(God)이 만들어 놓은 기본적 원리보다 우선할 수는 없는 거란다. 그렇단다. 따라서 **부자들을 사기를 쳐서 부자가 된 사람이라고, 또 도둑질을 해서 부자가 된 자들이라고 폄하해서 우리의 무능을 합리화 하는 도구로 이용하지는 말자.**

고정된 관념이 아닌 열린 자세로 머리를 쓰는 것! 그리고 최선을 다하는 자만이 부자가 될 수 있다.

닫힌 생각으로는 부자가 될 수 없다!
창조적인 생각이 없이는 부자가 될 수 없다!
고정된 관념을 가진 자는 부자가 될 수 없다!

지적 능력의 차이!
그것이 인간과 동물을 구분 짓는 유일한 것이듯이
그것만이 부자와 가난한 자를 구분 짓는 세상에 존재하는 유일한
경계라는 사실을 인정해야 한단다.

최선을 다하는 것! 머리를 쓰고 목표로 한 것이 올바른 방향으로 향하는가를 끊임없이 연구하고 수정하려 노력하는 것! 그것이 바로 부자가 되는 유일한 방법이란다. 붕어가 꼬이도록 하는 거란다.

어떻게 해야만 붕어가 꼬일까? 그 원리를 찾으려 노력하라.

그것이 아빠가 아는 부자가 되는 유일한 방법이란다.
그것이 월척을, 또 바구니 가득히 붕어를 담을 수 있는 유일한 방법이란다.

유리잔에 대하여

자존심!

[남에게 굽히지 아니하고, 자신의 품위를 스스로 지키는 마음]. 국어사전의 정의란다.

그러면 **자존심이 강하다**는 말은 남에게 자신을 굽히려 하지 아니하고, 자신의 품위를 지키려 하는 강한 마음이라 할 수 있겠지.

그러나 많은 사람들이 이놈의 왜곡된 자존심 때문에 이상하고 비뚤어진 인생을 살뿐 아니라 남들과도 많은 분쟁을 일으킨단다.

자존심이란 스스로를 존중하여 자신을 성장시킨다는 것이 아빠가 믿는 진정한 자존심이란다.

우리가 흔히 말하는 자존심이 강하다는 사람들! 실상은 그들은 자존심이 아주 약하고 빈약한 사람일 가능성이 높단다. 자신이 지켜야 하는 자존심이 너무나 빈약하고 깨지기 쉬운 유리잔과 같기 때문에 철저하게 깨지거나 다치지 않도록 철옹성을 쌓는 것이란다.

그래서 조금만 건드리거나 비난을 하고 충고를 해도 화를 내고 난리를 치는 것이지. 유리잔이 쉽게 깨질 뻔했으니, 상처를 받았으니…… ***깨질 뻔했잖아, 우씨!***

이쯤에서 자존심이라는 것이 무엇인가를 같이 고민하고 심도 있게 생각해 보자!

우리 몸과 정신은 태어나면서부터 두 가지의 자신을 지키는 안전장치를 가지

고 태어난단다.

그 **하나는** 우리 몸을 지키는 면역체계라는 안전장치가 있지.

밖으로부터 침입해 들어오는 균이나 박테리아 등 유해한 것들로부터 우리 몸을 보호하도록 우리 몸 자체에 면역기능으로 인하여 유해한 그것들을 거부하고 제거하도록 되어 있지. 따라서 우리 몸에 이로운 장기의 이식조차도 유해한 것으로 인식하여 공격을 하는 것이란다. 우리 몸에 유익한 것인가 아닌가를 판단하는 능력이 없이 우리 몸을 무조건적으로 보호되도록 프로그램되었기 때문이지. 이 태생적으로 프로그램된 안전장치를 제어하는 방법으로 우리는 면역억제제라는 약물을 통해서 조절을 하기도 하지.

자! 이제 또 다른 방어체계인 지적 방어체계를 보자.

이 지적 방어체계라는 것이 바로 자존심이라는 안전장치란다. 이것이 무엇을 보호하는 장치인가? 면역체계가 본능적으로 우리의 몸을 보호하는 태생적인 장치라면, 이 자존심이라는 장치는 바로 우리의 생각과 가치관을 보호하는 본능적인 장치라고 할 수 있지.

이 자존심이라는 안전장치는 자신의 가치관을 보호하고 자신만의 자존감을 갖게 한단다. 그 자존감이란 것으로 인해서 우리가 빠지기 쉬운 열등감이나 의기소침, 주눅 등으로부터 우리를 보호하는 것이지. 따라서 우리는 아무리 외모가 잘나고 예쁜 사람을 만나거나, 유명한 사람이나 돈이 많은 사람들과 자신과의 비교에서도 당당하게 **'너는 너고, 나는 나다.'** 라는 **자존감**과 **자신감**을 가질 수 있는 것이란다.

위의 것들이 자존심이 갖는 순기능들이란다.

반대로 이 자존심이라는 것의 다른 얼굴을 보자.

참으로 다행스럽게도 자신의 가치관을 보호하는 정신적 면역체계에는 몸의 면역체계와는 달리 이성, 즉 생각하고 판단하는 능력도 함께 부여되었지. 따라서 타인의 충고나 경험으로부터 우리의 가치관을 수정하고 키워 갈 수

있게 되는 거란다. 그러나 이러한 이성적 판단을 할 수 있는 이성이 주어졌음에도 불구하고 우리 몸의 면역 체계처럼 나에게 해로운 것인가 유익한 것인가라는 판단 없이 무조건적으로 거부하는 것이 문제란다.

남의 의견에 동조되거나, 설득되는 것이 자신의 자존심에 상처가 된다고 생각하기 때문에 기를 쓰고 자신의 기존의 생각들과 가치관을 지키려 발악을 하게 된단다.

따라서 하늘을 보자고 손가락으로 하늘을 가리키면 많은 사람들은 손가락의 낀 때를 비난하기 시작하고, 심지어 하늘을 가리키는 검지의 길이가 짧다고 비웃기 시작한단다. 본질을 보는 것이 아니라 곁가지를 가지고 자신의 가치관을 지키려는 우매한 본능에 충실하려 하기 때문이란다.

남에게 작은 부탁도 못하고, 남에게 도움을 받는 것, 조금만 남이 충고를 하거나 작은 비난에도 기분 나빠하고, 의절까지 하는 빈약한 자존심을 가진 사람들을 우리는 '자존심이 세다.' 라고 말하지. 그러나 사실 그것은 잘못된 표현이란다. 잘못된 호칭이고, 명칭이란다. 사실 본질적으로 그들은 자존심이 빈약한 사람이란다. 크고 단단한 자존심을 가졌다면 작은 비난과 충고 등으로 상처를 받지 않겠지. 넉넉하고 여유가 있으니.

만약에 너희의 주머니에 5만 원이 있다고 가정해 보자. 친한 친구가 다가와 1,000원을 꿔 달라고 하면 쉽게 꿔 줄 수 있겠지. 왜냐하면 이미 너희는 5만 원이라는 큰돈을 가지고 있으니까. 그러나 너희가 가진 돈이 1,500원뿐이라면 쉽게 1,000원을 꿔 줄 수 있을까?

너희가 배부른 상태에서는 남겨진 빵 조각은 누구에게나 쉬 나눠줄 수 있는 여유를 갖는 것처럼 너희의 자존심이 유리잔이 아니라, 크고 단단하다면 그것을 건드렸다고 그리도 난리를 칠 필요가 있을까?

마찬가지란다. **인간관계에서 수많은 분쟁을 만드는 가장 많은 큰 이유, 바로 빈약한 자존심이란다. 빈약한 자존심은 때로는 많은 사람들이 왜곡된 세상을 살게 하는 거란다!**

생각해 봐라.

너희가 미워하는 사람들!

너희와 분쟁을 만들었던 사람들!

논쟁을 하고 싸웠던 친구들!

너희가 미워하는 친구나 선배 후배들을…….

많은 부분이 그들의 잘못이기보다 너희의 빈약한 자존심이 그들을 미워하고 증오하는 것은 아닌지를.

불행하게도 이 빈약한 자존심이 만드는 분쟁을 방지하거나 자신의 그릇을 키울 수도 있는 이 정신적 면역체계를 조절하는 약물은 그 어디에도 존재하지 않는단다. 또 그러한 약물은 앞으로 나오지도 않는단다.

왜?

그것을 조절하고 치료하는 약물 같은 조절장치가 이미 우리들 마음 속에, 생각 속에 존재하기 때문이지.

남의 충고에 귀 기울이고, 넉넉한 여유로 끊임없이 자신을 발전시켜 나가는 사람. 진정한 자존심의 소유자란다. 너희의 자존심을 크고 강하게 키워라! 너희의 자존심을 유리로 만들어 그것이 깨지고 상처 받을까봐 전전긍긍하는 짓을 경계하라!

아들아!
너희의 알량한 가치관을 고집하도록 만든 원초적 본능에 의해 지배되기보다 차가운 이성이 그 본능을 지배하게 하라!

감옥에 대하여
(채워진 너희의 잔에 대하여)

아빠가 해 주는 말이 자꾸만 겹쳐지고 반복되는 걸 느낄 거야. 그것은 모든 출발이 기본이 되는 하나에서 출발하기 때문이란다. 또 반복을 해서라도 강조를 하고 싶기 때문이란다. 아빠 생각의 출발이 근본적인 하나의 뿌리에서 출발하기 때문이란다. 비슷한 말이 반복될지라도 그것을 강조하는 것이라 생각하라.

어쩔 수 없는 사람! 참으로 답답하고, 불쌍한 사람! **그것은 자신의 잔을 가득 채우고 다니는 사람이란다.** 자기 자신만이 옳다고 생각하고, 자기 자신만이 잘났다고 생각하는 사람들, 보편타당한 상식의 선에서 이야기가 통하지 않는 사람들이 너무도 많단다. 자신의 생각 외에는 도통 귀 기울이려 하지 않고, 자신의 욕심 외에는 다른 생각을 할 수 없는 사람이 되어선 안 된단다. 고집불통인 사람이 되어서는 안 된단다.

돌아가신 교황 요한 바오로 2세도 벽창호 같은 사람, 고집불통인 사람들의 안타까움을 이렇게 표현했지.

'세상에서 가장 고약한 감옥, 그것은 닫힌 마음이다.'

마음을 닫아 버리고, 신념이라는 허상에 사로잡히게 되면, 도저히 어쩔 수 없는 사람이 되어 버린단다. 스스로 확신을 하면서 우물 속에 갇히는 사람들이란다.

여러 번 이야기했듯이 자신의 욕심만을 생각하고, 남에게 귀 기울이지 않

고, 남의 입장을 생각하지 못하는 사람이 바로 벽창호란다. 오직 자기 자신만이 잘났다고 생각하는 사람, 자신의 생각만이 절대로 옳다고 생각하는 사람들!

세상에 존재하는 가장 커다랗고 높은 벽! 어떠한 장비로도 부숴 버릴 수 없는 벽! 그것은 인간이 쌓는 마음의 벽이란다.

항시 너희의 잔을 비워 놓아라! 빈 잔을 들고 세상을 나서라!

그러나 중학생, 고등학생, 대학생, 새파란 새싹과도 같은 나이에 무엇이든 새로운 것을 담아 소화하고, 자신의 그릇을 키워야 하는 젊은 사람들마저도 서둘러 80이 넘은 노인들처럼 자신의 생각을 굳게 하고 자신의 잔을 가득

채워 놓은 사람들이 정말로 많단다.

우물 속에서 기어 나오려 애써야 하는 나이임에도 서둘러 우물을 파고 그 속에 갇혀 살려 하고, 자신의 잔을 비우고 키워서 끊임없이 새로운 것들로 채워야 하는 나이임에도 서둘러 자신의 잔을 가득 채워 놔 그 무엇도 담을 수 없게 만들어 놓는단다.

무엇인가로 가득 채워진 잔을 들고 서 있는 젊은이를 보는 것처럼 가슴 답답하고, 허망한 일은 없단다.

도대체 무엇이 누구로부터 무엇을, 어떻게, 얼마나 배웠기에 더 이상 배우기를 거부하는가? 무엇이 너희의 생각이 절대적으로 옳다고 고집 부리게 만드는가?

신념이란 무엇인가? 누구나 우리는 자신이 의식하든 의식하지 않던 간에 우리는 각자의 신념을 가지고 살지. 그것이 종교가 되던 인생관이 되던, 생각하고 사고하는 자신만의 정형화 된 틀을 가지고 산단다. 이 신념이라는 것은 약한 사람을 강하게 만들고, 어렵고 고단한 일들을 성공에 이르게 하며, 때로는 불가능해 보이는 위대한 일들을 성공시키는 지치지 않는 에너지의 원천이 되기도 하지.

그러나 우리가 경계해야 할 신념의 또 다른 악마의 모습은 자기 자신을 생각의 틀 속에 가두어 놓아 다른 모든 것으로부터 단절시키고, 그 결과 편협한 믿음이 되어 파국으로 내달리게 한단다. 한마디로 꽉 막힌 꼴통을 만든단다.

아빠도 **'신념을 갖고 살아라.'** 라고 너희에게 강조한다. 신념이 없는 말랑말랑하기만 한 생각으로는 우유부단한 사람만을 만들기 쉽기 때문이지.

그러나 너희 마음속의 양심이 말하는 **'잘못된 신념이다.'** 라는 양심의 절규마저도 무시하는 왜곡된 신념을 경계하려 함이란다. **신념의 다른 얼굴!** 그것은 꽉 막힌 벽창호이기 때문이란다. 꽉 막힌 벽창호와 신념의 얼굴이 전혀 다른 성격이면서도 그리도 닮은 얼굴을 하고 있는지!

상식을 벗어난 외골수! 그것을 신념이라 포장하지 마라.

서둘러 너희의 그릇의 뚜껑을 닫지 마라.

너희의 생각을 서둘러 근거도 없이 굳어지게 하지 마라.

서둘러 너희의 그릇을 완성시키려 하지 마라.

너희의 그릇을 비워 다른 이들의 지혜에, 의견에 귀를 기울여라.

신념을 가지되 잘못된 신념이라는 생각이 들면 언제라도 그것을 수정하려라는 열린 마음! 그것만이 너희의 신념이 되게 하라!

원숭이에 대하여

아프리카에서는 원숭이 사냥을 할 때, 주둥이가 좁은 항아리 속에 고소한 아몬드를 볶아 넣어서 땅에 묻어 놓는다고 한다. 그러면 원숭이가 내려와서 고소한 냄새를 맡고 손가락을 쫙 펴서 항아리 속으로 손을 넣어, 한 움큼의 아몬드를 잡게 되지. 한 움큼의 아몬드로 커다란 주먹이 된 원숭이 손은 아무리 용을 써도 좁은 항아리 입구를 빠져나올 수 없게 되겠지. 3~4일을 지나도 원숭이는 손을 펴 아몬드를 버리고 손을 빼내지 못한다고 한단다.

이것은 비단 원숭이에 국한된 것이 아니란다. **'나는 다르다.'** 라고 말할 수도 있겠지만, 아빠는 많은 사람들이 그 한 움큼의 아몬드 때문에 사업에, 인간관계에 실패하는 사람들을 많이 봤단다.

많은 실패들이 바로 이 욕심에서 출발을 하는 거란다. 사업에서 부도를 맞거나, 사기를 당하는 것들이 모두 이 작은 욕심에서 출발하는 것이지. 사람과 원숭이가 크게 다를 거라고 생각하니? 외려 원숭이보다도 단순한 사람도 많단다.

인류 역사의 발전이 이 욕심으로부터 발전해 왔지만, 항상 과도하고 어리석은 욕심은 많은 화의 근원이 된단다. 우리는 옛날에 비하면 왕처럼 살지. 모두들 차가 있고, 넓은 집이 있고, 맛있는 음식을 풍족하게 먹고, 풍족하게 입고, 그러나 모두들 불행하다고 생각한단다. 우리는 끊임없이 더 요구하지. 더 좋은 차, 더 넓은 집, 더 멋진 옷, 더 맛난 음식들…….

누구는 어떻고, 누구는 저떻고, 부럽다! 부러워.

상대적 빈곤감으로 우리는 슬퍼하지. 아빠도 슬퍼한단다. 부러워한단다. 그리고 무리를 하지. 남이 장에 가니 나도 똥지게를 지고 장을 따라 나서게 되지. 네가 가는 장, 나라고 못 가랴!

자기에 맞는 분수를 지켜야 하는 거란다.

이 똥지게는 다음에 이야기하자.

행복에 관한 이야기도 나중에 하자.

약속에 대하여

우리가 한 약속은 반드시 지켜져야 할까?

이것에 대한 회의(doubt)를 해보자.

우리가 만약 국회의원 때 한 약속을 지키려 애쓰는 대통령을 뽑았다면 우리는 성장하지 않는 사람을 뽑은 것이라고 할 수도 있지. 국회의원 때 한 약속을 대통령이 되어서도 지키라고 주장하는 것 역시 억지를 부리는 것이라 할 수도 있단다.

이 말은 위에서 말한 신의, 성실과 진실, 거짓이란 말과 상반되는 말 같기도 하지.

그러나 약속이어서 반드시 지켜져야 한다는 것은 아니란다. 세상엔 **'무조건'** **'절대로'** 라는 말은 없지.

부도 수표를 남발하듯 하라는 것이 아니란다. 우리는 잘못된 판단으로, 부족한 정보로 잘못된 약속을 할 수도 있단다. 지키지 못할 것이라는 것을 미리 알고 하는 약속은 나쁘고 사악한 약속이란다. 거짓 약속이란 미래에 지키지 못하리라는 것을 알고 하는 약속이다.

예를 들어보자.

어떤 정치인이 국회의원의 그릇에서 했던 약속을 대통령이 되어서도 지키려 애쓴다고 가정해 보자. 그 약속이 합당한 약속이라면 몰라도 혹여 국회의원의 좁은 시각에서 했던 약속이라면 커다란 그릇인 대통령이 되어서 같은

상황을 보니 국회의원의 위치와는 다른 수십, 수백 가지의 다른 정보와 고려해야 하는 상황이 많아지는 것은 당연하겠지. 부족한 참고사항과 정보들로 인한 잘못되고 부족했던 약속이었다면 그것은 수정되어야 한단다.

잘못된 약속을 **'약속은 약속이다.'** 라고 지킬 수는 없는 거란다. 사람은 끊임없이 성장하기 때문이란다. 국회의원의 그릇에서 한 약속을 지키려 애쓴다면 어쩌면 우리는 성장하지 않는 국회의원의 그릇을 대통령의 그릇으로 쓰는 것인지도 모르지.

또 다른 예를 들어보자. 아빠가 약속을 했어. '전교 1등을 하면 매일 아이스크림을 사주겠다.' 라고. 너희는 1등을 했고, 약속대로 매일 아이스크림을 사달라고, 그 약속을 지키라고 했다고 치자. 아이스크림이 달콤함을 주는 것 이외에 아무런 문제가 없다면, 당연히 그 약속은 지켜져야 하지. 그러나 어느 날 청소년이나 어린아이들이 매일 아이스크림을 먹는 것은 심각한 당뇨나 소아비만을 야기한다는 뉴스를 아빠가 들었어. 약속을 할 당시에는 '아빠는 절대로 약속을 지킬 것이다.' 라고 다짐을 했지만, 위의 새로운 정보가 심각하게 고려된 상황이 아닌 것이지. 아빠는 약속을 지키기 위해서 아들들이 당뇨나 소아비만에 걸리는 것을 알고도 너희와의 약속을 지켜야 할까? **'아빠는 아이들과 한 약속은 반드시 지켜야 한다.'** 는 그런 좋은 아빠가 되어야 할까?

약속을 지켜 손해가 나는 약속이라고 해서 그 약속을 수정하고 어기라는 말이 아니란다. 약속을 지켜서 손해가 나고 약속을 어겨서 이익이 되는 약속을 깨라는 말이 아니란다. 나의 이익과 손해와는 무관한 약속의 수정만을 하라는 것이란다. 부족한 정보나 잘못된 판단으로 약속된 것을 수정하라는 거란다.

'악법도 법이다.' 와 **'약속은 약속이다.'** 를 혼동하지 마라.

약속은 예상보다 길게 잡아라.

우리가 약속을 하고 늦게 되면 보통 **'아, 미안합니다. 10분만 기다려 주십시오.'** 라고 말하지. 우리는 보통 급한 마음에 20분 걸릴 시간을 10분만 기다려 달라고 하지. 그리고 20분 늦게 되면, 상대는 정말로 실망을 하는 거란다.

그렇게 말하지 말라! 10분이 소요될 시간이면 20분을 기다려 달라고 말하고, 10분 내에 도착을 하라. 늦었을지라도 서둘러 왔다는 감동을 줄 수 있단다.

만약에 사업을 하게 되면, **'사업을 시작했으니 많이 도와주십시오.'** 라고 말하지 말라. **사업의 시작으로 '이제 제가 도와드릴 일이 있겠습니다. 무엇을 도와드릴까요.'** 라고 말하라.

같은 일이라도 상대가 너를 도운 것이 아니라, 상대가 너희에게 도움을 받았다고 생각될 것이다.

무지개에 관하여

(사랑에 관하여)

아빠는 '사랑은 신이 만든 최대의 사기'라고 믿고 있지.

사랑의 정의는 우리가, 너희가 또 너희 자손 대대로도 풀지 못할 영원한 숙제이고, 잡으려 애쓰는 무지개 같은 존재인 것이며, 우리가 또 우리의 자손들이 그것으로 인해 영원히 아파해야 하는, 인간의 태초부터 지니고 태어난 원죄 중의 하나일 것이다.

엄마가 너희에게 주는 사랑도 사랑이고, 남녀 간의 사랑도 **'사랑'**이라고 호칭을 한다고 같은 사랑이라고 착각하지 마라. **영원한 것, 그것은 엄마가 너희에게 주는 사랑뿐이란다.**

동서양을 통틀어서 영원한 사랑을 잡은 사람은 수천 년의 역사를 통해서도 하나도 찾아볼 수가 없단다. 또 그 사랑의 정의를 정확히 정답으로 풀어 놓은 현자나 위대한 철학자도 없단다. 그 이유가 무엇일까?

사랑에는 정답이 없기 때문이지.

사랑에 대한 정의는 각자가 풀어 적어 놓은 주관식 정답과 같은 것이며, 그 주관식 빈칸에 채워 넣는 정답들, 그것이 각자 사랑의 정답인 것이란다.

우리는 사춘기가 되면 누구나 사랑이라는 원죄의 문제를 풀기 위해 애를 쓰고 고민을 하지. 심지어 어떤 이들은 여자 때문에, 또는 남자 때문에 목숨을 버리기도 하지. 참으로 우매한 일이지.

너희가 여자 친구를 사귀고, 연애를 하면서 많은 시간을 탕진한다면, 그것

은 참으로 어리석은 시간의 사용이 된단다. 많은 여자들은 자신에게 목숨이라도 걸기를 희망하지. 그러나 여자에게 목숨을 거는 놈! 어리석은 팔푼이 놈이란다.

많은 중년의 사람들도 중매로 결혼한 것을 은근히 부끄럽게 생각하기도 한단다. 연애를 한 것을 은근히 자랑스럽게 생각하기도 하고. 그러나 사실 그것은 아무것도 아니란다.

자기네끼리 클럽이나 도서관에서, 직장에서 만나 연애하다 결혼하는 것은 자랑스럽고, 누구의 소개로 만나 연애하다가 결혼한 것을 은근히 부끄러워하기도 한단다. 오랜 기간 사귄 것이 자랑거리가 될 수 없으며, 짧은 기간의 사귐이 부끄러운 것이 될 수도 없단다.

여자 친구 사귀는 것을 단순히 남자 친구를 사귀는 것처럼 해라.

'접근하면 거부하고, 무관심한 사람을 사랑하는 것이 여자의 일반적인 상식이다.' 라고 돈키호테의 작가 세르반테스는 말했지.

어느 여자를 좋아한다고 너무 집착하고, 접근하지 마라.

어떤 여자를 좋아한다고 그를 좋아한다고 말하지 마라.

고백을 하는 순간! 그것은 열어 본 상자가 되어 버린단다.

열어본 상자! 내용물을 확인한 상자는 이미 관심 밖이 되어 버리는 거란다.

그래서 얻는 것이 없단다. 그는 멀어질 뿐이란다. 무관심하게 대하라. 차라리 차갑게 대하는 것이 그녀에게 집착하고, 고백하는 것보다 그녀를 얻을 확률이 높단다.

유행가 가사가 있지. **그대 앞에만 서면 왜 나♪는 작아지는가? 그대 등 뒤에 서면 내 눈은 젖어 드는데♪……**

사랑이라는 단어는 단 하나도 쓰지 않았지만, 수백 번의 사랑의 단어를 동원한 것보다 애절한 사랑을 느끼게 하지. 앞으로도 수억 년을 우리 인류가 존재하는 한, 우려먹을 수 있는 것이 이 사랑이라는 것이란다. 볶아 먹고, 지져 먹고, 끊임없이 우려먹을 수 있고, 그러고도 영원히 고갈되지 않는 것이 이놈의 사랑이라는 단어를 표현하는 방법이란다. 질리지도, 지루하지도 않지.

다시 말하지만 세상에 영원한 사랑은 엄마가 너희에게 베푸는 사랑뿐이란다. 남녀 간의 사랑도 똑같이 **'사랑'**이라는 단어를 쓴다고 해서 착각하지 마라.

사랑한다면 진실해야지, 왜 자신의 감정을 감춰야만 하지? 어리석고 순진한 반문이란다.

많은 사람들은 너무 쉽게 사랑을 잡을 수 있다고 믿고 있지. 그것들이 도처에 있기 때문이란다.

어디에?

TV의 드라마 속에,

영화 속에,

또 유행가 가사 속에,

소설 속에…….

끊임없이 만들어 내는 사랑에 대한 노래들, 드라마들, 소설들. 무늬만 바

꿔서 다시 사랑을 이야기하고, 노래해도 끊임없이 열광하고, 환호하지.

총맞은 것 ♬처~어♪~~럼!

그렇게 사랑은 존재한단다. 무지개처럼……

손을 뻗으면 잡을 듯이…… 잡힐 듯이 ……

그러나 무지개처럼 존재하되, 그것을 영원히 잡은 사람은 없단다. 무지개를 잡은 사람이 있을까?

설사 있다 한들 유효기간 1, 2년짜리, 한시적인 사랑을 잡은 사람들이란다. 우리는 누구나 사랑을 꿈꾼단다. 그것을 잡은 것 같은 사람들이 너무 많기 때문에.

어디에?

춘향전 속에,

로미오와 줄리엣과 같은 소설 속에,

수많은 드라마들 속에, 영화 속에…….

그러나 그것을 잡았다고 웅변하는 사람들마저도 서둘러 커튼을 쳐 결말을 내린단다. 유효기간이 있는 그것이 변할까 봐서. 서둘러 마술을 마치는 것처럼 그 실체가 드러나는 것이 두려워서…….

춘향전에서 이도령과 결혼을 하고 난 이후의 사랑을 다루지 않고, 로미오와 줄리엣의 사랑도 서둘러 죽음의 결말로 영원히 고정시키려 애쓰는 것이란다. 유효기간이 끝나지 않도록 영원히 냉동 보관해 놓은 박제 같은 사랑이란다.

고난과 역경이 있는 사랑을 아름답다고들 하지! 변학도가 춘향이의 사랑을, 김중배가 심순애의 사랑을, 집안의 갈등이 줄리엣의 사랑을 빛나게 한 것뿐이란다.

로미오와 줄리엣이 결혼까지 했더라면, 줄리엣이 아마도 이랬을지도 모르지. "이그! 저 인간 때문에 내가 약을 먹고 죽으려 했으니. 미쳤지……."

모든 것은 퇴색되고, 변질되는 거란다. 아빠도 젊은 시절 엄마가 아닌 다른 여자와 사랑이란 걸 했었단다. 그것이 사랑이라고 확신했지. 많은 시간을 탕진하고, 방황하고. 아빠는 깨달았단다. **아! 내가 그 여자 자체를 사랑한 것이 아니구나!** 아빠가 지금까지 가져온 환상을 그 여자에게 뒤집어씌우고 그 여자의 실체가 아닌 내가 가졌던 그 환상을 사랑했었구나.

사랑도 감정이란다. 영원할 것 같던 감정! 변하는 것이란다. 진정한 사랑이라고 믿고 죽을지라도 결국엔 돈키호테의 허상일지도 모르지.

우리가 목숨처럼 이루고자 싸우는 인생의 목표들도 결국엔 풍차의 허상인지도 모르듯이.

우리가 목숨처럼 사랑하는 여인도 허상인지 모른단다. 돈키호테가 술집 작부를 공주로 알고 사랑했듯이…….

현실과 허상을 구분하지 못하며 살아가는 것이 어디 비단 돈키호테뿐이랴! 우리 모두의 삶이 그러한지도 모르는 것이란다. 우리들이 추구하는 삶의 이상도, 목표들도 결국엔 돈키호테가 돌진했던 풍차일지도 모르듯이…….

우리가 목숨을 걸고 사랑하는 이도, 결국엔 술집 작부를 공주로 알고 사랑한 돈키호테의 사랑인지 모르듯이……

어쩌면 그것이 아빠가 내리는 사랑의 결론일지도 모른단다. 인생의 결론인지도 모른다.

환상과 허상!

외모만 보고, 빠지는 사랑은 환상이란다. 첫눈에 반한 사랑이면 더더욱 싸구려 환상이란다. 그가 뭘 어쨌는데? 얼굴만 보여줬는데, 사랑한다고 난리를 치지? 싸구려란다. 환상이란다. 단순한 호감을, 단순한 끌림을, 우리는 사랑이라고 말하는지도 모른단다. 우리는 본능적으로 짝을 찾는 능력이 있다고 착각한단다. 그리고 확신한단다. 운명이라는 이름으로.

우리는 신뢰와 믿음으로 사는 거란다. 사랑은 단지 남녀 관계를 시작시키는 불씨와 같은 것이라고 할 수 있지. 모두 첫사랑은 아름답다고 하지. 첫사랑이라서 아름다운 것이 아니란다. 이루어지지 않은 사랑, 즉 유효기간이 끝나는 시간까지 유지시키지 못한 사랑이기 때문일 뿐이란다. 아름다움이 아니라, 실상 그것은 끝까지 가보지 못한 미련의 찌꺼기란다. END까지 보지 못한 영화는 언제까지나 미련으로 남는 것처럼.

만약 너희에게 첫사랑의 추억이 있거든, 절대로 그 첫사랑을 다시 만나지 마라. 로미오와 줄리엣의 사랑이 끝까지 어찌되었는가를 들으려, 알아보려 애쓰는 것과 같고, 춘향과 몽룡이 나중까지 어찌 살았는가를 알아보려는 짓과 같단다.

종말까지 본 영화, END의 글자까지 확인한 영화! 더 이상 미련이 있을 수 없는 거란다.

너희의 기억 속에 단발머리, 솜털 뽀송한 18살 그녀를 남겨 두어라. 갈증으로 남겨 두어라. 다시 한 번 보고 싶다는, 만나보고 싶다는 갈증! 불현듯 잠을 깨게 하는 가슴 에이는 갈증, 그대로 두어라.

해소되지 않은 타는 갈증으로…….

갈증은 해소되지 않은 갈증으로 남을 때, 온전히 갈증으로의 가치가 있는 것

이란다. 만약 그녀를 다시 본다면 너희에게 갈증으로 남아 있을 첫사랑의 환상은 물을 마시면 갈증이 사라지듯, 늙어 찌그러진, 환상 깨진 그녀의 모습은 더 이상 너희에겐 갈증으로 남아 있지 않을 것이니…….

사랑의 정의는 영원히 우리의 자손들이 아파하고 고뇌해야 하는 영원한 풀 수 없는 운명의 숙제이며, 영원한 드라마의, 영화의, 시의, 소설의 테마가 되는 거란다. 그것은 정답 없이, 영원히 풀리지 않는, 운명 같은 갈증이기 때문이지.

강렬하게 다가오는 임팩트(impact) 있는 운명 같은 사랑만을 꿈꾸지 마라. 무엇이 진정한 사랑인가를 결정지으려고도 하지 마라.

불 같이 타오르는 사랑!

거친 파도처럼 밀려오는 사랑!

반딧불 같은 사랑!

잔잔한 호수의 물결 같은 사랑!

다 의미가 있는 사랑이란다. 이것이 아빠가 내린 사랑의 정의란다. 이것을 너희에게 강요하고 싶지는 않단다. 다만 참고만을 부탁하자.

너희는 나중에 너희의 자식들에게 어떠한 너희의 결론을 이야기해 줄지 너희의 경험과 결론이 궁금하다.

아들아!

사랑하고, 아파하고, 고뇌하고, 실패해 봐라!

그 아픔이 너희의 삶을 풍요하고 심도 있게 할 것이니.

너희를 키우는 자양분이 되리니…….

사랑의 실패를 모르는 자! 그 아픔과 고통을 경험해 보지 못한 자!

어찌 그들과 인생을 논하고, 철학을 이야기하랴!

허나 사랑이라는 허상의 무지개에 너희 열정의 많은 부분을 탕진하지는 말아라.

잣대에 대하여

사람은 누구나 자신만의 세상을 살아가는 나름의 **잣대**가 있는 거란다. 그 잣대로 세상의 모든 상황과 또 너희가 선택하는 모든 것들을 판단하는 기준이 되는 것이지. **각자가 가지고 있는 가치판단의 기준!** 이것을 우리는 **'가치관'** 이라고 하지.

세상을 판단하는 이 '가치관' 이라는 것은 작게는 우리가 생각하고 행동하고 판단을 하게 할 뿐 아니라, 옳고 그름을 판단하게 하며, 심지어 나와 연관되든, 연관되지 않든 간에 우리의 오감을 통하여 들어오는 모든 정보들을 판단 분석하고, 나름의 결론을 내리게 하는 아주 중요한 줄자와 같은 역할을 하는 것이 바로 각자가 지닌 가치관이란다.

이 '가치관' 이라고 하는 것은 인간 각자가 주체적이고, 주관적으로 세상을 살아가는 데 절대적으로 필요한 거란다(앞서 이미 우리는 자존심이라는 것을 이해했고, 이 자존심의 순기능과 역기능에 대해서도 아빠는 역설을 했지.). 따라서 사람들은 이 중요한 '가치관' 을 쉽게 바꾸려 하지 않을 뿐 아니라, 속칭 말하는 '자존심' 이라는 철옹성과 같이 단단한 안전장치 속에 '가치관' 이라는 것이 자리 잡도록 구성되어 있단다.

가치관이라는 것은 사람이 태어나고 **'자아'** 라는 것이 생기면서 자동으로 생성되며, 그것을 키우고 성장시켜 확고하게 자리 잡게 되는 것이지. 자신의 가치관을 지키고자 하는 정신적 면역체계인 자존심이라는 장치는 우리 몸의 면역체계 그것과 한 치의 어긋남이 없이 동일하게 작동된단다.

마치 다른 혈액형의 피 또는 이물질이나 병균들이 우리 몸에 들어오려고 하면 즉시 거부 반응을 보이는 면역 체계처럼 즉각적이고 신경질적으로 거부 반응이 작동하게 되어 있는 것이지. 따라서 사람들은 절대로 상대의 충고나 자신과 다른 이론에 동조하기가 쉽지 않은 거란다. 상대가 충고를 하거나 상대의 논리를 펴거나 주장하게 되면, 즉각적으로 **'자존심'** 이라는 장치가 작동되어 상대의 의견을 들으려고도, 이해하려고도 않게 되는 것이지.

그래서 쥐뿔도 모르는 너희도 아빠나 선생님 또는 선배들이 충고를 하거나, 너희를 가르치는 논리를 펴려고 하면, 그 말들을 듣고 싶지도 않고, 본능적으로 거부 반응이 생기게 되는 거란다.

너희가 가지고 있는 '자존심' 이라는 안전장치가 너무 잘 작동되도록 방치하게 될 때 발생되는 역기능들을 생각해 보자.

첫째, 사람을 고집불통으로 만들 가능성이 크단다.

둘째, 정신적으로 성장하지 못하게 될 가능성이 크단다.

셋째, 왜곡되고 잘못된 줄자를 가지고 모든 것을 측정하게 되니, 매사가 왜곡된 판단을 할 수밖에 없게 된단다.

넷째, 자신이 경험하고, 느낀 점만을 믿게 되어, 사람을 점점 외골수로 만들 가능성이 크단다.

이러한 초보적인 안전장치를 극복하는 방법은 무엇일까? 그것은 각자 나름대로 가지고 있는 '가치관' 이라는 것이 과연 올바른 눈금으로 그려진 올바른 잣대인가를 스스로 자문하고, 수시로 점검하여 올바른 잣대로 수정하려 노력하는 자세란다.

즉, 본능에 지배되어 무조건 안전장치가 작동되도록 내버려두는 것이 아니라, 너희의 차가운 이성이 판단을 하여, 선별적으로 안전장치가 작동되도록 하는 것이지.

너희가 가지고 있는 잣대의 눈금이 정확한지를 스스로 체크하고, 점검하려는 자세를 너희가 갖기를 간절히 희망한다.

항시 어떤 결론을 내릴 때에는 혹여 내가 미처 고려하지 못한 상황이나, 다른 시각이 있을 수 있지는 않는가?

또 다른 지혜로운 의견이 있을 수 있지 않을까 하는 두렵고, 조심스러운 마음으로, 또 언제든 지금의 결론이 잘못된 결론이라는 것을 알게 되면 즉시 그 결론을 수정하리라는 열린 마음으로 결론을 내려라!

너희가 주장하고 지지했던 생각들이 잘못되었다는 것을 아는 순간, 또 깨닫게 되는 순간, 그 즉시 너희 잣대의 눈금을 수정하려 애써라.

수정할 수 있는 기회를 소리쳐 기쁘게 생각하라. 얼굴이 굳어 '이놈이 나를 가르치려 드네.' 라는 초보적인 본능이 너희의 이성을 지배하게 하지 마라. 잘못된 생각이라면 그 자리에서 바로 인정하고 수정하라. 자존심에 상처를 입었을지라도…….

진정한 자존심이란 스스로를 존중하는 마음이란다. 상처받지 않도록 자신을 보호하는 것이 자존심이 아니란다. 잘못을 인정하고 수정해 자신의 그릇을 키우는 것이 진정한 자존심이란다.

사람들은 완벽하게 논리적으로 왜곡된 생각이라는, 논리적으로 정확히 패배한 생각들을 끌어안고, 끊임없이 변명거리를, 반박거리를 찾기 시작하지. 밤을 새워 가면서…….

'흠! 한 수 배웠네!' 하는 열린 마음으로 받아들여라. 인생에서의 찬란한 영광은 실패하지 않는 것이 아니라 실패와 좌절에서 오뚝이처럼 다시 일어나는 것이듯, 처음부터 잘났다고 고집하는 것이 아니라, 남들로부터 배워 자신의 그릇을 키워 가는 것이란다. 작은 부탁도 잘 하지 못하고, 자신에게 가해지는 작은 비판과 비난에도 참을 수 없어 하는 것은, 자신의 자존심이 아주 빈약하고 허약한 것이라는 것을 반증하는 거란다. 그것들을 지키려 단단한 갑옷으로 감싸려 애쓰지 마라.

자존심이 크고 넓다면, 어떠한 비난과 비판도 당당하게 받아들일 수 있어야 하는 거란다. 언제든 너희가 가지고 있는 '너희 나름의 인생의 잣대'의 눈금을 수정할 수 있는 기회를 기쁘게 생각해라. 잘못을 알고도 인정하지 못하고, 억지를 부리는 사람들을 많이 봤단다.

자신의 생각이 잘못됐다는 것을 알고도 그것을 인정하지 못하는 사람! 작은 그릇이란다. 클 수 없는 그릇이란다.

스스로 그릇을 키울 수 있는 기회의 뚜껑을 닫아 놓고 사는 닫힌 사람이란다.

절대로 배웠다고 부끄러워하지 마라. 배웠다고 자존심 상해하지 마라. 너희는 절대로 완벽한 사람이 아니란다. 아빠는 너희를 완벽하게 태어나게 하지도 못했고, 완벽하게 가정교육을 시키지도 못했다. 너희는 그 어디서든 누구에게든 배우는 일에 감사하라. 너희의 잘못된 눈금을 수정할 수 있는 기회에 **소리쳐! 소리쳐! 소리쳐!** 기쁘게 생각하라.

어떠한 근거로 너희가 가진 가치관이라는 눈금이 절대로 옳다는 어리석은 신앙을 갖는가? 무엇이 그토록 너희를 아집에 빠지게 하는가?

뚜껑을 닫지 마라. 뚜껑을 닫는 순간 너희의 성장은 정지하는 것이란다. 아빠도 선생님도 지혜로운 너희의 선배들도 누구도, 무엇으로도 너희의 그릇에 채워 줄 수 없게 된단다. 뚜껑을 닫는 순간, 너희가 옳다고 확신하는 순간, 너희의 성장은 멈추는 거란다.

헤세도 말했지. "새는 알 속에서 빠져 나오려고 싸운다. 알은 하나의 세계이다. 태어나고자 하는 자는 하나의 세계를 파괴하지 않으면 안 된다."

그렇단다. 자신을 감싸고 있는 고정관념, 그 껍질을 깨지 못하면 넓은 세상을 향해 날갯짓 할 수 없는 거란다. 고정관념의 틀 속에 박혀 평생을 헤어나지 못하게 된단다. 세상을 바라보고 판단하는 눈금이 잘못되면 너희의 인생을 얼마나 왜곡되게 할 수 있는지 모른단다. 수시로 너희의 눈금을 되돌아보고, 의심하고, 수정하는 일을 게을리 하지 마라.

배우기를 거부하지 마라. 아빠가 떠버리는 이 책의 모든 내용이 너희의 가치관의 잣대에 바람직한 눈금을 갖게 하려 함이란다. 아빠의 말들이 옳은 눈금을 가지게 하는 기준이 될 수는 없으나, 적어도 이것들의 바탕 위에서 더 배우고, 더 열린 마음으로 매일매일 너희 가치관의 눈금을 점검하는 일에 매진하라.

너무나 많은 사람들이 그들의 사고와 생각을 닫고 산단다. 그리고 자신이 옳다고 생각한단다. 도대체 무슨 근거로...

아빠도 오페라를 이해하지는 못한단다. 서너 시간씩 시간과 돈을 투자하면서 오페라를 즐길 만큼 그 가치를 느끼지 못한다.

그러나 오페라를 보느니 차라리 집에서 영화를 다운받아서 보는 것이 낫다는 어리석은 주장을 하지는 않는다.

내가 이해하지 못하는 오페라를 폄하하기보다는 오페라를 이해하지 못하는 아빠의 낮은 수준을 한탄하는 것이 지혜롭고 이치에 맞기 때문이란다.

세상에서 가장 고약한 감옥! -그것은 닫힌 마음이다.'
세상에서 단단한 벽!-그것은 굳어진 생각의 벽이란다.'
세상에서 가장 어리석은 판단을 내리게 하는 생각 - 그것은 고정된 관념이다.

청바지에 대하여

'파란바지' 라고 다 청바지는 아니란다. 청바지에도 품질과 기품이 있단다. 오천 원짜리 청바지와 몇 십만 원이 넘는 청바지가 있지.

물론 가격이 비싸다고 무조건 품질이 좋은 청바지라고 볼 수는 없지만 청바지와 같이 사람에게도 그 품질이 있단다.

인간에게 있는 그것을 우리는 **품격**이라고 하지.

인간으로서의 존엄성은 많이 배운 사람이든 지위가 높은 사람이든, 돈이 많은 사람이든 명예가 높은 사람이든, 반대로 가난하거나 불구이든, 무식하거나 어리석든지 그 존엄성은 정말로 똑같은 거란다. 학력이나 돈, 명예로 사람의 품질을, 품격을 나누거나 논할 수는 없단다. 또 절대로 그렇게 해서도 안 되는 거란다. 하지만 인간 각자의 품성, 즉 생각이나 행동에 따라서 우리는 품격을 구분할 수가 있단다.

힘 있다고 약한 친구를 괴롭히는 놈.

공부 좀 한다고 뻐기고, 건방지게 구는 놈.

돈이 많다고 가난한 친구를 무시하는 자.

힘이 있다고 약한 사람에게 강하고, 오만하게 구는 놈.

권력이 있다고 함부로 구는 자.

자신이 칼자루를 쥐었다고 인정사정을 봐주지 않는 자.

자신만 잘났다고 허영을 부리는 자.

만날 때마다 잘난 체를 하는 자.

타인을 이유 없이 무시하고 친구를 무시하는 자.

앙앙거리며 작은 손해도 보지 않으려고 하는 아줌마.

치렁치렁 허영으로 무식과 천박을 가리려 하는 여자.

잘난 체로 은근히 남을 무시하고 친구를 무시하는 사람.

겸손과 교양을 모르고 콧대 높은 척하는 여자.

나만 알고 남을 배려할 줄 모르는 천박한 사람.

남의 논은 타 죽거나 말거나 오직 내 논에만 물을 대려는 자신의 입장만 아는 사람.

알지 못하는 사람이라고 무례하게 구는 자.

남자에게 무례하게 대하는 것이 도도한 행동인 것으로 착각하는 된장의 여자들.

가장을 아침을 굶겨 내보내고도 개기름 흐르는 얼굴로 늦잠을 자는 결혼생활의 기본도 모르는 머리 빈 추악한 여자들.

어찌 다 나열하랴! 전부 다 시장의 떨이로 파는 파란색 바지 수준의 품질인 사람들이란다. 인간은 각자가 가진 품질이 있단다. 품격이 있단다.

너희는 너희의 친구들로부터 인생을 이야기하고, 철학을 논하고, 고민을 상담할 수 있는 친구로 비추기를 원하니?

아니면 그저 쉬운 이야기인 신변잡기나 떠버리는 단순한 대상으로 비추기를 원하니?

너희가 너희의 친구들에게 어떠한 품격의 사람으로 평가받는가 한번쯤 생각해 볼 일이다.

아들들이 적어도 체면과 품위를 존중하고, 염치를 아는 사람으로 성장하기를 희망한다.

적어도 나 편하자고 아무렇지도 않게 새치기를 하고, 남들의 뜨거운 시선보다 부끄러운 편안함이 낫다는 생각으로 지하철의 빈자리를 향해 급하게 뛰어가는 저급한 사람 중에 하나로 성장하지 않았으면 좋겠다.

사람에게는 인정과 사정이라는 것이 있어야 한단다. 전쟁에서 이겼다고 장수의 가족까지 죽이는 일은 참으로 천박하고 저급한 인간 중에 하나란다.

자기가 절대적으로 유리한 입장이라고 해서 불리한 입장에 있는 자에 대한 배려가 없어서는 안 되는 거란다.

너희가 칼자루를 쥐었다면 상대를 배려하라.

칼자루를 쥔 자가 함부로 휘두르는 칼에는 여러 사람이 다치는 법이며, 유리한 입장에 있는 자는 아량으로 상대의 인정과 사정을 헤아릴 수 있어야 멋진 청바지란다.

기품 있는 청바지란다.

2촌에 대하여

말 한마디의 작은 실수와 자그마한 오해로 형제 관계가 남보다도 못하게 지내는 사람들이 주위에는 너무나 많단다. 형제는 너와 피를 나눈 이 세상에 존재하는 단 한 명이란다.

형제에게 어떠한 기대를 하지 마라! 기대를 가지면 그 기대가 스스로 불평과 불만을 만들고, 그것을 키우는 법이란다.

형제에게는 그저 손해를 보려는 자세를 가져라. 친구나 다른 모든 관계에서도 자신이 그저 조금 손해를 봐도 좋다고 생각을 해라.

동생이라서 베풀어 주고, 형이라서 베풀어 준다는 생각을 해라. 작은 생각의 차이가 유산의 분배와 같은 작은 욕심이 또 오해가 십 수 년을 같이 살고 성장해 온 가족들과 형제와 갈등과 반목을 하게하고 부모 형제와도 의절하게 한단다.

어떠한 오해가 있더라도 마음속에 담아 두지 말고 그때그때 이야기를 해서 풀어라. 혼자만의 생각과 오해는 서서히 콘크리트가 굳어지듯이 확고한 아집으로 굳어진단다.

형제와 자매는 어떠한 경우라도 서로 손해를 보려고 노력하라.

대가 없이 베풀어 주려고 노력하라. 부모가 자식에게는 무한한 애정을 베풀듯이 동생과 형, 누나와는 어떠한 거래나 조건 없는 사랑만을 제공하라.

부모 유산의 욕심으로 형제간에 갈등을 만드는 사람은 마치 죽은 부모의 육신을 다른 형제들보다 조금이라도 더 많이 떼어내 저녁 불고기로 자신과

자식에게 먹이려는 짓과 진배없는 짓이다

할아버지가 해 주신 말씀이란다.

'부모와 자식의 관계를 1촌이라고 한다. 형제는 2촌이라고 한다. 세상에서 가장 가까운 관계로 모든 인간이 태어나면서부터의 관계인 부모, 그 다음의 시발점이 되는 것이지.'

부부는 무(無)촌이라고 한다. 부부는 촌수를 나눌 수 없이 가까운 사이인 동시에 언제든 남남이 될 수 있는 사이라서 무촌이란다.

아빠는 2촌인 너희의 삼촌들과 고모들과 어떻게 지내고 있는가?

무조건 양보하고 베풀어 주는가?

아빠도 반성할 일이지.

문제와 갈등에 대하여

아들아!

어쩔 수 없이 해야만 하는 일들을 묵묵히 실행해 나아가는 것들이 우리가 세상을 살아가는 과정이란다.

우리가 살아가는 일생에 하고 싶은 일들과 해야만 하는 일들! **그 태반은 하고 싶은 일들이 아니라, 해야만 하는 일들이란다.**

그것은 우리의 의지와 목표를 가지고 해야 하는 일들을 스스로 계획하고 태어난 것이 아니기 때문이기도 하단다.

어떠한 일이든 도망갈 수 없다면 그 일을 능동적으로 즐기면서 일하라! 세상엔 어쩔 수 없이 해야 하는 일이 너무나 많단다. 그 일들 모두를 회피하고 그것들로부터 도망을 갈 수도 없단다. 닥치는 문제마다 피해가려면 곧 삶을 포기하는 일이 될 테니까.

힘들고 어려운 일일지라도 피하려 하지 말고, 즐기면서 적극적으로 대처해라. 기왕에 해야 할 일들이라면 질질 끌려 억지로 하지 말고 적극적으로 즐기면서 하라!

세상은 문제 덩어리란다. 문제가 없다면 갈등도 고민도 없단다. **우리가 세상을 살아가는 과정이 곧**, 우리에게 닥쳐오는, 수많은 문제를, 갈등을 풀어가는 과정 이란다.

반복된 이야기지만 우리에게 다가오는 수많은 문제들과 갈등을 올바르고 현명하게 해결해 가는 과정 즉 문제의 해결능력!

그것을 위해 나는 목소리 쉬도록 너희의 그릇을 키워가라고 웅변을 한다.

죽은 자들에게 문제와 갈등 그리고 시련들이 닥칠까?
문제와 갈등들, 그것들은 우리가 존재하는 이유란다.
우리가 살아 숨 쉬고 있다는 건강한 증거들이란다.
너희에게 닥쳐오는 시련과 갈등을 원망하거나 한탄하지 마라!
그것들은 너희가 살아 있음을 끊임없이 확인시켜 주며, 너희를 끊임없이 키우고 성장시키는 것들이란다.

절대로 군대를 가지 마라!

단언하건대 아빠는 절대로 너희를 군대에 보낼 것이다. 필요하다면 청탁을 하거나 뇌물을 써서라도…….

아빠가 유일하게 뇌물과 청탁을 동원하는 일이 있다면 그것은 너희가 군대를 가지 못할 때가 될 것이다.

군대에 가는 것을 두려워하지 마라!

피하려 하지도 마라!

아니 아빠가 살아 있는 한 피할 수도 없다.

남자가 태어나 젊은 시절 국가를 위해, 또 너희의 가족인 아빠 엄마의 안녕을 위하여 20여 개월 정도 희생하는 것은 정말로 멋진 일이 아닐까? 군대 생활의 20여 개월은 분단국가인 우리나라 젊은이들에게 기회비용으로 주어지는 특별한 혜택과도 같은 **아주 좋은 자아성찰의 시간이고 또 기회란다.**

군대를 갔다 오면 모두들 철이 든다고 하지. 그러나 그것은 천리행군도, 입에서 단내 나는 유격훈련의 덕도 아니란다. 물집 잡힌 발에 또다시 물집이 잡히는 특별한 고생을 해서도 아니란다.

군대 생활을 하는 동안은 미래와는 단절되고, 오직 현재와 과거만이 존재하기 때문에 20여 년간의 너희의 과거생활을 되돌아보고, 후회하고, 반성할 수 있는 아주 좋은 시간일 뿐 아니라, 앞으로 시작될 미래를 설계하고 고민해 보는 아주 좋은 기회란다.

아! 고등학교 때 공부를 더 열심히 했더라면, 그때 엄마에게 대들고 철없이 굴었구나!

앞으로 나의 인생은 어찌될 것인가?

어떻게 나의 인생을 개척해 나갈 것인가?

이러한 과거의 반성과 미래에 대한 고뇌로 인간은 성장하는 것이란다.

아빠가 훈련병 시절.

(석양을 등지고 화단의 경계 턱에 걸터앉아 아무렇게나 풀어헤쳐 입은 군복으로 가장 멋지게 고독을 즐기는 듯이, 병영의 소소한 일들에 달관한 듯이,

초점 없는 눈으로 먼 산을 응시하던 말년 병장의 팔뚝 위에 가지런히 수놓아진 네 개의 빨간 작대기가 어찌나 눈부시게 빨갛게 보이던지……)

군대를 가지 마라!

피할 수 있으면 피하라!

군대는 썩는 기간이라고 말하는 사람들!

한결같이 욕이나 배우고 적당히 시간을 때우고, 청춘을 소비하며 지낸 사람들일 가능성! 100%다.

많은 사람들이 군에서 자신의 경험과 고생을 자랑하듯 말하지. 허나 그것들은 사실 곁가지에 불과하단다.

지나간 시간들의 회환들과 다가올 시간들에 대한 두려움, 고민들!

어찌! 총구를 응시하며 부릅뜬 두 눈길 너머에 주마등처럼 스치는 지나간 시간들의 후회와 다가올 미래에 대한 청사진들을 그려보지 못하랴!

너희가 선임이 되면 절대로 후임을 괴롭히지 마라!

몇 개월 먼저 군대에 들어온 것을 대단한 벼슬로 생각하지 마라! 완장차고 거들먹거리는 단순 무식한 왈패의 모습과 그 모습이 참으로 같다.

새로운 친구를 사귀는 기회로 생각하라!

이십여 년 자신의 인생을 되돌아보고, 반성하고, 나머지 인생을 위해 고뇌하며, 길을 찾기 위해 온 친구 같은 후임이란다.

그들은 단순히 국가의 의무를 때우려고 청춘의 시간들을 탕진하러 온 사람들이 아니란다. 몇 달 빨리 군에 온 너희에게 구박받고 모멸감을 받기 위해서 군에 온 사람들이 절대로 아니란다. 흔히 말하는 '영창'에 가는 것이 두려워 군에 온 사람들! 더더욱 아니란다.

아마도 요즘의 입영통지서에는 틀림없이 이렇게 써 있으리라!

입영통지서

국가가 귀하의 신성한 국방의 의무를 필요로 하게 됨을 알려드립니다.

반만년 유구한 역사의 대한민국과 국민의 안녕은 당신의 고귀한 국방의무의 수행에 의해서만 보호되고 유지됩니다.

당신이 숭고한 국방의무를 수행하시게 됨에 국가는 깊은 경의와 감사를 드립니다.

입영 날짜와 시간 : 0000000 장소 : 000000

그렇단다. 그들은 국가가 필요로 해서 국가와 국민의 간절한 요청으로 군에 온 자랑스럽고 소중한 친구들이란다. 그들을 너희의 오랜 친구를 대하듯 반갑고 살갑게 대하라! 두려운 현실과 잠들지 못하고 고뇌하는 그들을 위해 어깨를 두드려 줘라! 가장 부드럽고 애정 어린 눈길로 그들을 바라보라!

군대를 절대로 가지 마라! 그리하라!

그러면 너희는 전후반전 없이 한꺼번에 서둘러 축구 경기를 치르듯이 너희의 인생을 서둘러 끝낼 가능성이 크단다. 너희 인생에 전반전에 해당하는 이십대 초반까지의 실수들을 분석하고, 어리석음을 반성하고, 앞으로 찬란하게 남아 있는 인생의 후반전을 알차게 대비하고, 계획할 수 있는 시간을 벌지 못할 것이다. 너희의 인생을 한달음에 달려 버리고 끝내는 100m를 내달리듯 허망하게 만들지 마라.

사회지도층이나 고위공직자나 그 자식들의 군 면제가 일반인들의 4~5배가 넘는다고 하지. 그들에게 노블리스 오블리제(noblesse oblige)의 고귀한 정신을 기대하지 말자.

그들은 전철의 빈자리를 향해 필사적으로 달려가 그 자리를 차지하고 앉아서는 애써 남의 시선을 무시하며 **'다리 아픈 체면을 지키기보다 부끄러운 엉덩이의 안락함이 낫다.'** 라고 생각하는 사람들일 가능성이 크고, 뷔페에서 남의 시선은 아랑곳하지 않고, 봉지마다 음식을 가득히 채워 들고 나오는 자식 사랑이 지극한 어느 아주머니의 심정과 같은 마음일 테니…….

그들을 부러워하라! 그리하라!

필사적으로 차지한 전철 안, 그 의자 위에서 안락함을 누리는 그들의 부끄러운 엉덩이의 세포들을 부러워하라! 봉지에 담아둔 육고기로 스물여덟 이빨 사이를 타고 돌다 미끄럼 타는 듯이 식도를 흐르는 추악한 그 육즙의 목 넘김을 부러워하라! 그 자식들의 간사한 미각들이 질러 대는 탄성을 부러워하라!

그들을 비난하지 말자!

그들을 비난하기에는 국방의 의무를 수행한, 수행하고 있는 너희의 입술이 너무나 고귀하다. 그들을 힐난하기 위해 입속에서 움직이는 너희의 세치 혀가 너무나 숭고하다.

가여운 눈길로 그들을 바라보자!

몇 개월 먼저 들어온 것을 대단한 벼슬인 양 거들먹거리며, 쌍욕을 토해 내는 스물한 살 상병의 더러운 입술을! 산채의 두목이나 된 양 내무반에서 가장 오만하게 다리 뻗은 스물두 살 병장의 측은한 지적 개념을!

그렇단다. 인생을 통틀어서 군대 생활은 생각 없이 서둘러 살아온 20여 년을 되돌아보고 앞으로 후반전인 나머지 인생을 어떻게 살아갈 것인가? 또 앞으로 나의 미래를 어떻게 설계할 것인가를 생각하고 고뇌할 수 있는 정말로 좋은 기회란다.

너희의 일생을 통틀어서도 정체된, 정지된 시간 속에서 자신의 인생을 한 번쯤 되돌아보는 기회를 갖기란, 그런 시간을 갖기란, **참으로! 참으로! 참으로!** 쉽지 않단다.

깊은 밤! 잠 못 드는 초승 달빛 아래, 어찌 겨누어진 총기 앞을 응시하는 날카로운 경계의 눈빛만이 있으랴! 그곳에~

내면을 타고 흐르는 수양의 깊고 도도한 흐름이 어찌 동반되지 않으랴!

먹물 같은 밤! 이십여 년, 너희의 과거를 심도 있게 반성하고, 미래의 삶을 고려할 수 있는 기회를 향유하라!

아들아! 세상엔 반드시 잃기만 하는 일은 없는 거란다.

너희는 이십여 개월의 시간을 지불하고 그 대가로 너희의 미래인 50년 인생 설계도의 밑그림을 얻을 수 있고, 너희의 이십여 년 과거의 반성을 통해서 너희는, 아마도 ....

'머나먼 젊음의 뒤안길에서 이제는 돌아와 거울 앞에 선 누님'의 성숙함을 얻게 될 것이다.

왕자와 공주에 대하여

외모를 가꿔라! 외모를 가꾸는 것도 경쟁력인 것이다.

진부한 복장을 하지 마라!

너희가 주체적으로 옷을 골라 입어라. 엄마나 나중에 와이프가 골라 주는 대로만 입지 마라. 와이프가 매주는 넥타이로 덜렁거리며 출근하지 마라.

패션에 너희 나름의 독특한 개성을 발휘하는 안목을 키워라.

허름한 외모를 하고, 훌륭한 내면만을 봐주기를 기대하지 마라.

공주라면 공주의 복장과 외모를 갖춰야 남들도 알아본단다.

왕자라면 거기에 걸맞은 복장과 외모를 갖춰야 한다.

깔끔한 외모와 세련된 복장은 너의 생각과 수준을 대변하는 것이란다.

뚱뚱하도록 몸매를 방치하지 마라!

흐트러진 몸매 역시 너희의 생활과 너희가 취하는 음식을 대변한다.

균형 잡힌 식사를 즐겨라!

채소와 단백질을 고루 섭취하라!

너희가 취하는 지금의 음식이 너희 자식과 손자에게도 영향을 미친다고 한단다.

대충 입지도 마라. 그러나 요상하고 요란한 복장도 하지 마라.

문신을 하거나 귀고리를 달거나 노랗게, 파랗게 머리를 물들이지 마라! 그것을 개성이라고 억지를 부리지 마라. 그것은 천박한 자신의 지적 수준을 광고하는 것이 될지도 모른단다.

문신을 하거나 피어싱을 하는 것은 남에게 피해를 주지 않는 자신만의 개성 표현이라고 반론할 수도 있다.

그럴 수도 있지!

하지만 개성의 본질은 제 살가죽에 낙서를 하고, 피어싱으로 귀고리에, 눈썹에 구멍을 내 철사 링을 달고, 샛노란 머리로 표현하는 것이 아니란다.

외적인 개성만의 강조는 자칫 천박함의 표현과 개성 표현의 위험한 경계를 넘나드는 것이란다. 마치 자신감과 자만심과의 경계처럼이나 위험한 것이란다.

사람은 누구나 외모에 한두 가지는 열등감을 가지는 법이고, 외모에 신경을 쓰는 것은 당연한 것이란다. 화장으로 단점을 커버하는 것과 성형수술로 주름을 펴는 것이 하등 무엇이 다른가? 그러나 천박하게 변하는 무리한 성형은 경계하라. 욕심으로 커다랗고 깊게 파 놓은 쌍꺼풀, 작대기를 깎아 넣은 듯 툭 튀어 나온 코! **그것을 보는 것은 차라리 악몽이다.**

외모도 경쟁력이다! 이 말은 이미 진부한 말이다.

누가 생긴 대로 살아라 말하면 **"조선시대에 가 살아라."**라고 말하라!

21세기를 살면서 19세기의 낡은 사고방식으로, 생각으로 살지 마라!

업그레이드되지 못한 고루하고 굳어진 생각을 자신의 신념인 양 자랑스럽게 주장하지 마라.

생각은 너희의 현재를, 미래를 결정하는 전부란다.'

트랜스젠더(Transgender)에 대하여

(성의 정체성에 흔들리는 사람들)

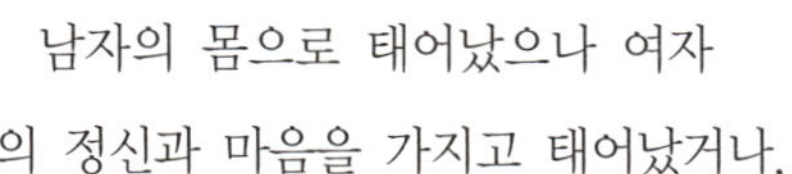

남자의 몸으로 태어났으나 여자의 정신과 마음을 가지고 태어났거나, 그 반대로 여자의 몸으로 태어났으나 남자의 마음과 정신으로 태어난, 일종의 장애를 지닌 불행한 사람들이 있단다.

그 사람들은 그 개인의 의지나 취향으로 성의 정체성을 바꾸려 하는 사람들이 절대로 아니란다. 그들의 의지나 개인적인 선택으로 해결할 수 없는 일종의 치유가 불가능한 질병을 지니고 태어난 사람들이란다.

그러나 많은 수의 사람들은 그들이 자기들의 취향에 따라서 자신의 성의 정체성을 바꾸는 것이라고 생각을 한단다. 너희는 그러한 사람들을 비난하는 어리석은 무리 속에 있어서는 안 된다.

너희 같으면 정상적인 너희의 성을 바꾸고 싶겠니?

얼마의 돈을 주면 바꾸겠니?

무엇을 대가로 주면 바꾸겠니?

그런 그들을 이상한 눈으로 보거나 비난하는 짓은, 마치 다운증후군이나 선천적으로 장애를 가지고 태어난 뇌성마비의 질병을 앓고 있는 친구들을 손가락질하거나 비난하는 것만큼이나 **비열하고 저급한 짓과 진배없단다.**

장애를 가진 친구를 놀리거나 괴롭히거나 혐오스러워하는 짓을 하는 사람, 강자에게는 약하면서 약자에게 강하게 구는 자!

인간 중에 가장 저급한 인간이란다.

아무데서나 여자친구와 비비고 다녀라

여자 친구와 공공장소에서, 지하철이나 버스에서 진한 애정 표현을 하지 마라. 길거리에서, 지하철에서 또 기타 공공의 장소에서 찐하게 애정 표현을 공공연히 하는 것은 동네 똥개와 진배없는 짓이란다. 이런 소리를 듣고 싶다면 아무데서나 여자 친구와 비비고 다녀라!

성은 아무리 개방되어도 수백 년이 지나 관습과 도덕이 바뀔지라도 성은 너무 솔직해서는 안 되는 거란다.

아무리 세상이 바뀌어도 자유분방한 성이 용인될 수는 없단다. 그것이 용인된다면 그것은 곧 본능에 충실한 동네 똥개들과 다름없게 되기 때문이지.

아무데서나 애정 표현을 하고, 교미를 하는 것이 동물이란다. 동물은 근본적으로 자아라는 것이 없고, 부끄러움을 모르기 때문이지.

동물과 인간이 다른 것! 그것은 사람은 염치를 알고, 부끄러움을 알며, 남을 의식하여 절제하고 자제하는 것이란다.

내가 하고 싶은 대로 다 말하고 행동한다면 동물이 사는 사회지 사람 사는 사회가 될 수 없는 거란다. 심지어 개들의 세계에도 최소한의 절제와 양보가 있단다.

까발려진 성, 그것에는 어떠한 감동도, 애틋함도, 신비감도 없는 거란다.

요즘은 솔직하다는 것이 외려 환영을 받고, 평가를 받는 요상한 세상이 되었단다. **"요즘 애들 솔직해서 좋잖아."** 모두들 그렇게 말한단다. 솔직하다? 그 얼마나 쉬운 일인가? 좋으면 좋다고 말하고, 싫으면 싫다고 말하고, 쓰면

쓰다고 말하는 것! 이것들이 도대체 어떻게 칭찬을 받아야 하는 것인가?

감정에 솔직하다는 것은 생각이 없는 단순하고 무식함의 표현이란다. 그것을 생각 없는 단순하고 개념 없는 어른들이 부추긴단다.

사람은 배가 불러도 배고픈 척, 배가 고파도 배부른 척, 싫어도 좋은 척, 그 상황과 입장에 맞게 적당한 체면을 차려야 하는 거란다. 극장표를 사기 위해서 줄을 서는 것이나 이웃과의 작은 분쟁 등 모두를 법으로 해결할 수는 없는 것이란다.

체면과 염치, 양보와 절제, 이런 것들이 사람과 사람이 사는 사회를 만들어 주는 거란다. 몰염치하고, 몰상식하고, 무절제한 사회! 그것은 동물이 사는 사회란다.

왜 남의 눈치를 보며 살아? 다른 아이들이나 사람들이 이렇게 말하면서 살아간다 해도 아빠는 할 말이 없지. 그들 나름대로 살아갈 권리를 인정해야 하니까. 하지만 아빠의 아들들만은 이런 저급하고 단순한 말을, 생각들을 하면서 살지 않기를 바란다.

세상은 혼자만이 사는 곳이 아니란다. 더불어 양보하고 상대를 존중할 때,

부끄러움을 알 때, 개들이 사는 사회가 아닌 사람들이 사는 사회가 되는 거란다.

남의 눈치를 보지 않겠다고 말하는 사람들, 그 사람은 육체는 있으되 정신은 없는 좀비 같은 사람들이란다. 아무데서나 끌어안고 비비는 우리 집 개 같은 짓을 하지 마라!

아무리 성이 개방되어도 너희는 절대로 전철이나 길거리에서 천박한 애정 표현을 하지 마라!

다시 말하지만 까발려진 성, 그것에는 어떠한 감동도, 애틋함도, 신비감도 없는 거란다.

어떤 이들은 감정과 본능에 솔직하고 충실한 성이 아름답다고 주장하기도 하지. **그래라! 그리하라!** 그들의 말에 고무되어 너희의 본능에 충실하라!

아무데서나 여자 친구와 비벼라!

싫으면 싫다고 말하고, 짜증나면, 짜증난다고 말하라!

화가 나면 고래고래 아무데서나 소리쳐라!

솔직하게 느끼는 너희의 감정에 충실하라!

그리고 사람의 모양을 하고, 동네 골목을 두발로 누비는 개가 되어라!

생각 없는 골 빈 어른들이 말하는 "요즘 애들 솔직해서 좋아."라는 말에 너희는 절대로 고무되지 마라!

사진에 대하여

가능하면 여행을 많이 해라!

시간이 나는대로 많은 여행으로 새로운 경험과 새로운 사람들과의 만남을 풍족하게 하라. 사람은 경험한 만큼만, 아는 만큼만, 본 만큼만, 느껴 본 만큼만 보인다 하고, 심지어 상상할 수 있다고 한단다. 우물 속의 개구리는 세상의 모든 것을 우물로 볼 것이고, 시냇가 개구리는 시냇가가 세상의 전부라고 믿을 것이다.

배낭을 메고 유럽 여러 나라를 그저 둘러보는 것도 여행이라고 할 수 있겠지. 수많은 아줌마 부대들처럼 우르르 몰려가 유명하고 소문난 곳에서 그곳을 가봤다는 것을 증명하는 증명사진들을 찍고 돌아오는 것도 여행일 수 있고, 관광버스 안에서 소주와 맥주가 돌아가며 모두들 일어나서 춤추며 노래하는 것도 여행일 수 있고, 유명 관광지마다 빼곡히 모여 냇가에 발 담그고 삼겹살 굽는 것도 여행일 수 있고, 단풍 든 가을 날 자동차 반, 사람 반인 산을 찾는 것도 여행일 수 있을 것이야. 여행에 대한 정답이 없으니 사람들의 생각이, 관점들이 다르니…….

그러나 모처럼 찾은 설악산이라면 그곳에서도 노래방 찾으려 애쓰기보다 아침 일찍 일어나 전나무 숲 사이를, 자작나무 사이를 걷는 여유를 즐겨라! 스위스 가서 김치 찾고, 영국 가서 소주 찾는 것이 진정한 여행일 수 있을까?

"나는 서양 애들 음식 입에 안 맞더라." 한국 식당 안 간다고 고래고래 소리치는 촌티 내지 마라. 여행이란 그저 눈을 즐겁게 하고, 입을 호사시키는 것

이 아니란다. 프랑스 가보니 에펠탑 높더라! 이태리 로마 가보니 대리석으로 만든 건물 엄청나더라! 그런 것들 확인하자고 비싼 돈 들여 관광 가지마라!

외국을 나가면 반드시 며칠간은 그 나라 음식만을 먹어 봐라. 한두 끼도 그 나라 음식을 먹지 못하고 촌스러운 할머니 관광객들처럼 독일 가서 된장국 찾고, 이태리 가서 김치 찾는 짓을 하지 마라. 그 음식들이 그들이 수천 년의 세월을 거쳐 대대로 먹으며 살아온 음식이란다. 당연히 된장과 고추장에 길들여진 우리의 혓바닥이 투정을 부리겠지만, 그 나라를 이해하고 알아가는 시작이 바로 그 나라 음식이란다.

그 건물의 역사와 배경, 그 시대의 애환을 알아보려 애써라! 진정한 역사 탐방이며, 문화 탐방을 통해서 현재의 우리의 삶과 역사를 되돌아보고, 오늘의 우리를, 자신을 되돌아보는 자아 성찰의 기회로 삼아야 한단다. 이런 것들을 통해서 세상을 보는 너희의 시각이 확대되는 거란다.

지금 우리가 살아가는 삶이 전부가 아니라는 것을, 지구의 반대편 그곳에도 치열한 삶이 존재한다는 것을…….

여행은 수백, 수천 장의 사진을 가져오는 것이 아니라, 새로운 또 다른 자기 자신을 찾아오는 것이란다.

도둑에 관하여

아빠도 정치는 정말로 잘 모른단다.

그러나 우리가 우리의 대표를 선택할 때, 예를 들어 구청장, 국회의원, 대통령 등을 선택하는 투표를 할 때, 적어도 **서너 시간이라도 고민을 하고 선택하자.**

무슨 고민을 어떻게 해야 할까?

너희의 고민 속에 누가 선택되는 것이 너희에게 득이 되는가, 그 후보를 선택하는 데 있어 너희의 사심이 없다면 전적으로 너희의 선택을 존중한다. 그 선택이 무엇이든 간에.

우리랑 연관이 있는 후보라고 선택하지는 말자! 전라도라 지지하고, 경상도라 지지하고, 충청도라 지지하고, 같은 학교를 나온 동문이라 지지하고, 심지어 같은 성이라고 지지하고, 고향이 같다고 지지하고.

우리 친구야,

우리 학교 동문이야,

우리 동네 사람이야,

우리 고향 사람이야,

예쁘잖아, 멋지잖아.

이런 유아적 감상과 판단에서 이제는 벗어나자. 초보적인 단순 무식한 판단으로 투표를 하지는 말자. 객관적인 판단에 의한 지지라야 하지 않을까?

반드시 투표를 하자!

민주주의는 붓두껍에서 모든 힘이 나온다는 것을 이해하자. 투표를 아무렇게나 하면, 나중에 열 트럭의 돌멩이를 던져도, 백 박스의 촛불을 태워도 되돌릴 수 없는 것이라는 걸 이해하자.

함부로 다 똑같은 도둑놈들이라고 말하지는 말자!

인간이 완벽할 수 없음은 공기가 있어 우리가 존재하는 것만큼이나 당연하단다. 우리, 똑같이 똥 묻은 사람들이라 할지라도 덜 냄새가 나고, 적게 묻은 후보를 선택해야 하고, 골라내야 한단다.

예쁘다고, 잘 생기고 세련됐다고 지지하지 말자!

우리는 영화배우나 탤런트를 뽑는 것이 아니란다. 아빠가 대학 4학년 때 대통령 선거가 있었지. 아빠가 물어 봤단다. 대학 4학년인 같은 과 여자 친구들에게 너희는 누구를 지지하는지. 대부분의 여학생들은 바바리가 멋진 젊은 후보를 지지한다고 말하더라. 저런! 대한민국 최고 학부의 4학년들이 바바리가 멋지고, 젊고 잘생기고, 멋진 후보를 선택한다고! 우리는 바바리가 어울리는 모델을 뽑는 것이 아닌데도…….

느낌과 단순한 호감으로 지지하지 말자!

호감과 느낌만으로 지지하기에는 그대가 너무 크단다. 너희를 위해 후보를 선택하지 말라! 너희의 자식을 위해 선택하라. 적어도 부끄러움을 아는 자를 선택하자. 진실하고 자신의 얼굴을 소중히 여기는 자를 선택하자!

정직한 사람을 선택하자!

잘못을 인정하는 사람을 선택하자. 실수를 인정하는 사람을 선택하자. 잘못과 실수는 그것을 인정할 때만, 그것은 온전히 시행착오가 되는 거란다. 발전의 가능성이 있는 사람이다.

궤변을 늘어놓으며 변명을 일삼는 벽창호 같은 정치인을 선택하지 말자!

같은 실수를, 같은 잘못을 반복할 사람이란다. 궤변으로 자신의 잘못을 변명하는 사람, 똑같은 실수와 어리석음을 반복할 가능성이 큰 사람이란다.

지극히 상식적이고 부끄러움을 아는 사람을 선택하자!

부끄러움을 모르는 자! 창피함을 모르는 자! 후안무치한 사람일 가능성이 크단다.

정치에 관심이 없다고 함부로 말하지도 말자!

나는 개념이 없다는 말과 같단다. 문제가 뭔지도 모른다고 말하는 것과 한치도 다름이 없을 수도 있단다.

문제의식을 제대로 갖고 있는 자를 선택하자!

그들 손에 들려지는 망치 자체의 권력이 아니라, 위험하게 튀어나온 못을 알아보는 제대로 된 문제의식을 가진 자를 선택하자. 문제의식이 부족한 그들에게 들려진 망치가 너희의 담장을 부수고, 너희의 머리통을 노릴지도 모르는 일이다.

도둑을 지키는 일은 때론 다른 것 없이, 눈을 뜨고 있다는 것을, 단지 지켜보고 있다는 것을 알리기만 해도 효과가 있는 것이라는 사실을 인식하자.

친구와 돈 거래를 하라

'돈의 가치를 알아보고 싶거든 나가서 남에게 돈을 꾸어 달라고 요청해 보라.'

'적에게 돈을 꿔 주면 그를 이기게 되고, 친구에게 꿔 주면 그를 잃게 된다.'
-벤 자민 프랭클린.

'돈 빌려 달라는 것을 거절함으로써 친구를 잃는 일은 적지만, 반대로 돈을 빌려 줌으로써 도리어 친구를 잃기는 쉽다.' -쇼펜하우어.

아빠도 위의 말들을 명심하지 못했단다. 혹시 돈을 꿔 주지 않아 친구를 잃는 것이 아닌가, 너무 인색해 보이는 건 아닐까 하는 두려움이 있었지.

그리고 아빠는 이미 네 명의 친한 친구들을 잃었단다. 그 친구들을 잃은 아빠의 잘못은 그 친구들에게 돈을 꿔 줬다는 것뿐이란다. 돈을 빌려갔던 아빠 친구들은 아빠라는 친구를 잃으면서 수백 또는 수천만 원을 얻었지만, 아빠는 친구도 잃고, 돈도 잃었단다. 아무 잘못도 없이 단지 돈을 꿔 줬다는 이유만으로…….

사람이 거짓말을 하는 것이 아니란다. 아빠의 친구들이 근본이 나쁘고 사기꾼의 기질이 있어서가 아니란다. 돈이라는 놈이 거짓말을 하게하고, 사람을, 친구를, 가족을 배신하게 하는 거란다. 돈이 사람을 변하게 하는 거란다.

너희 또한 누구에게도 돈을 빌리려 하지도 마라! 단 하나의 상황을 제외하고…….

너희가 성인이 되어 돈을 꿔야 하는 절대 절명의 순간!

그것은 오직 너희의 자식이 돈이 없어 죽어 가는 상황뿐이다. 반대로 너희가 친구에게 돈을 빌려 줘야 하는 상황 또한 친구의 자식이 돈이 없어 죽어 가는 상황뿐이다.

친구의 자식이 돈이 없어 죽어 가게 하지는 마라! 만약 돈을 빌려 줄 때는 너희가 친구에게 그냥 준다고 생각하고 빌려 줘라! 돌려받지 않아도 섭섭하거나 친구와의 우정이 깨지지 않을 그 정도의 금액만을.

'적에게 돈을 꿔 주면 그를 이기게 되고, 친구에게 돈을 꿔 주면, 그를 잃게 된다.' 절대로 명심하라.

섭섭해 하지 않을까? 섭섭해 하겠지. 그러나 그 섭섭함은 잠시란다. 친구와 돈을 꾸지도 빌리지도 말라고 했다 해서 작은 돈마저도 거래를 말라는 말은 아니란다. 친구에게서 돌려받지 않아도 무리가 없는 작은 돈마저도 너무 철저하게 하지는 말아라. 너무 인색하고, 야박해 보일 수도 있단다.

그러나 만약에 너희가 돈을 꾸었다면, 아무리 작은 돈이라도 날짜나 시간을 절대로 어기는 일이 없게 하라. 반드시 철저하게 시간을 지켜 되돌려 줘라. 진심으로 하는 감사의 인사를 이자로 해서.

실수나 실패에 대하여

실수나 실패가 생각만큼 고통스럽지도 않단다. 또 그것들이 영원히 지속되지도 않는단다. 그러나 **'실패' '실수'** 그것으로부터 배우는 지혜는 정말 많단다. 20대, 30대의 도전과 실수, 실패는 그 나이가 갖는 특권이란다.

도전하라. 그리고 실패하라! 모든 성장에는 고통이 따르는 법이란다.

너희도 자라면서 성장통으로 다리가 아프다고 밤마다 울고불고 했단다. 모든 성장은 아픔을 동반하는 법이란다. 아픔이 없는 성장은 진정한 성장이 아니란다.

잘못을 인정하라.

변명거리는 찾지 말라.

잘못을, 실수를 인정할 때 올바른 길을 찾는 시작이 되는 것이란다.

조지 카버라는 철학자도 **"실패의 99%는 언제나 핑계를 대는 사람들에 의해서 저질러진다."**라고 말했단다.

핑계를 대거나 변명거리를 대는 인간은 이미 틀린 인간이라고 단언할 수 있단다. 모든 사람은 실패를 통해서, 아픔을 통해서 성장하는 것이란다. 누구도 한 번의 실수를 가지고 두고두고 비난하지는 않는단다. 그러나 같은 실수를 반복하는 사람은 참으로 어리석은 사람이란다.

사람은 누구나 시행착오로 세상을 알아 가는 것이며, 성숙해 가는 거란다. 후회는 자신의 그릇이 그만큼 성장하여 자기 자신을 되돌아보는 것을 의미하는 거란다. 자신이 성장하지 않으면 후회도 없는 것이란다. 따라서 후회가

없다면 성장도 없는 것이란다.

실수, 실패나 잘못의 원인을 다른 사람에게서 찾으려 하거나 원망하는 사람은 저급하고 어리석은 인간이란다.

인생에서 실패가 없다는 것이 자랑일 수는 없단다.

넘어지고 실패해도 다시 일어나는 것이 아름다운 거란다.

모든 실패와 문제의 원인을 남이 아닌 자기 자신에게서 찾을 때에만 제대로 온전히 다시 일어설 수 있는 거란다.

후회와 실수가 없는 사람은 자만과 오만으로 가득 찬 인생을 사는 거란다.

인류 역사상 실수와 실패를 겪지 않는 성공은 없었단다. 만약 있다면, 그것은 성공이 아닌 실패로 드러나는데 시간이 걸리는 또다른 실수일 가능성이 크단다.

실수를 인정하고, 잘못을 인정하는 사람이 되어라. 서둘러 자기합리화를 하여 변명하고, 이유를 찾으려는 사람은 발전이 없는 거란다.

변명은 자신을 발전시킬 수 있는 기회를 잃게 하는 달콤한 유혹과도 같단다.

마치 순간의 고통을 잊게 하는 진통제의 유혹은(근본적 치료를 위해 병원을 찾고, 며칠간의 입원을 통해 수술을 해 근본적 치료를 할 수 있는) 자신을 성장시키고 변화시킬 수 있는 기회를 잃게 만드는 것이지.

변명이란! 순간의 비난은 모면할지라도, 그 이상의 대가를 반드시 지불하게 되어 있단다.

변명으로 일관하고, 남에게 탓을 돌리는 사람은 절망이란다. 잘못을 인정할 때 비로소 다시 올바른 방향을 설정할 수 있는 것이란다.

아빠는 그 사람의 가능성을, 잘못을 인정하는가! 아닌가로 판단하기도 하지. 실수로 수백, 수천의 손실을 입히는 직원에게 책임을 지운 적이 없다. 일하는 손은 더러운 법이며, 일하는 **책상은 지저분한 법이지.**

실수란!

실패란!

일하는 자만이, 노력하는 자만이 맛볼 수 있는 쓰디쓴 보약이란다.

아빠가 아들들을 가능성이 없는 놈으로 낙인찍는 슬픈 일이 있게 하지는 마라. 실수나 잘못을 인정할 줄 알고 그 실수와 실패 그리고 그 잘못과 실수로 너희의 그릇을 키우는 현명한 사람이 되거라.

아빠는 너희가 공부만 열심히 하는 아이로 성장하는 것을 원하지 않는단다.

많은 경험과 시행착오로 너희의 삶을 심도 있게 하라.

실패가 두려워 가만히 앉아 있기에는 너희는 너무나 젊다.

너희가 **'눈물 젖은 빵의 의미'**를 아는 어른으로 성장하기를 정말로 희망한다.

계급에 대하여

아빠는 사람은 도공에 의해서 그 쓰임새에 맞게 만들어진 그릇과 같지 않다고 수없이 역설을 했지.

태어나면서부터 간장종지로, 탕수육 그릇으로 운명 지어 태어나는 사람은 없다고 웅변을 했지.

그것을 운명 짓는 원인의 많은 부분이, 절대적인 부분들이 자기 자신에게 있다고 했지.

그것도 고정관념이, 왜곡된 가치관이, 그리고 불합리하고 비논리적인 생각들 속에서 발생한다고.

자신의 생각이, 사고방식이, 가치관이 자신의 그릇의 역할과 크기를 운명 짓는 것이란 사실에 **참으로, 아빠의 확신을 더 한다.**

그러나 21세기를 사는 우리 사회에는 여전히 귀족과 중인 그리고 천민의 계급으로 나누어져 있다는 사실도 함께 인식을 해야 한단다.

우리 스스로 만드는 **그릇의 크기만큼 절대적이지는 아닐지라도, 그것들은 분명히 존재하고 있단다.**

국가가 그것들을 조장하고, 기업이 조장하고, 개개의 사람들이 그것들을 확대하고, 굳어지게 하기도 하지.

우리가 그것을 알아채고 살든 모르고 살든 간에 또, 그것들을 인식하고 살든 모르든 간에, 그것들은 절대로 도처에 존재 한단다. 이러한 계급의 차이를 국가와 기업, 사회는 교묘한 방법으로 보통의 사람들이 눈치를 채지 못하게 포장을 해놓았단다. 실상, 그것들은 국가나 사회의 암묵적인 조장에서 기인하는 것뿐 아니라, 사람들 개인의 모순된 생각들과 가치관들도 이러한 계급의 존재를 방조하고 인정하고 있지.

자! 우선 국가가 만드는 계급의 벽을 하나 예로 들어 보자.

국가는 수 없이 많은 자격증이라는 것을 만들어 놓고, 자격을 획득한 자들은 커다란 노력이 없이도 주어진 권리를 향유할 자격이 된다는 이유로…….

그들이 정말로 자격이 있는가?

그 자격을 유지할 합당한 이유가 있는가? 등을 별개로 하여, 국가가 만들어 놓은 안전한 울타리 안에서 그 권리를 향유하는 거란다. 약사가 그러하고, 의사가 그러하고 변호사가 그러하지. 국가나 사회가 만들어놓은 수많은 벽과 계급의 차이를 일일이 나열할 수는 없지만 하나만 예로 들어 보자.

만약, 하사관으로 군대생활을 시작한 사람은 그 사람이 군대에서 최고로 올라 갈수 있는 계급이라는 것은 준위라는 계급인 것이란다. 그는 이미 종지가 됐든 대접이 됐든 간에 하나의 그릇으로 운명 되어진 거란다. 그가 전쟁에서 승리를 하는 결정적인 역할을 하고, 최고의 영웅과 같은 전과를 올렸다 하더라도, 언론과 사회는 그를 영웅으로 만들고, 국가는 최고의 훈장을 줄지언정 그를 절대로 장교로 승진을 시키지는 않는단다.

왜 그럴까?

자격이 안 되니까. 이것이 바로 국가가 만들어 놓는 수많은 벽 중에 하나의 벽이란다. 그가 그 이후에 아무리 그릇을 키우고, 노력을 해도 국가는 그를 운명 지어진 그릇으로만 간주하는 거란다. 최고의 대우를 해 황금으로 만들어졌을지라도 간장종지로서, 국그릇으로서의 한계를 두는 거란다.

자격이 안 된다는 이유로…….

그가 얼마나 노력하고, 자신을 키웠는가는 별개로 하고…….

우리는 사극에서도 흔히 볼 수 있지.

천한 놈이…

출신이 쌍놈인 주제에…

의미가 같은 다른 형태의 명사의 호칭으로…

벽은 그렇게 존재한다.

기업들이 만드는 계급의 벽을 예를 들어보자

수많은 기업들이 고졸의 사원을 뽑지. 그 사원이 참으로 열심히 일하고 노력을 할지라도 고졸로서의 한계를 둔단다.

그가 그 이후에 얼마나 노력을 하는가, 심지어 그가 나중에라도 야간대학을 다녀서 석사, 박사 학위를 받았다고 할지라도, 많은 기업들은 그것을 인정하지 않는다.

그가 얼마나 노력을 했는가? 능력을 보이는가? 그런 것들은 의미가 약하단다. 설사 그자의 노력을 인정하는 회사가 있다 해도, 드물단다. 시작이 고졸이었다는 이유로 하여. 수 백 년 전에 아무리 똑똑하고 자신의 그릇을 키워 놓아도, 천민인 이상 절대로 양반이 될 수 없었던 태생적 한계를 21세기의 국가와 기업들은 아직도 교묘하게, 그것들을 유지하는 것이지.

규칙과 원칙이라는 이유로…….

사회와 개인들이 만들어 놓은 벽의 예는 무엇이 있을까? 그것은 바로 돈과 학벌이란다. 그들은 흔히 말하는 진골 출신이라고 착각을 한단다. 일류대학을 나온 사람들은 한결같이 자신들이 **진골**의 신분을 획득한 것으로 착각을 하기 쉽고, 일류대학을 나오지 못한 사람들은 그들을 특별한 사람으로 우러러 보기도 하고, 은근히 열등감을 다른 형태로 표출하기도 하지. 그들은 끼리끼리 집단을 만들어 보이지 않는 또 다른 계급과 벽을 만들기도 하지.

심지어 삼성이라는 기업 출신이라는 것까지도 신분과 능력을 나타내는 것으로 활용되기까지 한단다. 삼성출신이라는 것을 서둘러 드러내 보여, 자신의 능력을 포장하고 인정받으려 하는 스펙(Spec)으로 활용을 하기도 한단다. 자신의 이력을 나열하는 것으로…….

한때, 부자들이 사는 강남에 살았다는 것이, 목동에 살고 있다는 것이 또 다른 스펙이 되는 요상한 세상이란다.

따라서 매스컴이나, 얼빠진 어른들이 말하는 고등학교만 나와도 취직이 되고 살아가는데 전혀 문제가 없다고 말하는 사기(Fraud)에 너희가 고무(encourage) 되어야 할까?

이러한 벽은 아마도 당분간 지속되리라. 정부가 바꾸려 애써온 양력설이 바뀌지 않은 것처럼이나, 끈끈하고 진득하게 유지 될 가능성이 크단다. 사회를 구성하는 개개의 사람들의 마음속에 그러한 왜곡된 생각들이 존재하는 한…….

자 이제 반대쪽으로 관점을 바꿔보자! 사회나 국가가 만들어 놓은 태생적 신분과 계급의 차이를 약삭빠르고 영악하게 알아채거나 왜곡되게 인식을 하거나, 맹신을 하게 되면 발생할 수 있는 역기능을 예로 들어보자.

내가 어느 대학을 나왔는데…어떻게 그런 일로 시작을 하는가?

어떻게 내가 그런 일을 할 수 있는가? 라고 생각하는 사람이란다. 실제로 능력과 머리는 굴러가지 않으면서, 왜곡된 생각으로 가득 차 있으면서 찌그러진 양반 갓을 쓰고 내가 양반인데 어떻게 그런 일을 하는가! 라고 생각하는 놈과 동일한 것이지. 그리고 그들은 그 굴레에 갇혀서 평생을 어리석게 사는 사람들도 많단다.

많은 젊은이들이 삼성, 엘지, SK 등등 대기업을 재수, 삼수를 해서라도 들어가려고 애들을 쓰지. 심지어 공무원이 되기 위해서, 교사가 되기 위해서 청춘을 담보로 삼고 노량진 고시촌에서 몇 년씩 노력을 하지. 매스컴들은 그들의 애환을 고무시키고 위로하지.

사회의 제도를 탓하기도 하고…….

중소기업을 들어가 자신의 사회생활을 시작하는 것을 수치로 생각하는 젊은이들도 참으로 많지.

다 시작을 잘하려고 노력하는 현명한(?) 사람들일 가능성이 높지.

불안한 미래! 누구도 알 수 없다고 하는 미래. 그것으로 많은 젊은이들이 서둘러 날개를 접고, 안정적인 먹이가 확보되는 새장 속으로 들어가기를 희망하고 갈망하지. 공무원으로, 대기업의 직원으로, 은행원으로…….

그러한 생각으로 안전하다는 직업을 서둘러 선택한 사람들이 울타리에 들어가 안락함과 안정을 향유하고자 했던 사람들은 그렇게 살아간단다.

모두가 희망했던 자리에 만족하면서…….

왜곡된 생각을 가진 자들이 끊임없이 허망한 계급을 만들고 스펙을 만들어 허망하게 자신을 과대 포장하려 한단다.

자신들은 교사나 공무원, 대기업 사원, 은행원으로 3,40,50대의 소중한 청춘을 서너 평의 약국에서, 쳇바퀴 돌듯 하는 병원에서, 조달청이 지급하는 철제 책상 위에서 10년이 지나서야 1m의 뒷자리로 이동하는 법정근로시간만의 노동을 하며 찬란히 비추는 정오의 태양을 향유했으면서도 그 치열한 노력과 두뇌를 쓰고 노력하여 얻어낸 다른 40대의 친구들의 과실을 폄하하는 일을 술안주로 삼기도 한단다.

【쟤 나보다 대학 때 공부도 못했어, 내가 더 좋은 대학 나왔어.】 심지어 **【쟤 고등학교 때 나보다 성적이 안 좋았어.】**

【내가 옛날엔 더 잘 나갔지.】

인생이 옛날을 이야기 할 만큼 길기나 한가?

자신들은 몇 십 가마의 새경을 자랑하고, 정년보장의 울타리 속에서 안도

하면서 산을 개간하고, 화전에 가꾸어놓은 친구의 과수원이, 그 과실이 행운이고 운이 좋아서일뿐이라는 궤변을 토하기도 한단다.

간혹! 그들은 또 새벽 2시에 우는 정신나간 닭 같은 착각의 소리들도 한단다.

나는 열심히 인생을 살았노라고!

나는 최선을 다해서 인생을 살았노라! 입에 거품을 물고 착각의 소리들을 토해내지.

평생을 날개를 펴보지도 못해 봤으면서…….

평생을 창공을 향해 날아올라 보지도 못했으면서…….

새장 속에서 정년을 맞이하면서…….

직업의 선택에도 결혼만큼이나 극단의 기회비용이 존재한단다.

너희는 무한의 가능성이 있는 나이란다. 너희가 어찌 생각하고, 어찌 노력을 하느냐에 따라서…….

다행스럽게도 조직을 벗어난 사회는 이러한 신분의 벽, 틀이 훨씬 느슨하단다. 태권도의 2단 3단의 단증이 아니라, 현란한 발차기만이 인정받는 곳이 사회라는 열려진 창공이란다.

시작이 미약할지라도 자신의 치열한 노력으로 얼마든지 최고의 자리에 오를 수 있는 곳!

무한으로 개방된 곳!

바로 사회란다.

노력하고, 끊임없이 자신의 생각을, 지식을, 지혜를 향상시켜가는 자들이 결국엔 승리하는 그런 좋은 기회의 땅에 너희는 살고 있다.

너희가 갖는 직장의 기준을 수천의 연봉이 아니라, 탁월한 복지가 아니라, 너희의 날개를 키울 수 있는 것에 관점을 집중시켜라.

너희의 날개를 키워 과감히 창문을 열고 그 치열한 땅으로, 창공을 향해 너

희의 날개를 펴 나아가라!

창공을 날다가 눈 덮인 히말라야(Himalayas) 바위산 중턱에서 굶주리고, 얼어 죽어갈지라도 자유로운 영혼으로 치열하게 살다 죽어가라!

안정을 향유하며 살고 싶은가?

시작에 신중하라!

첫 단추를 잘 끼우려 애써라!

스펙을 주렁주렁 쌓아 계급이 주는 안락의 새장 속으로 기어 들어가라!

그 새장의 크기에 안도하고 안정을 보장하는 그 강도를 자랑하라!

날개를 떼어내고 안정이 주는 안락함을 향유 하라!

그렇게 안정적인 삶을 살다 째깍이는 시계소리의 착각 속에 허망하게 죽어 가라!

그리고 너희는 너희가 향유하며 탕진해 버린 30대 40대의 잃어버린 기회비용에 대해 어떠한 불평불만도 갖지는 마라.

다시 강조하여 말한다.

수학점수 20점과 남들보다 더 맞춘 15점의 암기과목으로

구분된 대학의 서열은,

최고의 일류 대학이 주는 학사, 석사, 박사 학위는, 너희가 주렁주렁 달고 있는 스펙들은, 너희에게 신분을 보장하는 진골의 증명서가 아니다!

어떤 사람을 제대로 알고 싶은가?

지금 그 사람이 서있는 그 모습을 보라!

지금, 서있는 너희의 위치! 너희의 모습!

그것은 100% 평상시 네 생각들의 결과!

그것의 표현일 뿐이다.

-본문 중에서-

아들아!

미쳐라!

미쳐 버려라!

깨어나라! 깨어 부숴라!

너희를 옭매여 가두는 고루한 고정관념들을!

서른! 잔치는 끝났다
(과수원에 대하여)

현대 사회에서는 10대와 20대란 단지 성장을 하는 시기란다. 국가나 사회에 그다지 기여도 하지 못하는 엉성한 나이인 것이지. 그저 교육받고 사회인으로 필요한 사회화를 위한 교육을 받는 시기인 것이 10대와 20대의 나이란다. 실제로 10대, 20대에 받은 교육과 지식을 바탕으로 본격적으로 20대 후반, 30대에 사회생활을 시작하게 되지.

우리의 젊은이들은 어쩌면 그리도 한결같이 삼성, 금성, 목성, 명왕성을 못 들어가 안달을 하는지! 어쩌면 그리도 많은 젊은이들이 대기업이나 증권회사, 은행 등의 머슴이 되는 것만을 인생의 목표로 삼으려 하는지! 그 기업들이 너희의 40대, 50대를 절대로 보장해 주지 않는데…….

안락한 30대를 위해서만, 어쩌면 그리도 몇 푼 더 받는 새경에 목을 매는지! 어쩌면 그리도 원숭이처럼 아침에 받는 4개의 사과에 목을 매는지!

실상 많은 사람들이 20대 후반과 30대를 즐기는 일에 치중하고 싶어 하기 때문인지도 모르지. 설마 안락한 30대를 즐기기 위해서만은 아니겠지. 인생이 30대가 전부가 아님을 그들이 모를 리가 없지. 아빠가 모르는 또 다른 이유들이 있겠지.

그러나 남들이 어떠한 개념을 가지고 살지라도 너희는 절대로 30대를 즐기기 위해서 안정적인 직장을 선택하지 마라.

30대는 절대로 즐기는 나이가 아니란다.

30대는 40대와 50대의 나이에 너희가 무엇이 되어 있을까? 어떤 위치에 놓여 있을까를 염려하면서 살아야 하는 그것도 아주 치열하게 살아가야 하는 나이란다.

30대를 즐기는 일로 보내게 되면, 너희의 40대와 50대, 그리고 그 나머지 인생이 정말로 고단해진단다. 설령 고단하지는 않을지라도 허망한 4,50대를 맞이할 가능성이 크단다.

절대로! '내가 40대에 무엇이 되어 있을까?'를 염려하면서, **조바심하면서 30대를 보내야 한단다. 정말로 그래야 한단다.** 그렇게 되면 40대와 그 나머지의 인생은 보다 안정된 삶이 될 수도 있단다.

2차, 3차로 이어지는 술자리와 고래고래 소리 지르는 노래방으로 돌아치다보면 30대는 꿈같이 지나간단다. 소주의 참맛을 논하며, 거품 물며 왜곡된 가치관들을 웅변하고, 그렇게 무개념으로 30대를 보내놓고 40대, 50대, 나머지 인생이 고단하고, 이루어 놓은 것이 없는 상태의 친구들이나 주위 사람들을 너무 많이 본단다.

그리고 자신의 무개념을 후회하고, 어느 날 남들이 일구어 놓은 과수원의 과실들을 부러워하지.

운이 좋아서일 거라고, 자신의 부족했던 개념을, 어리석음을 애써 위로하며 자위를 하지…….

운이 좋아서일 거야…….

나는 뭐 열심히 살지 않았나?

늦은 후회, 돌이킬 수 없는 후회들, 그것은 사십의 중반을 넘어서서 하는 후회란다.

영원한 것은 없단다. 너희의 5년 전을 생각해 봐라! 얼마나 빠르게 그 시간들이 지나갔는지. 사십에 이르게 되면 사람들은 피부로 느끼기 시작하지.

시간이 없다는 것을……

영원할 것 같던 청춘이, 나는 예외일 것 같던 세월의 흔적들, 모든 것들이 어김없다는 것을……

열정도 식어 가고, 스마트하던 감각마저도 무뎌진다는 것을……

눈은 침침해지고, 그리고 조급해 한단다.

인생에서 10대와 20대 모두 다 중요하겠지만, 실제로 30대만큼 중요한 나이는 없단다. 실제로 우리의 삶 전체를 좌우하는 시기가 바로 이삼십 대의 나이란다. 반대로 30대만큼이나 인생을 즐기기에 좋은 나이가 없기도 하지.

직장도 있고, 어느 정도 안정되기도 하고, 차도 있고, 결혼도 하고, 집도 대충 마련되고, 아이도 태어나고……

주말마다 놀러 다니기 아주 좋은 나이지. 마누라가 개념 없는 괴물로 변하기 전인 신혼 초이니. "여봉~"이라고 콧소리를 낼 시기이고…….

사람의 일생을 하루로 치면 30대는 12시에서 2시 사이의 시간이 될 수 있단다. 벤치에 누워 일광욕을 즐기기에 너무나 좋은 시간이지. '10대와 20대를 치열하게 대학을 가기 위해 또 직장을 잡기 위해 노력을 했으니 잠시의 파티를 즐기는 것쯤이야' 라고 생각하기 쉽기도 하지. 문제는 잠시의 파티가 아닌 무개념의 파티가 문제인 것이지.

참으로 이 시기를 정말 잘 보내야 한단다. 너희가 8시간 노동만을 끝으로 일찍 집에 들어가 사과를 씹으며, 아이들과 TV 시청하기를 즐기고, 친구들과 술을 마시는 일에 재미를 붙이게 되면, 30대의 시간은 정말로 꿈같이 달콤하게 지나간단다. 30대에 인생을 즐기기 시작한다면 그것은 마치 샴페인을 너무 일찍 터트리는 것과 매한가지란다.

어느 여류 시인도 **'서른! 잔치는 끝났다.'** 는 시를 썼지. 잔치를 기대하고 또 잔치를 철없이 즐기기만 했던, 이념과 가치관의 갈등, 고뇌 그리고 서른 살 이전의 나이들이 누리는 특권들…….

서른 전의 나이를 지내고 나면 잔치가 끝난 뒤에 북적이던 손님들이 썰물처럼 일상을 찾아 떠나고, 남겨진 설거지거리며 널려진 쓰레기들! 닥쳐오는 고단한 일상의 표현을 **'잔치'** 라는 한 단어로 표현을 했지.

'서른! 잔치는 끝났다.'

아! 단 세 단어로 이보다 설득력 있게 삼십대 전후에 대한 아빠 생각을 표현할 수 있는 웅변의 표현이 또 있을까? 작가의 의도와 깊이, 그것이 아빠의 얇은 생각과는 다른 것이라 할지라도 '서른 잔치는 끝났다!' 이 문구를 이리도 아빠 생각의 표현으로 훔치고 싶은 것일까!

너희가 30대의 시간을 40대의 너희 모습을 위해서 산다면, 30대에 가꾸고 이루어 놓은 과수원은 너희의 40대, 50대 그 나머지 인생을 풍요롭게 할 가능성이 높단다.

철이 들기 시작하는 나이인 30대에 나무를 자르고, 돌과 나무뿌리를 맨손으로 치우고, 사과나무를 심어 몇 년간 거름 주고 가꾸는 일에 매진하고, 충실히 하고 나면 몇 년 뒤, 너희가 일구어 놓은 과수원의 나무들은 매년 봄에 가지치기나 적당히 하고, 관리만 해주면 늦은 가을날 실한 과일이 열려 줄 테니…….

30대에 개간해 심어 놓은 사과나무는, 과수원은, 너희가 50대, 60대가 되어도 안정적인 수입과 과실을 열리게 해주는 거란다. 샴페인은 그때에 즐겨야 하는 거란다. 그래도 절대로 늦지 않단다.

40대, 50대의 손에 들려진 샴페인 잔이 아름다운 거란다.

40대, 50대의 햇살도, 심지어 60대에 비치는 햇살도 찬란하고 아름답단다.

"나는 40대에 무엇이 되어 있을까?"

"나의 40대는 어떤 위치에 있을까?"

그것을 위해서 너희의 30대를 조바심하라!

주일마다, 휴일마다, 귀여운 너희의 자식들을 무등 태워 맛난 식당이나, 산이나 들로 뛰어다니는 때가 정말로 아니란다. 인생에서 단 한 번인 황금의 시간이라고 일광욕을 즐기는 일로 30대를 보내서는 안 되는 나이란다. 너희는 이미 철부지 망아지처럼 30대 이전의 시간들을 소진하고 30대를 맞이했으니…….

다시 말하지만 30은 인생을 하루로 치면 12시에서 2시 사이일 수 있단다. 하루의 중심인 12시, 1시, 2시를 즐기며 보내는 순간, 정말로 너무나도 서둘러 3시와 4시가 다가온단다. 그러고는 하루의 시간이 너무 짧다는 것을 그때서야 느낀단다. 그리고 이미 늦었다는 사실과 함께…….

40대, 50대, 60대의 햇살도 일광욕을 즐기기에는 전혀 부족하지 않은 햇살이란다.

"가족은 어찌합니까? 최선을 다해 일하고 노력하고 공부한다는 것은 가족이 희생을 해야 한다는 것 아닙니까? 일찍 들어가 아이들하고도 놀아주고, 집안일 하는 아내도 도와줘야지요? 가사 분담을 하는 요즘 같은 시대에 맞지도 어울리지도 않는 논리일 수 있습니다. 아내가 가만있겠습니까?"

일견, 그것도 맞는 말이다. 너희가 뭐라고 하든, 어떻게 살든, 너희가 40대, 50대의 풍성한 과수원의 기회를 기꺼이 포기한다면.

"마누라 난리가 납니다. 개똥이 아버지는 어떻고 저떻고 하면서."

그거야 어쩌겠니. 여자를 보는 너희의 안목이 그러한 것을.

아빠 안목도 별수 없는 것을~.

30대는 절대로 인생을 즐기는 나이가 아니란다. 잔치가 끝나는 30대에 또다시 샴페인을 일찍 터뜨리는 어리석음을 조심하라.

아빠는 **'후회하는 인생을 살라!'** 말했다. 수없이 반복해서 말했다.

그렇다고 후회만 반복하며, 인생을 탕진하려나?

후회하는 인생이란 작은 후회와 반성을 통하여 지혜롭게 또 다른 후회를 방지한다는 것을 의미하지. 그것이 전제되지 않은 후회란 결국 어리석음의 반복일 뿐일 테니…….

30대의 무개념과, 세월의 탕진으로, 잘못 선택된 기회비용으로 인한 후회!
너희의 인생에 가장 치명적이고, 회복 불가능한 후회가 되리라!

결혼에 대하여1
(아들들에게)

아! 아들아. 결혼! 이는 얼마나 커다란 책임감과 동시에 신의 뜻에 부합하는 일인가!

기회비용에서 역설했듯이 너희가 한 여자를 선택하여 결혼을 한다는 것은 전 세계의 결혼 적령기에 있는 모든 여자들을 포기함을 의미한단다. 물론 상대 여자도 마찬가지지만, **너희가 인생을 통틀어 지불해야 하는 최대의 기회비용이란다.**

결혼은 연애의 끝이 아니란다. 다만 새로운 시작일 뿐이란다. 마치 고등학교를 졸업하고, 대학을 졸업하는 것이 공부하는 것의 끝이 아닌, 시작일 뿐이듯이 서로 다른 가정환경과 생활수준과 사고방식으로 이십 수년 이상을 살아온 남남이 새로운 인생의 동반자로서, 파트너로서 연애의 끝이 아니라 새로운 인생의 시작을 하는 것이란다.

결혼은 너희가 세상의 한 여자와 몇 년간의 시간과 신중한 결론으로 하는 너희 생에서 최고로 중요한 거래이고, 장사란다. **최대의 계약이란다.**

결혼식장에서 주례는 신랑, 신부에게 확인하지.

영원히 한 남자만을 사랑하고 한 여자만을 사랑하겠는가?

남편으로서의 의무와 아내로서의 의무를 다하겠는가?

그리고 대답하지. 남들이 다 하는 듯이. **네~~~~에.**

이것이 얼마나 엄청난 계약인지 서약인 줄도 모르면서.

결혼은 엄청난 의무와 책임이 수반되는 사회와의 계약이며, 둘 간의 계약이란다. 히죽거리며 결혼식장을 나서는 철없는 젊은 부부가 과연 그 책임과 의무를 제대로 이해할까?

사랑이란 그것에 흥미를 느끼는 유효기간, 1년 남짓을 손에 들고 다니는 스마트폰의 그것과 매양 같을 수 있단다. 미치게 갖고 싶어, 1년쯤 쓰고 나면 싫증나는 스마트폰 같은 것이라고도 할 수 있지. 새로운 사랑의 감정은 끊임없이 일어난단다. 새롭게 디자인되어 진열된 신상품의 옷을 보면 또다시 사고 싶어 미치듯이…….

다른 빛깔과 향기로 새롭게 다가오는 수많은 사랑의 형태는 끊임없이 유혹을 하는 거란다.

튤립은 그 나름의 향기와 매력으로, 안개꽃도 역시 매력 있고, 수국은 어떠한가, 국화는? 장미는?

내가 바로 당신이 꿈꿔 오던 **'진정한 사랑'** 이라고 웅변을 하는 듯이, 많은 이들이 '결혼은 사랑의 완성' 이라 하지만, 아빠 생각엔 결혼이란 위에서 말한 끊임없는 유혹들, 새롭게 일어날 수 있는 사랑의 감정들에 대한 **'공식적인 포기의 선언'** 일지도 모른단다. 자신들이 아는 모든 사람들을 모아 놓고 하는 최후의 선언인지도 모른단다.

매번 다른 향기와 매력으로 **"내가 바로! 네가 꿈꿔 오던 진정한 사랑이라는 속삭임들에 유혹되고"** 새롭게 일어나는 다른 빛깔과 향기의 사랑과 감정에 따라 이혼하고, 사랑하고 하는 일을 반복할 수는 없는 것이니.

결혼 상대를 선택함에 있어 신중하라. 너희 인생에서 최고로 신중에 신중을 기하라! 수십억 원의 집을 사거나 다른 중요한 어느 것보다 신중에 신중을 기하라. **결혼을 하는 것이 중요한 것이 아니란다. 그 결혼생활을 유지하는 것이 중요한 거란다. 그런 시대란다.**

사랑으로 눈멀어 결혼하지 마라! 사랑이 어느 정도 식은 후에 결정하라.

향기가 있는 여자를 선택하라! 지혜로운 여자를 선택하라. 향기 있는 여자는 향수를 처바른 여자가 아니란다.

조화 같이 예쁘기만 하고, 향기가 없는 여자는 절대로 피하라! 키는 180미터 이상이고, 아파트는 몇 평이 있어야 하고, 자동차는 뭐라 하고, 직장은 뭐라 하고 등등의 주문을 외는 여자, 100% 똥통이다. 된장이다.

말 많은 여자를 피하라!

똑똑하기만 한 여자를 피하라! 자칭 '똑똑하다'는 여자들이 사람을 얼마나 피곤하게 하는가? 사사건건이 잘잘못을 따지기를 좋아하는 여자는 얼마나 사람을 고단하게 하는가! 조금은 양보하고 손해를 볼 줄 아는 현명한 여자를 선택하라.

정조 관념이 희박한 여자를 피하라! 쉽고 헤픈 여자, 아무 남자나 보고 실실 웃고 살갑게 구는 여자를 피하라.

섹시하게 보이려 하는 여자를 피하라! 헤프고 정조 관념이 희박한 여자는 다른 모든 것을 갖추었더라도 유효기간 지난 상품과 같다. 인터넷 접속할 수 없는 컴퓨터와 같고, 엔진 고장난 명차와 같다. 섹시함이란 남자들이 육감적으로만 본다는 것을 의미한단다. 섹시해 보인다고 말하면 히죽거리는 개념 부족한 여자는 피해야 한다.

오랜 기간 연애한 것을 자랑하지 마라! 오랜 기간 연애했다는 이유로 결혼을 결정하지도 마라. 어설픈 정으로 결혼을 결정하지 마라. 연애란 정을 들이는 기간이 아니며, 결혼은 정들어서 하는 것도 아니란다. 앞으로의 40년 인생의 동반자를 고르는 과정에 지나지 않단다. **교제를 해보고 '아니다.'라는 생각이 들면 과감히 정리해라!** 그것이 어설픈 정으로, 미련으로 결혼하고 이혼하는 것보다 지혜롭다.

예쁜 여자를 찾지 마라! 외모에 현혹되지 마라. 너희가 영화감독이거나, 예쁘고 늘씬한 모델이 필요한 디자이너라면 몰라도 얼굴과 몸매로 평생의 동반자를 결정하려 하는 어리석음을 경계하라. 예쁜 얼굴과 몸매는 언제든 변할 수 있는 것이란다.

얼굴과 몸매로만 승부하려는 여자를 피하라! 포장지로 승부하려는 속 빈 상품과 진배없단다.

명품을 선호하고, 허영에 찬 여자를 피하라! 진정한 미인은 동대문 가방으로도 얼마든지 아름다움을 표현할 수 있단다.

너희가 믿을 수 있는 여자를 선택하라! 너희에게 믿음을 주지 못하는 여자는 세상의 모든 조건을 가졌을지라도 바람으로 채워진 풍선과 같단다.

행간을 보는 안목을 키워라! 통통한 얼굴과 펑퍼짐한 몸매 너머의 보일 듯 말듯 숨겨진 진정한 아름다운 매력을 보려 노력하라!

너를 존중하지 못하는 개념 없는 여자는 절대로 피하라! 결혼이 무엇인지도 모르는 개념 없는 여자일 가능성이 크단다. 너희를 종 부리듯 할 가능성이 큰 여자란다. 너희를 머슴 부리듯 할 추악한 여자일 가능성이 크단다.

결혼을 사랑의 완성이거나, 남자를 잘 잡는 것이 봉을 잡는 것이라고 생각하는 여자를 피하라! 결혼 후 1년만 콧소리를 내고, 나머지 결혼생활을 너희를 종처럼 부려 먹을 가능성이 농후한 여자다.

남을, 상대를 배려할 줄 모르는 여자는 절대로 피하라!

자신의 친구를, 직장동료를 험담하는 여자를 피하라! 모든 것을 자신의 관점에서만 보는 여자일 가능성이 크다. 결국엔 벽창호와 사는 것이 될 것이고, 결혼 후 모든 험담의 대상이 너희가 될 가능성이 크단다.

결혼에 대하여
(딸들에게)

이 한 단원으로만 너희에게 말해 줄 수밖에 없다는 지면의 한계가 안타깝다. 그러나 어디 비단 다른 이야기들이 아들에게만 해당되는 말들이랴!

딸들아! 통속적이고 고루하게 들릴지 모르나 여자는 어떤 남자를 만나는가에 따라서 그 남자의 색깔로 물들어 간단다. 남자를 선택할 때, 가장 멋진 짝을 신중히 고르는 뉴질랜드의 어느 새처럼이나 신중하게 하라. 너희의 인생이 아무리 여자가 우위에 서는 여존남비의 시대를 살고 있다 하더라도 맞벌이를 해 너희가 너희의 운명을 개척해 가는 시대를 살고 있다 하더라도…….

여자가 한 남자를 선택한다는 것은 너희의 인생을 심각하게 좌우하는 일이 된단다. 세상이 아무리 변해도 남자가 아이를 낳을 수는 없단다. 그런 요상한 세상이 올 수는 없단다. 동일한 이유로 남자가 사냥을 하고, 너희가 그 전리품을 챙겨 관리하는 역할 분담의 원칙은 크게 변할 수가 없단다. 따라서 너희가 다루는 그 전리품의 양과 질의 많은 부분이 너희가 선택하는 사냥꾼의 실력과 능력, 노력에 달린 것이지.

남자와 여자가 동등하다! 맞는 말이다! 인간의 가치에 어찌 남녀의 차이가 있을까! 그러나 아무리 세상이 변해도 너희가 앉아서 소변기를 사용해야 하고, 남자와 똑같이 서서 소변기를 사용할 수는 없는 운명이라는 것을 지혜롭게 받아 들여야 한단다. 서서 소변을 보려 하는 듯이 막무가내로 억지를 부리는 여자들의 기저(Base)에는 어쩌면 그동안 여자들이 받아온 설움에 대한 반발이고, 그것으로부터 보상받으려는 열등감의 소산일 수도 있단다.

그러나 그래 봐야 너의 속옷만 버린다는 현실을 받아들여라. 남자는 서서 소변기를 사용하는 것이 편리하고, 여자는 앉아서 소변기를 이용하는 것이 편하다는 사실을 인정하라. 남자와 여자가 다른 것이 무엇이냐며 남자와 똑같이 서서 소변을 보려 하는 우매하고 무개념하고 막무가내 식의 여자들도 많지. 그녀들 가운데 개념 없이 기웃거리지 마라.

"여자가 말이야!" 하는 말에 발작하듯이 반응하지 마라. 열등감에서 시작되는 히스테리적 신경질이라고 밖에 달리 볼 수도 없고, 개념 없는 여권운동가 같은 이미지만 준단다.

여자가 여자다운 것! 여자가 여자다워야 하는 것!

남자가 남자다운 것! 남자가 남자다워야 하는 것!

이것은 아빠의 고루한 잔소리도, 도덕 책 귀퉁이에 있는 것도 아닌 신(god)이 만들어 놓은 철칙이란다.

이것을 깨려는 우매한 짓을 마라. 천년이 지나고 만년이 지나도 깰 수도, 깨어지지도 않는단다. **왜? 시대에 따라 변하는 인간이 만든 규칙이 아니라, 신이 만들어 놓은 철칙이기 때문이란다.**

말이 앞서는 남자를 피하라! 말이 많은 남자는 진실성이 결여될 확률이 높단다. 나쁜 남자에게서 느끼는 허상의 매력에 빠지지 마라.

잘난 체하는 남자를 피하라! 지금 당장 자가용으로 데이트해 주는 남자가 아니라, 40대에 헬기를 태워 줄 수 있는 남자를 선택하라. 그런 남자를 보는 안목을 스스로 키워라. 삼성, 금성, 목성의 직장을 다닌다고 남자를 선택하지 마라. 영원히 안정된 직장이란 없단다.

잘 생기기만 한 남자를 피하라! 다른 꽃들의 유혹을 이기지 못할 가능성이 높단다.

진실이 결여된 정직하지 못한 남자를 피해라! 너의 나머지 인생이 허상이

될 가능성이 크단다.

아집에 싸인 닫힌 사고의 남자를 피하라! 크지 못하는, 성장하지 못하는 그릇일 가능성이 크단다.

자존심이 빈약한 남자, 비전이 없는 남자는 절대로 피하라! 타고난 그릇이 작은 남자일 가능성이 크단다.

네 몸을 함부로 대하지 마라! 세상에서 네 몸을 가장 소중하게 여겨라. 너희의 몸을 함부로 대하는 천박한 여자는 되지 마라.

쉬운 여자가 되지 마라! 싸구려 여자처럼 굴지 마라. 네 스스로 공주의 모습을 유지하라! 너희의 몸과 마음을 몸종의 외양과 마음으로는 마당쇠를 찾아야 할 일이다. 네가 공주의 모습으로 있어야 왕자가 와도 너를 알아볼 수 있을 것 아니니? 네가 하녀의 모습으로(몸과 마음) 있으면 아마도 백마를 탄 왕자가 다가와서 너에게 물어볼 거야. "얘! 너희 공주님께서는 어디 계시냐?"

사랑하는 딸들아! 허영을 경계하라! 키가 작아도 몇 센티미터 이상이 되어야 한다거나, 자동차는 어느 정도라야 하고, 아파트 몇 평을 가지고 있어야 한다거나, 연봉이 얼마쯤이어야 한다는 등의 말을 함부로 하지 마라. 너희의 천박한 된장의 지적 수준을 광고하는 것이 될 테니.

도도하게 굴어라! 남자애들을 무시하는 것으로, 틱틱거리는 것으로, 어설프고 수준 떨어지는 도도함을 표현하지 마라.

독신을 함부로 주장하지 마라! 그 또한 허영의 다른 얼굴이다. 너희가 건강하지 않은, 부족한 정신과 신체일 가능성을 광고할 뿐이란다.

남자 친구가 많다거나, 인기가 많다는 것을 자랑하지 마라! 인기 있는 여자가 아니라, 남자를 보는 철학도 없는 헤픈 여자로 보인단다. 잘난 체하는 남자만큼이나 잘난 체하는 여자가 꼴불견이란다.

잘난 체 과시를 경계하라.

섹시하다는 말에 히죽거리지 마라! 섹시하게 보이려 노력하지 마라! 너희를 인격체로 매력 있는 여자로 보는 것이 아니라, 육감적으로만 본다는 의미란다.

명품의 허영을 경계하라! 명품으로 너희의 부족한 부분을 채우려 하는 허영을 경계하라. 동대문의 가방으로도 얼마든지 멋을 내는 너만의 세련미를 갖춰라.

향기를 지녀라! 너희만의 향기를! 향수를 처바르는 게 아니란다.

몸매나 얼굴로만 승부하지 마라! 향기 없는 예쁘기만 한 꽃에 오래 머무는 정신 나간 벌은 없단다.

정말로! 너희만의 향기를 지녀라! 스스로 어떠한 향기를 지녔는가를 되돌아봐라. 향기 없는 여자! 차라리 마네킹이 나은지도 모른단다.

담배 피우는 것을 경계하라! 남자는 괜찮고 여자는 왜 문제가 되나요? 된

장녀 수준의 물음을 함부로 토해내지 마라. 아무리 좋게 보아도 길거리에서 루즈를 짙게 바르고 팔짱을 끼고 서 있는 거리의 여자의 모습이 너희에게서 보일 수 있단다.

기호식품이라고 함부로 말하지 마라! 남의 집 며느리로, 남의 집 건강한 가정주부로, 사랑스러운 나의 손자들의 건강한 엄마로 볼 수가 없단다.

우리는, 우리나라는 담배에 대해 아주 특이한 문화를 가지고 있단다. 그 문화도 변화하고 있고 또 변하리라. 그러나 사랑하는 딸들아! 담배를 피우는 너희를 아무리 잘 보아도 건강한 가정주부로, 사랑스러운 한 집안의 아내로, 존경받는 아이들의 엄마로 보기는 정말로 힘들단다.

너희 스스로 반문해 보라! 담배를 피우는 여자의 모습에서 건강한 한 집안의 중요한 위치로서, 사랑스러운 아내의 모습을, 아이들로부터 존경받는 예쁜 엄마의 모습을 그려볼 수 있겠니? 담배를 피워 물고, 아이에게 젖을 물리고, 연기 자욱한 집 안에 아빠의 손자, 손녀들을 뛰어 놀게 하려 하느냐?

어느 시대인데 고루하신 말씀을 한다고 말하지는 말라! 아직은 우리는 그런 시대에, 너희는 그런 시대에 살고 있단다. 앞장서서 세상의 관습을 바꾸려는 우매하고, 본능에 충실하고 천박했던 자유부인의 역할을 너희가 먼저 하려 하지는 마라!

혓바닥을 내밀고 받아먹는 첫눈처럼이나 새하얗고 순수하게 너희를 키우려 애썼다. 가장 고귀하고, 귀하게 너희를 키우려 아빠는 노력했다. 그렇게 커 주리라 믿어 왔다. 가장 고귀하게, 가장 예쁘게, 가장 고상하고 아름답게 그리고 현명하게…….

그것은, 그 믿음은 아빠의 신앙과도 같았다. 그런 너희의 모습만을 기대하고 고대하는 아빠는 어리석은 것이었을까?

열일곱 살! 스무 살, 스무 다섯 살! 네 어미의 우윳빛 가죽을 도려내 너희의 살결을 만드는 심정으로 너희를 키웠고, 나의 심장 가장 순수한 피를 뽑아내

너희의 붉은 입술을 만들려 노력했다. 너희의 입에서 세상에서 가장 고귀한 언어만이 튀어나오기를 고대했던, 그 붉은 입술에서 뿜어져 나오는 연기로 수렁에서 건진 내 소중한 딸의 모습을 보이려 하느냐!

사랑하는 딸아! 부러워하라!

세탁기를 돌려주고, 청소기를 돌려주는, 휴일마다 대공원이며, 맛난 음식점을 찾아다닌다는 **옆집의 남자를 부러워하라!** 일주일 내내 부려 먹고도 집에서 쉬게 하기는커녕, 토요일이며, 일요일이며, 막히는 차 안에서 보내게 하고, 대공원을, 동물원을 찾아다니게 하고, 세탁기를 돌리게 하고, 청소기를 밀도록 내버려 두고는 그것을 자랑하듯이 떠버리는 **네 이웃 여자의 무배려심과 무개념을 부러워하라!**

보석을, 다이아몬드 반지를 선물하고 해외여행을 제집 드나들듯이 한다는 친구의 남자를 부러워하라! 그리하라! 옆집 개똥이 아버지를 보라고 고래고래 소리쳐라! 네 남자와 친구의 남자가 왜 똑같아야 하는가?

"너는 너고, 나는 나다."라는 기본적 자존감도 가지지 못하는 **너의 빈약한 자존감을 소리쳐 광고하라!**

시부모님이 해준 게 뭐냐고 함부로 말하지 마라! 너의 남자를 성장시키고, 교육시켜서 너에게 머슴으로 준 고마운 분들이다. 교육시키고 성장시켜서 그 과실을 온전히 너희가 따먹으면서 투정을 부리지 마라. 늙어 꼬부라진 그 분들이 너에게 무엇을 더해 줘야 하는지, 너 자신에게 물어보라!

너의 남편의 발을 닦아 주는 지혜로운 여자가 되거라! "요즘이 어느 시대인데 발을 닦아 줘요?"라고 말하는 헛똑똑한 여자는 되지 마라. 종일 일하고 들어왔을 남편의 발을 닦아 주며, **"오늘 당신 수고했겠네요."** 이 말은 수백만 원 가치의 보약을 주는 것보다 네 남자에게 힘을 주는 말이란다. 지치지 않게 목숨을 걸고 산을 뒤지고, 들을 뛰어다니도록 부려 먹을 수 있는 마력의 말이란다.

남편보다 집에 있는 강아지에게 먼저 밥을 주는 어리석은 짓을 하지 마라! 하찮은 동물들에도, 벌레들에게도 신이 부여해 준, 초보적 본능에만 지배되어 자식들에게만 신경 쓰는 초보적 본능을 경계하라.

작은 말 한마디가 남자를 성공하게 한단다. 어리석은 말 한마디가 남자를 기죽게 하고 실망하게 하는 거란다. 존중받지 못하는 화초도 쉽게 시든단다. 존중받지 못하는 사냥개는 뛰지 않는단다. 하루 종일 가족을 부양하기 위해 최선을 다하고도 너에게 존중받지 못하는 네 가장은 어디에서 누구에게 존중을 받을 것인지. 지친 그의 몸과 마음을 네 품에서 쉬게 하라! 그리고 다시 부려 먹어라! **너의 가여운 가장을 하늘의 별을 보며 한숨짓게 하지는 마라.**

너의 충실한 머슴을 아침밥은 먹여 내보내라! 너와 너희 자식을 위해 하루 종일 일하러 나가는 네 집안의 가장이다. 일터로, 직장으로 나가다 교통사고로, 심장마비로 죽을지도 모를 충실한 너희 집 사냥개다. 아침이 아니라면, 주스라도 아니, 정수기 차가운 맹물이라도 먹여 사냥터로, 전쟁터로 내보내라! 대충 밥통의 변색된 밥으로 먹여 보내고, 귀찮다고 아침을 굶겨 보내고, 먹기 싫어한다고 굶겨 전쟁터로 보내 놓고도, 어떠한 개념도, 미안함도, 죄책감도 없이 침 흘리며, 눈곱 낀 추악한 얼굴로 늦잠을 자는 개념 없고, 생각 얕은 아줌마들의 가운데 너희가 서성대지 마라.

너희의 **사냥개가 물어오는** 것이 무엇인가에 따라서 너희와 너희 자식의 저녁메뉴가 결정되는 거란다

너의 소중한 아들이 너와 똑같은 여자와 살고 있다고 가정해 봐라! 너의 아들이 혼자서 아침을 대충 차려 먹고, 또는 정수기 맹물도 얻어먹지 못하고 전쟁터를 향해 외롭고 측은하게 대문을 열고 나선다고 생각해 봐라! 너의 아들이 하루 종일 일하고도 가정에 돌아와 존중받지 못한다고 가정해 봐라!

너의 아들이 일주일 내내 일하고도 모처럼 쉬는 소파 앞에서 외출을 하지 않고 소파랑 싸움만을 한다고 앙앙거리는 여자와 사는 모습을 상상해 봐라.

너의 남자를 위해 저녁을 정성스럽게 차려 내놓아라. 하루 종일 일한 너의 남자를 존경하지는 못할지라도 존중하는 유일한 표현이 음식이란다. 수천 년을 여자들이 가족의 부양을 위해 애쓰는 남자에게 그 노고를 존중하고, 애씀에 감사하는 방법이 무엇이었다고 생각을 하니? 그것은 바로 정성이 담긴 음식이란다. 이것은 앞으로 수천 년이 지나도 변하지 않을 것이다. 정성 어린 음식, 그것 말고 너희 가족을 위해 사냥터를 헤집다 돌아온 사람에게 고생했다는 무언의 표현을 할 다른 방법이 있다면 몰라도. 성찬을 이야기함이 아니란다. 늦으시는 아버지를 위해 아랫목 따뜻한 이불 속에 뚜껑 덮인 공기밥을 넣어 놓으시던 어머님의 배려와 존중을 이야기함이다.

늦게 들어오는 너의 남자에게 저녁을 먹었느냐고 물어보라! 진심 어린 음성으로 물어보라. **"저녁은 먹었지?"(귀찮게 차려 달라는 거는 아니겠지?)**라는 행간의 뜻은 전혀 묻어나지 않게. 그렇게 물어보려거든 차라리 물어보지를 마라. 너의 남자를 기운 빠지게 하는 물음이 된단다.

"나는 저녁 먹고 들어온다는 말이 가장 듣기 좋아."라면서 시시덕거리는 머리 빈, 개념 없는 아줌마들 사이에 너희가 서성이지 마라. 너의 남자가 저녁을 먹고 들어오는지 전화로 물어보지 마라! 그냥 차려 놓아라! 저녁 늦게 들어온 그에게 아쉬운 듯 말하라! **"오늘 모처럼 솜씨를 발휘했는데……"**라고. 참으로 너희 가장이 미안해 하리라! 감동하리라!

그가 늦게 들어온다고 고래고래 정신 나간 여자처럼 소리치지 마라!

가장을 기다리는 정성 어린 밥상은 단연코 너희의 가장을 일찍 귀가하도록 하는 가장 큰 웅변이 되리니.

사랑하는 딸들아!

'무엇으로 매 끼니를 때울까?'가 여자들이 받는 가장 큰 스트레스라는 소리를 함부로 하지 마라. "가족을 위해서 매일 일터로 나가는 것이 정말 스트레스야."라고 말하는 무책임한 가장의 말처럼이나 무개념의 넋두리가 될 수 있단다. "당신이 우리 집 기둥입니다!" 남자를 기둥답게 행동하도록 하는 말이란다. 무너지려 하는 무거운 집을 제 몸으로 떠받치는 무식한 돌쇠처럼 행동하도록 하는 말이란다.

너의 남자를 비난으로만 변화시키려 하지 마라! 격려와 칭찬으로 변화시키는 지혜를 가져라. 너의 남자가 넘어졌을 때, 손을 내미는 지혜로운 여자가 되어라. 비난하고 앙앙거려서 너마저 넘어진 너의 남자를 짓밟는 어리석음을 경계하라.

지금 당장 소나타로 데이트해 주는 그가 아니라, 10년 뒤에 헬기를 태워 줄 그의 모습을, 헬기로 너희 가족을 나들이 하게 하는, 그런 그의 모습을 만드는 평강공주의 안목과 지혜를 가지려 노력하라.

거리를 메우는 턱을 높이 들고 걷는 무개념의 여자들의 부류에 너희가 같은 옷을 입고 서 있지 마라!

그들과 함께 허영의 거품 가득한 커피 잔을 마주하고 시시덕거리지 마라.

그런 너희를 아빠가 슬픈 눈으로 바라보게 하지는 마라.

남자에 대하여

성깔 있는 남자란, 아무 때나 성질을 부리거나, 자기에게 작은 험담을 하는 것마저도 참지 못하고 심지어 제 발을 밟았다고 흥분하고, 조금만 손해를 봐도 고래고래 소리 지르며 성질을 부리는 용렬한 사람이 아니란다.

조금만 손해를 봐도 따지기를 좋아하는 것도 아니며, 팔뚝의 문신으로 근육을 자랑하는 것이 남자가 아니란다.

불의와 부당함에 대적할 수 있는 용기를 말하는 거란다.

너희 자신에게만 연관된 불의와 부당함이 아니라, 너희와 상관없는 일일지라도, 너희의 이웃과 동료의 일에도 흥분하여 분노할 때는 분노할 줄을 알아야 한다.

분노해야 할 때 분노하지 못하는 남자!

흥분해야 할 때 침묵하는 자!

그것은 죽은 남자인 것이다.

부모의 뼈다귀에 대하여

아빠 주위에도 사십을 훌쩍 넘기고 오십의 나이에 있는 사람들조차도 칠십을 넘겨서 늙고 병들어 뼈와 가죽만 남은 어머니의 젖을 빠는 철부지들이 많단다. 부모의 유산에 욕심을 부리고 그것으로 형제간에 갈등을 만드는 사람들…….

그 사람들 모두 말라비틀어져 늘어진 늙은 어미의 젖가슴에서 피고름을 짜내 빨려는 추악한 사람들이란다.

절대로 아빠 유산에 욕심을 부리지 마라!

아빠는 단 한 푼도 너희 형제에게 유산으로 주지 않을 것이다. 아빠의 재산을 자랑하거나 아빠가 쌓아 놓은 부나 명성에 편승하려 하지 마라! 아빠가 쌓아 놓은 알량한 재산과 명성으로 너희의 부족한 부분을 채우려는 허망한 짓을 하지 마라!

아빠는 유산을 남겨 주는 것은 너희 인생을 방탕하게 하는 것이 될 것이고, 나태하게 할 것이고, 또 타락하게 할 것이라는 믿음이 확고하다. 아빠가 유산을 물려주면 너희가 세상을 살면서 뭔가를 이루어야 하는 기회를 아빠가 박탈하는 것이 되어 버린단다. 그 기회를 박탈할 수 없으니 단 10원의 유산도 너희에게 남겨 주지 않을 것이다. 이것은 단순히 말하는 것이 아니란다. **절대로 어떠한 기대도 하지 마라!**

아빠 엄마가 너희를 태어나게 했고, 너희를 건강하고 능력 있는 사회인으로 성장시켜야 하는 것은 국가와 이 사회와의 무언의 약속이란다. 그것에 우

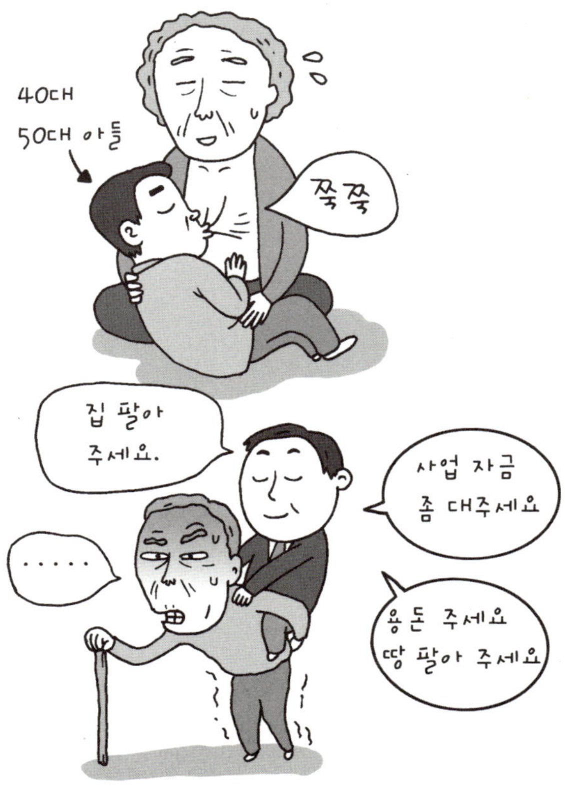

리는 우리의 의무를 다할 것이다. 우리의 부족함을 채우려 너희가 이루어 놓는 명성을 활용할 의사가 전혀 없다.

너희를 잘 키워 판사인 아들과 의사인 아들을 두었다고 자랑하고자 하는 욕심이 추호도 없다. 우리의 부족한 명예를 위해, 허영을 채우기 위해, 너희를 교육시키고 양육하는 것이 절대로 아니란다.

너희가 향유하는 지금의 안락한 둥지에만 만족하라!

너희가 성인이 되어 둥지를 떠난 뒤에도 너희가 성장했던 둥지로 되돌아와 말라비틀어진 **네 어미의 젖가슴을 더 이상 빨려 하지 마라! 늙어 휘어지고, 구부러진 아버지의 등에 다시 기대려 하지 마라.**

너희가 자라고 성장했던 부모의 무너져 가는 둥지의 기둥을 빼내가 그것으로 너희의 집을 웅장하게 하려는 추악한 짓을 하지 마라!

부모가 죽어 그 육신의 찌꺼기 조각마저 더 챙기려 유산을 가지고 네 형제와 반목하고 싸우지 마라!

인간이 얼마나 사악할 수 있는가? 평생 단물을 뽑아 먹고도 그 부모가 돌아가시고 나면 그분만을 위해 편안히 쉬시게 하는 자리가 아니라, 그분을 위해 영원한 안식의 자리를 찾아 드리는 자리가 아니라, 그분이 영원히 쉬어야 하는 자리마저도 자신과 자식의 성공과 복을 위해 그분들의 영혼의 찌꺼기마저도 활용하기 위해서 지관을 불러서 이곳이 좋다! 저곳이 좋다! 저곳은 안 좋다! 조상대대로 해온 일이라고 한다. 실상 모든 사람들이 그리한다고 한다.

그러나 너희는 나의 육신을 죽은 개 옮기듯이 이리 옮기고, 저리 끌고 하지 마라!

내 죽은 육신마저도 나를 편안히 잠들게 한다는 명분을 삼고, 실상은 너희와 너희 자식의 구복을 희망하는 마지막 찌꺼기로 활용하려는 추악한 짓을 하지 마라!

그저 자연으로 돌아가게 하라!

죽어서만이라도 나만의 안식을 찾게 하라!

외롭고 고달팠던 내 육신을 그저 편히 쉬게 하라!

절대로! 음식을 팔지 마라

가장 아름다운 모습! 그것은 최선을 다하는 것이란다. 결과가 성공적이든 실패든 간에 최선을 다했다면 그것은 아름다운 패배가 될 수도 있단다. 우리가 포기하지 않고, 최선을 다한 꼴찌에게도 박수를 보내는 이유가 여기에 있지. 어떠한 일이든 최선을 다하면 반드시 그에 상응하는 결과가 보상된단다.

세상에 노력하지 않고 얻어지는 것, 그것은 절대로, 단연코, 단 하나도 없단다.

복권에 당첨되는 것도 복권을 사는 수고와 돈을 들여야만 백만분의 1의 확률을 얻을 수 있는 것이지. 무슨 일이든 너희가 할 수 있는 최선을 다한다면 또 다했다면 그것은 그것으로 정말 아름다운 것이란다.

아빠의 인생을 걸고 말한다. **'절대로'**라는 말을 쓰지 않으면, 절대로 이 세 가지는 존재할 수 없단다.

1. 노력하지 않고 얻을 수 있는 것은 세상에 존재하지 않는다.
2. 단순히 적당한 노력으로 이루어지는 것 또한 절대로 없다.
3. 정성과 혼을 담을 때라야만 온전한 결실을 맺을 수 있다.

모두들 열심히 살았노라고 말한단다. 최선을 다해 살고 있노라고 말한단다. 직장에서 하루 종일 열심히 일했고, 노동판에서 열심히 땀 흘려 일했다고, 열심히 장사했다고…….

맞는 말이다. 그러나 맞지 않는 공허한 말일 수도 있단다. 누구나 그 정도로 열심히 산단다. 삼성 직원도, 금성 직원도, 목성 직원도, 은행 직원도, 공무원도, 일당 노동자도, 누구나 한 달을 벌어먹고 살기 위해 열심히 산단다.

열심히 일하지 않으면 누구도 그들을 쓰려고 하지 않을 테니 그것은 누구나 하는 열심이란다. 누구나 하는 최선이란다. 한 달을 벌어 사는 월급쟁이나, 하루를 벌어 사는 일당 노동자나 마찬가지란다.

마치 너희가 아침부터 똑같은 교복을 입고 펭귄 떼 몰려가듯이 학교를 열심히 가서 7~8시간 책상에 앉아 있을지라도, 누구나 똑같은 성적을 낼 수 없는 것과 같은 것이지. 그렇게 하는 최선은 누구나 하는 최선인 것이지. 누구나 최선을 다해 그리는 대충의 초상화란다. 누구나 그리는 비슷비슷한 그림이란다.

같은 그림을 그렸을지라도 피카소의 그림을 그려야만 한단다. 누구나 하듯이 남들만큼 열심히 사는 것이 아니라 그 이상이어야 한단다.

남들이 하는 정도의 최선만으로 할 수 있는 일은 많지 않단다.

'고통을 주지 않으면 쾌락도 주지 않는다.' 몽테뉴의 말이다.

'고통스럽지 않은 최선, 그것은 최선이 아니다.' 아빠가 하는 말이다.

무엇을 하든 그 일에 너희의 혼을 담아야 한단다.

'고객의 성공을 위해 우리는 일한다.'

'최고의 블라인드가 아니면 팔지 않는다.'

아빠 회사의 또 다른 모토란다

만약 너희가 식당을 한다면 절대로 음식을 팔지 마라. 혼을 팔아야 한다.

남들 누구나 만들어 파는 음식으로는 최선을 다했다고 할 수 없단다.

너희 혼을, 너희 자신을, 정성을 팔아라.

신의, 성실에 관하여

성실 : 정성스럽고, 참됨.

신의 : 믿음과 의리, 두 가지를 이르는 말.

신의, 성실! 많은 학교나 회사 그리고 가훈으로 이 두 단어가 너무나 흔하게 구호처럼 쓰이지. '신의, 성실' 이라고 하면 너무나 진부하게 통속적인 말로 들릴지 모르나 이는 정말로 사람이 세상을 살아가는 데 가장 기초가 되어야 하는 말이란다.

너무나 기초가 되어야 함에도 이것을 제대로 이해하고 지키는 사람들을 보기가 너무나 어려운 세상이 되어 버렸단다. 만약에 '신의가 없고 성실하지 못하다' 는 인식을 남에게 주었다면, 그것은 곧 너희 인생은 다른 모든 것을 얻었다 할지라도 실패한 인생이라고 단언할 수 있단다.

상도의(商道義) : 장사를 하는 데 모든 사람들이 지켜야 하는 기본적 도덕과 의리를 의미한단다.

아빠가 강조하였듯이 **'상도의'** 란 비단, 장사를 하는데 국한되는 것이 아니란다. 세상에 존재하는 모든 사람들이 장사를 하고 살고 있으니, 이 **'상도의'** 는 모든 사람들에게 필요한 사람이 살아가는데 필요한 도덕이고 의리라고 할 수 있겠지.

신의, 성실한 자! 믿을 수 있는 사람의 얼굴은 얼마나 아름다운가! 한결같은 그의 얼굴은 광채 나는 가장 아름다운 얼굴이란다. 신의, 성실이 결여된 잔머리와 속임수로 이루어진 성공은 반드시 일시적일뿐이란다. 속이 빈 애드벌룬과 같은 것이지. 심지어 단단한 가죽으로 싸여진 축구공일지라도 바람으로 채워진 것은 언젠가는 반드시 그 바람이 빠지는 법이란다.

믿을 수 있는 사람이라는 말을 듣는다면 가난할지라도 성공한 인생이라고 할 수 있단다. 아니 가난할 수도 없단다.

이 지구상에 너희와 같은 얼굴을 하고 있는 사람은 없단다.

너희의 얼굴을 소중하게 생각하라.

항상 너희 얼굴에 책임을 져라!

신의, 성실이 결여된 사람은 아무리 능력이 뛰어날지라도 기본이 결여된 사람이란다.

아들아! 너희가 어떤 일을 할지라도 항시 신의와 성실을 바탕으로 사람들을 대하는 기본이 충실한 사람이 되기를 희망한다.

독일이나 스위스 등 많은 유럽의 국가들은 전철이나 지하철에 표를 내거나 검사하는 개찰구가 없단다. 물론 전철역을 둘러싼 울타리도 담도 없지. 국가나 전철 회사가 국민들을 믿고 신뢰하기 때문이란다.

지켜보는 이가 없어도 무임승차를 하는 사람 역시 드물단다.

믿고 또 믿음을 주는 사회! 그것까지는 욕심일지라도 너희만이라도 남들에게 믿음을 주는, 신뢰를 주는 사람이 되거라.

자동차의 브레이크를 믿지 못하면 속도를 낼 수 없듯이…….

의자의 다리를 믿고 안심하고 몸을 맡겨 앉을 수 없듯이…….

믿을 수 있는, 신뢰를 주는 그런 사람이 되려고 노력하라.

장사꾼에 대하여

이 세상 그 누구라도 장사꾼이란다. 사람들은 은연중에 장사꾼을 무시하는 경향이 있지. 실상은 자기 자신들도 그 무엇인가를 파는 장사꾼이면서도 말이다. 전 세계를 통틀어서 장사하지 않고 살 수 있는 사람이 있는가? 지구상에 존재하며 사회생활을 영위하는 사람이라면 예외 없이 반드시 무엇인가를 팔아야만 먹고 살 수 있단다.

교수는 무엇을 파는가? 지금의 시대는 교수나 교사도 철저히 교육 소비자가 요구하는 입맛에 맞는 지식을 팔아야 살아남을 수 있단다. 적당히 자습이나 시키고, 작년에 써먹었던 지식을 재탕, 삼탕하며 살아남는 교사나 교수는 더 이상 존재할 수가 없단다.

의사는 무엇을 파는가? 짝눈을 만들어 주는 성형외과 의사가 살아남을 수 있을까? 맹장 수술 하나도 제대로 못하는 의사가 살아남을 수 있을까? 남의 나라로 의료관광을 떠나는 시대란다. 적당히 청진기 하나로 살아남는 의사는 없는 것이다. 그들이 파는 의술은 의료 소비자가 요구하는 최고의 의술을 팔아야 살아남을 수 있는 것이란다.

농사꾼은 무엇을 파는가? 스트레스 받으며 사는 게 싫다며 귀농한 제약회사 영업사원이던 아빠 친구도 결국은 장사를 해야 한단다. 남보다 더 실한 고추 농사를 지어서 남들보다 후한 값에 팔아야 농약 값이며, 비료 값이며 아이들 학원비를 댈 수 있는 것이지. 결국엔 품목만 다른 장사꾼이란다.

대한민국 최고 갑부였던 정주영 회장이나 이건희 회장은 무엇을 파는가?

무엇을 팔아서 그들은 대한민국 최고 갑부 소리를 듣는가? 자동차를 만들어 팔고, 아파트를 지어 팔고, 컴퓨터 팔고, 반도체 팔고, 휴대폰 팔아 갑부 소리를 듣는 사람들이란다.

우리 공장을 지키는 진돗개도 장사를 한단다. 무엇을 팔까? 아빠는 사료와 보살핌을 제공하고, 그 반대급부로 아빠에게 충성과 귀여움을 판단다.

아빠가 제공하는 사료와 보살핌에 비하여 진순이가 반대급부로 제공하는 충성과 귀여움이 형편없이 작다면 아빠는 아마도 진순이와의 거래를 중단하겠지. 장사의 기본 원리에 충실하지 못한 진순이의 운명이라는 것은 너무나 뻔하겠지.

너희도 아빠와 거래를 한단다. 무슨 거래를 할까? 아빠는 너희를 부양하고, 교육시키고, 보살핌을 제공하지. 그 반대로 너희는 귀여움과 멋지게, 예쁘게 성장하여 엄마 아빠에게 보람과 뿌듯함 그리고 대견함을 제공하지.

만약 너희가 올바르게 성장해 주지 않는다면 그것은 엄마 아빠를 배신하는 것이 되며, 실망과 한숨을 주게 되는 거란다. 아빠가 일을 하고 집에 들어가도 본체만체하고, 안녕히 잘 다녀오셨냐는 인사도 않는다면, 아빠는 당연히 섭섭할 것이고 화까지 나게 되겠지. 심지어 이런 놈들을 위해서 열심히 일을 해야 하나라는 생각까지 들기도 하겠지.

아빠는 너희랑 이윤을 남기는 거래를 하는 것이 아니란다. 그러나 너희를 위해 노고하는 아빠를 위해 너희는 최소한의 예의를 다해야 하는 거란다. 최소한 너희와 아빠의 관계를 유지시키기 위해서…….

엄마 아빠의 관계를 유지시키는 기본적 거래는 무엇일까? 아빠는 너희와 엄마를 먹이고, 입히는 부양을 위해서 아침 일찍 일어나 사냥을 나서지(직장, 일터로. 아빠는 결혼이라는 것을 하는 동시에 엄마와 동판에 새기는 강력한 절대로 깨서는 안 되는 무언의 약속을 한 거란다).

'나는 가장으로서의 의무를 다할 것이다.' 따라서 많은 남자들은 사냥(돈을 벌기 위해)을 하기 위해 산으로 들로 나가 최선을 다해 일하는 것이란다. 뙤약볕에서 노동하는 사람들, 용광로 앞에서 일하는 사람들, 위험한 전봇대를 오르는 사람들, 더럽고 냄새나는 일을 묵묵히 해가는 사람들, 모두들 결혼과 동시에 동판에 새겨놓은 약속을 지키기 위해서 사는 성실한 사람들이란다.

만약 아빠가 이러한 의무를 등한시하는 순간 지상에서 최고의 미남이고, 최고의 몸매 등 모든 다른 조건을 갖추고 있을지라도 엔진 없는, 바퀴 없는 명차 신세가 되어 버리는 거란다. 엄마는 당연히 아빠와 관계를 중단하려 할 것이지. 이혼이라는 파경의 방법으로.

반대로 엄마는 어떠한 의무를 동판에 새긴 것일까? **'깨끗한 집안과 너희의 보살핌과 따뜻하고 정성어린 음식으로 아빠의 노고를 존중하겠다.'** 따라서 엄마는 너희를 양육하고, 소리까지 지르며, 너희를 올바른 방향으로 가도록 애쓰는 것이지. 너희나 아빠가 벗어 놓은 빨래를 해 깨끗하고 위생적인 의복을 입도록 하며, 청결하고 위생적인 집안에서 너희와 아빠가 쉴 수 있도록 애쓰는 것이지.

또한 너희와 아빠가 균형 잡힌 영양으로 성장하도록 정성으로 음식을 해주고, 하루 종일 일하고 돌아온 아빠가 쉬고, 내일 또 부려 먹을 수 있도록 하는 것이지. 만약 엄마가 이러한 무언의 약속에 대한 의무를 등한시한다면 엄마 역시도 양귀비 미모와 비너스의 몸매를 가졌을지라도 동네 옷가게에 진열해 놓은 머리 빈 마네킹을 집안에 들여놓은 꼴이 되는 거란다. 부부 중 누구든 이러한 약속을 등한시한다면 자신의 존재 의무에 따라 윙윙거리며 더러운 병균을 옮기는 파리만도 못한 존재가 되는 거란다.

그리고 부부의 축을 이루는 상대는 참으로 측은하고, 최악의 불행한 결혼생활을 하게 되는 것이지. 그리고 그것이 어떠한 변화도 없이, 반성 없이 지속된다면 그 관계는 깨어지는 것이지.

단언하건대 팔지 않고 살 수 있는 사람은 없단다. 거래를 동반하지 않는

관계 또한 없는 거란다. 모든 관계가 이윤과 기회비용의 양팔저울처럼 손해와 이익을 따지는 거래만이 있는 것은 아니나, **일방적인 거래나 한쪽만이 손해를 보는 관계, 그런 것은 어떠한 경우라도 인간관계에서는 존재하지 않는단다.**

노동을 팔든, 지식을 팔든, 아니면 정보를 팔든, 웃음을 팔든, 서비스를 팔든, 누구든 팔아야 살 수 있는 것이란다.

심지어 지하철에서 구걸하는 걸인조차도 무언가를 파는 것이란다. 그들은 무엇을 팔까? 만약 너희가 길거리의 구걸하는 걸인에게 천 원을 적선했다면 너희는 그 걸인에게서 걸인을 도왔다는 수천 원짜리 만족감을 구매한 것이란다.

만약 너희가 천원을 기꺼이 걸인에게 적선하고도 걸인을 도왔다는 반대급부, 즉 그것이 만족감이든, 무엇이든 간에 천 원의 가치를 능가하는 그 어떤 자기만족을 얻을 수 없다면 너희는 절대로 천 원을 걸인에게 적선하지 않을 것이다. 왜냐? 적선에도 일종의 장사의 원칙이 적용되기 때문이고, 효용가치가 없는 일에 돈을 쓰는 어리석은 사람은 없기 때문이지.

그런 거지는 과연 무엇을 어떻게 팔아야 하는가!

1997~98년쯤에 중국의 수도인 베이징을 방문한 적이 있지. 추운 날씨에 육교 위에 남루한 옷차림의 촌 노부부가 찢어진 도화지 위에 시골에서 상경한 듯한 십대 후반이나 이십 대 초반쯤의 딸아이의 사진과 인적 사항을 적어 놓고 앉아 있는 것을 봤단다. 확신을 했지. 아! 이분들이 시골에서 무작정 상경했음직한 딸을 찾고 있구나! 그 걸인 부부는 어떤 말도 하지 않았어. 아니 설사 말을 했다고 해도 알아듣지도 못하지. 단 한마디의 말도 없이 사진 한 장과 읽지도 또 이해도 못하는 몇 줄의 한문으로 스스로 확신하게 하고, 설득 당하게 한 것이지. 대단한 웅변이지 않니? 한마디의 말도 없이.

100위안, 우리 돈 만 원이 넘는 돈을 기꺼이 줬단다. 스스로 설득되어서. 그때 중국의 한 달 노동자의 월급이 약 3~4만 원 했을 때니까, 만 원은 그들에겐 큰돈이었을 것이다. 딸을 찾으려면 밥이라도 든든히 먹으라고 손짓 발짓으로 말하면서…….

그리고 그 돈으로 수백만 원을 기꺼이 적선한 듯한 뿌듯함을 샀단다. 나중에 안 일이지만, 그들은 그렇게 설정을 하고 구걸을 하는 사람 중에 하나였다는구나. 그 사실을 알고도 아빠는 어떠한 배신감도 들지 않았어. 왜? 그때 이미 나는 수백만 원을 적선한 듯한 만족감의 효용가치를 그들에게서 받았으니. 그들의 탁월한 장사 수완에 감동을 받았으니…….

이것이 무엇을 이야기하는 것일까? 심지어 걸인조차도 최대한 불쌍하게 보이는 장사 수완을 발휘해야 한다는 것이란다. 그래야만 적선을 하는 사람에게 최대의 만족감을 줄 수 있으니.

그들은 깡통을 앞에 놓고 구걸하는 전형적인 걸인의 형태를 갖추지 않았어. 전혀 다른 구걸 방식으로 적선을 유도한 것이지. 어딘가에 쓴 **발상의 전환!** 그것을 그들은 이용한 것이지. 상대에게 만족감, 즉 합당한 효용가치를 주지 못하는 장사! 그것은 사기란다.

너희가 직장생활을 할지라도 너희가 노동과 능력을 제공하고, 그 이상의 가치의 능력을 발휘하고, 효용을 제공할 수 있도록 해야 하는 것이란다.

월급 값도 제대로 못하는 놈, 월급 값만 하려는 놈! 사기꾼이란다. 도둑이란다.

자기는 가정을 깨끗이 하고, 가장을 존중하고, 전리품을 애정으로 관리하지도 못하면서도 돈을 많이 벌어 오지 못한다고 앵앵대는 여자들, 다 사기꾼이란다. 자신은 개기름 흐르는 얼굴로 늦잠을 자면서도 가장이 벌어 온 돈을 세면서 벌어 온 것이 적다고 바가지를 긁는 여자들, 자기 자식을 앵벌이를 시키는 추악한 사람보다도 못한 사람이란다.

따라서 아빠와 엄마가 너희에게 그토록 공부를 강조하고, 때로는 강요하는 것이 너희에게 장사 밑천을 갖도록 애쓰는 거란다. 노동을 팔든, 서비스를 팔든, 양질의 가치 있는 것을 팔 수 있도록, 장사하는 수완과 너희가 파는 능력, 노동의 가치를 높여 너희의 노동이나 능력을 사는 고객들에게 최상의 효용가치를 제공하게 하기 위해서.

또한 너희 그릇을 크게 할 수 있는 능력을 갖게 하기 위해서.

그릇에 대하여

참으로 중요한 이야기란다. 전부를 양보해도 이것은 명심해 줘라!

세상에는 여러 그릇이 있단다. 그 그릇들은 어김없이 그 필요와 용도에 맞게 쓰이고 있지. 너희의 그릇을 간장을 담는 작은 종지로 만들 수도 있고, 멋진 메인 메뉴를 담는 그릇으로 만들 수도 있고, 황금을 담는 그릇으로 만들 수 있는 것은 모두가 너희 하기 나름이란다.

많은 사람들은 자신의 그릇을 세상이 알아주지 못한다고 생각하고, 또 자신의 그릇에 합당한 대접을 받지 못하고 있다고 생각한단다. **그러나 그 어떤 멍청한 주방장도 대접에 간장을 담아 손님상에 놓지는 않는단다. 또한 간장 그릇에 메인 메뉴를 담아 내놓는 정신 나간 주방장 또한 없는 거란다.**

너희의 그릇을 알아주지 못하는 주방장을 탓하고 불평하기 전에 너희의 그릇이 무엇을 담을 그릇인가를 먼저 되돌아보는 일이 최우선 되어야 하는 거란다.

자신의 그릇 크기는 되돌아보지 못하면서 자기 자신이 커다란 대접이라고 많은 사람들은 근거도 없이 믿는단다.

너희에게 주어지는 모든 불편부당함의 원인을 찾는데 있어서 바로! 너희 생각의 모든 출발점을 너희의 그릇을 되돌아보는 일, 그것이 출발점이 되게 하라!

종지나 그릇은 한번 만들어진 이상, 영원히 그 그릇을 키울 수가 없겠지. 그러나 인간은 자기의 노력으로 얼마든지 그 그릇을 키울 수 있는 거란다.

아! 어쩜 이리도 자기 그릇을 키우는 일에 등한시하는 사람들이 많은지. 어쩌면 그리도 10년이 지나도 자기 그릇을 한 뼘도 키우지 못하고도 자신이 옳다고 믿는 사람들이 많은지.

너희의 그릇을 키우는 일을 등한시하면서 자신의 그릇은 되돌아보지 못하면서, 세상을 원망하고 남을 탓하는 저 수많은 왜곡되고 편향된 생각을 가진 사람들의 무리들 속에서 너희의 모습을 발견할까! 아빠는 정말 두렵다.

너희의 그릇을 키우는 일에 절대로 매진 하거라. 절대로 너희의 그릇 크기를 되돌아보는 일에 매진하라.

아빠가 하나만 예를 들어보자! 아빠가 사업을 시작할 때 채용한 직원이 있지. 그 직원이 입사를 할 때는 정말로 간장을 담는 종지의 그릇에 지나지 않았단다. 이런 놈을 데리고 어떻게 사업을 해 나가나 싶었단다. 그러나 그 직원은 지금 우리 회사의 가장 중요한 직원 중의 하나란다. 그 직원은 끊임없이 자신의 그릇을 키우려 노력을 한단다. 무엇이든 담을 수 있도록 그릇을 키워 놓는단다.

어느 날 보면 무엇인가를 담을 수 있는 빈 공간을 만들어 놓는단다. 그 빈 공간에 과장의 권리와 책임으로 채워 놓으면, 어느 날인가보면 또다시 빈 공간이 보인단다. 그곳에 부장의 책임을 담아 놓으면 또다시 빈 공간을 만들어 놓고, 아빠는 그 빈 공간에 끊임없이 뭔가를 담는단다. 아빠의 전부를, 모두를 그 직원에게 담고 있단다.

아빠가 주는 어떠한 과제도, 업무도 척척 소화를 해낸단다. 끊임없이 일을 찾고 노력을 한단다. 아빠가 요구하는 어떠한 임무에도 토를 달거나 불평하거나 부정적인 생각을 갖지 않는단다. 지금 그 직원은 회사의 가장 높은 자리에 있으며, 주방장인 아빠가 가장 소중하게 아끼는 그릇이 되어 있단다. 그 직원은 그 흔한 대학을 나오지도 않았지만, 일류대학을 나온 직원들을 아래 직원으로 부리고 있단다.

반면에 나머지 직원들은? 그저 작은 그릇과 종지, 이빨 빠진 그릇의 역할만을 한단다. 도대체가 능동적으로 일하지 못한단다. 찾아서 일하지 못한단다. 조금도 자신의 그릇에 빈 공간을 만들어 놓지를 못한단다. 뭔가를 채우고 권한을 넣어 주고 싶어도 도대체 여분의 공간을 만들어 놓지 않는단다. 못한단다. 그러고도 그 직원의 고속 승진을 시기하고, 그 직원이 인정받는 과실을 질투만 하지. 부당하다고 투덜댄단다. 입사한 지 오래되었는데도 왜 승진을 안 시켜 주느냐고 툴툴댄단다. 왜 입사가 늦은 사람을 오래된 자신들보다 먼저 승진시키느냐고 따진단다. 손이 떨린다고, 분함과 억울함으로 가슴이 벌벌 떨린다고 하면서…….

오래되었다고 뚝배기에다 탕수육을 담을 수도, 간장 그릇에 국을 담을 수는 없단다. 자신이 이빨 빠진 뚝배기인 줄도 모르고도 단순히 오래됐으니 거실의 청자 옆에 놓아 달라고 아우성을 친단다.

군대에서처럼 멍청하게 세월만 보내면 자동으로 이등병이 일등병 되고, 일등병이 상병이, 병장이 되는 줄 안단다. 사회에서도…….

자신의 그릇을 키우지는 못하고, 그들이 오랜 기간 회사 화장실에 채워 놓은 배설물을 가지고, 정화조를 치우는 일에 일조한 성과를 가지고, 승진을 시켜 달라는 것과 진배없는 주장을 한단다. 대리의 일도 벅차게 힘겨워하면서 과장의 그릇의 대접을 기대하고…….

몸에 맞지 않는 헐렁한 과장의 옷을 입고도, 부장의 옷을 기대하지. 5년, 10년이 지나도 한 치의 그릇도 키우지 못하고도 탕수육을 담아 달라고 아우성을 친단다.

주어진 일도 제대로 못하는 다른 직원을 왜 고용하고 있느냐고? 능력을 키우려 애쓰지 못하는 종지 같은 사람들을 왜 계속해서 고용하고 있느냐고?

주방장에게는 대접만이 필요한 것은 아니란다. 간장을 담는 종지도, 담배꽁초를 담는 재떨이도, 허접한 음식 찌꺼기들을 담는 이빨 빠진 대접도 필요한 거란다. 탕수육을 담아야 할 그릇에 간장을 담아 손님상에 올릴 수는 없는 거란다.

너희가 다니는 직장에서 너희가 어떠한 그릇의 역할을 하고 있는지 한번쯤 자문해 볼 일이다.

아들아!

내가 지금 어떠한 대우를 받고 있는가?!

내가 어떤 대우를 받아야 하는 그릇인가?

내 그릇으로 무엇을 담을 수 있는가?

내가 지금 받는 불편함과 부당함의 모든 원인은 바로 자기 자신에서 찾아야 하는 거란다.

어느 직장에 너희 몸을 담든, 그 회사의, 그 조직의 대표처럼 일하라! 그 조직이 갖추어진 인프라를 가지고 너희가 회사를 운영해 보는 연습을 한다고 생각하라!

내 회사라고 생각하고 일하라! 머지않아 너희는 너희의 회사를 가지게 되리라!

반면 월급 받고 일한다고 생각하면 평생을 머슴으로 살게 되리라!

아마도 아빠 회사의 그 직원은 나중에 독립하여 자신의 회사를 가지게 될 거야. 아빠의 회사가 너무 작아 더 이상 그 직원의 그릇을 감당할 수가 없게 될 때가 있을 거야. 아빠 회사의 옷이 너무 작아 그가 걸치고 있기에는 너무 불편할 테니…….

그것은 아주 자연스러운 거란다. 옷이 작아 더 이상 입을 수 없게 되듯이, 자신에게 맞는 새로운 옷을 입게 되듯이. 물론 서둘러 허황된 욕심으로 자신의 그릇은 생각도 못하면서, 몸에 맞지도 않는 커다란 옷을 입으려 하는 어리석은 사람들도 많지. 물이 낮은 곳으로 흐르는 것처럼이나 그들의 실패는 너무나 당연하단다.

아빠가 10년을 거래한 터키에서 1등을 하는 블라인드 회사인 OBA라는 회사가 있지. 그 회사의 직원은 500명이나 되는데, 그 회사의 제3인자가 되어 있는 28살의 여직원이 있단다. 그 직원은 수천 가지 아이템의 품목을 다 기억하고, 소소한 가격과 자기 회사가 취급하는 모든 품목을 정확하게 파악하고 있단다. 어느 누구와 상담을 하더라도 사장처럼, 자신의 일처럼 당당하고 확신에 차서 일을 한단다. 밤과 낮이 따로 없이 일하고, 자신의 그릇을 키워 간단다. 아빠의 눈에는 그 여직원의 미래가 보인단다.

미래는 그렇게 다가오는 거란다. 복권에 당첨되는 듯이, 어느 날 갑자기 닥쳐오는 미래는 없단다.

정치를 하는 사람들, 또는 우리 사회 각 분야에서 최고의 위치에 서 있는 사람들, 그들은 운이 좋아서 그 자리에 있는 것이 절대로 아니란다. 그들이 자신의 그릇을 키우기 위해서 지새운 하얀 밤들이, 전혀 새로운 발상의 전환들이, 자신의 생각이 옳은가를 반성하고, 리체크(Re-check)하고, 수정하려 애쓰는 노력들이, 자동적으로 작동되는 면역체계의 본능을 극복하고, 자신의 그릇을 키워 내는 열린 생각들이 오늘의 그들을 있게 하는 거란다.

어쩌다 운 좋게 그릇에 맞지 않은 위치에 오른 사람들은 정말로 예외 없이 그 위치에서 서둘러 내려오게 된단다. 그릇에 맞지 않는 위치에 운 좋게 그 위치를 차지한다고 해도 그것은 일시적인 실수일 뿐이란다.

보석을 담는 그릇이 될 것인가?

쓰레기를 담는 봉투가 될 것인가?

담뱃재나 터는 재떨이가 될 것인가?

청자가 되어 가장 좋은 자리, 눈에 띄는 자리에 사랑받으며 자랑스럽게 놓여 있을 것인가?

뜨거운 불에 올려져 냄새나는 된장을 끓이는 뚝배기로 대접받으며 살아갈 것인가?

자신의 그릇대로 대접받으며, 취급받으며 살아가는 것!

이것은 절대로 자기 자신에 따른 것이란다. 단언하건대! 그것이 세상을 창조한 신(God)의 뜻이란다.

자신의 그릇을 키우려 하지 않는 자!

자신의 생각을 되돌아보고, 수정하고, 성장하려 애쓰지 않는 자!

그자가 세상에 존재하는 의미! 오직 간장을 담기 위해 존재하는 자라고 단언할 수 있다.

신(神)은 죽었다

종교의 의미는 내세, 즉 죽어서 영혼을 구원받고자 하는 행위라고 정의를 내릴 수 있지.

유명한 철학자 니체는 '신(神)은 죽었다.'는 말을 했지.

이 뜻은 '신'의 존재를 부정한 것이 아니라 '신'은 현재의 인간들이 생활하는 세계 속에서 그 어떠한 참견을 하지 않는다는 뜻으로 아빠는 이해한단다.

아빠도 신을 믿는다. '신'이 창조한 세상은 철저하게 한 치의 오차 없는 과학으로 움직이는 거란다.

저절로 떨어지는 것 같은 한 장의 나뭇잎을 떨어지게 하기 위해서도 실상은 우주가 무장을 해야 하는 거란다. 한 장의 말라비틀어진 나뭇잎을 떨어뜨리기 위해서 지구가 공전과 자전을 해야 하고, 달이 지구를 공전을 해, 조수간만의 차를 만들고, 그 조수간만의 차로 인하여 바람이 불고, 그 바람이 불어와 말라비틀어진 한 장의 나뭇잎을 떨어뜨리는 거란다.

나뭇잎 하나를 위해 거창하게 우주가 무장을 한다는 표현이 필요할까? 라고 반문을 할 수도 있지만, 사실이 그러하단다.

시계가 만든 이의 계획과 프로그램에 의해서 한 치의 오차도 없이 움직이듯이, 이것이 신이 존재하는 이유란다. 프로그램을 짜 놓은 이가 있듯이…….

종교를 가지는 것도 좋은 일이나 매주 빠지지 않고 종교 생활에 올인 하는 짓을 하지는 마라. 그 시간에 너희에게 주어진 삶을 즐기고 향유하라!

어떤 종교라도 너희 삶의 희생을 강요하는 종교는 그것이 무슨 이름의 종교

라 할지라도 사이비라고 멀어도 좋다. 현세에 복을 구하는 종교라면 그것이 무엇이든 그 역시 사이비라 멀어도 좋다.

종교와 미신을 구분 짓는 사전적인 경계, 그것이 바로 현세구복이냐, 죽은 뒤의 보상이냐의 차이이기 때문이지.

너희에게 주어진 삶! 그것에 충실한 것이 '신'의 뜻일 것이다. 너희의 삶에 충실하고, 너희에게 주어진 시간을 향유할 권리! 그것이 '신'이 너희에게 무한으로 부여한 권리란다. 영혼을 구원받아 영생을 하겠다는 어리석은 욕심에 빠지지 마라. 영혼은 존재하지 않으며, 영생 또한 존재하지 않는단다.

아빠도 영혼이 존재하지 않는다고 단언할 수는 없으나, 영혼이 존재한다고 누구도 단언할 수는 없단다. 눈에 보이지 않는다고 부정하고, 느끼고, 경험해 보지 못했다고 부정하는 것은 어리석은 일이나, 육신은 빌려 쓰는 것이고, 영혼이 영원하다면 치매는 무엇이며, 정신병은 무엇이겠니? 영원히 존재하는 불멸의 영혼이, 어찌 병이 들 수 있겠는가? 이해할 수 없는 맹목적인 믿음의 강요나, 성서나 책을 통한 믿음, 이 역시 또 다른 편향된 세뇌에 지나지 않는단다.

'신'이 너희에게 주어진 너희의 삶에 충실하면 된다. 광신은 또 다른 우상을 섬기는 것에 지나지 않는단다. 물론 아빠 생각으로는 진화론 역시도 스스로 진화하도록 프로그래밍 된 창조 속의 일부분일 뿐이라고 생각하지. 일산의 너희 큰 아빠의 이론처럼 철광석을 1억년 동안 판에 올려놓고 흔든다고, 낫과 자동차가 저절로 만들어져 튀어나올 수는 없으나, 살아 있는 유기체는 끊임없이 주위 환경에 적응하면서 생존하도록 창조된 것이라는 거란다.

세상엔 단 하나도 원인 없는 결과는 없단다. 따라서 아빠도 세상을 창조한 '신'은 반드시 있다고 믿는단다. 우리가 발명을 했다고 하는 모든 것들도 실은 모두 '신'이 숨겨 놓은 것을 발견해 내는 것일 뿐이지.

따라서 우리 인간이 발명이라고 말하는 것은 오만한 것이라 할 수 있단다.

다만 '신'이 숨겨 놓은 원리를 우리 인간이 보물찾기하듯이 한 치의 어긋남 없이 그 원리를 찾아낼 뿐이란다. **'신'**이 돌 속에 감춰 놓은 철을 뽑아내 칼을 만들고, 차를 만들고, 집을 짓는 것이지. 따라서 인간이 이루어 내는 모든 것들은 다만 우리가 찾아내는 발견일 뿐이란다.

아빠도 50여 개의 블라인드 장치의 특허가 있지만, 그것은 아빠가 발명을 한 것이 아니라, 신이 숨겨 놓은 규칙을, 원리를, 아빠의 치열한 노력으로 발견했을 뿐이란다. 따라서 인간이 발견해 내는 모든 것들은 우리가 유용하게 써야 하는 것이고, 또 이것이 **'신'**의 뜻일 것이야. **'신'**의 입장에서 보면, 우리가 하나하나 신이 꼭꼭 숨겨 놓은 원리들을 찾아내 우리 삶을 윤택하고 편리하게 만드는 것을 보고 너무나 대견하다고 생각을 할 것이야.

"고넘들, 기특하게 잘도 찾네."

그러니 영혼을 구제받는다는 어리석은 욕심으로, **'신(God)'**이 너희에게 주어진, 너희만의 삶을 허비하는 일이 없게 하라.

그 어느 뚝배기도 뚝배기를 만들어 준 도공에게 감사기도를 드리지는 않는단다. 찬송하지도 숭배하지도 않는단다. 전국으로 퍼져 나가 도공의 뜻대로 그저 뚝배기로서의 삶인 된장국을 끓이는데 최선을 다하면 되는 것이지.

같은 이유로 너희에게 주어진 삶에 대해, '신'에게 감사해야 할 이유가 없단다. 너희의 요구로 너희의 간절한 소망으로 너희의 삶이 주어진 것이 아니니…….

또한 우리의 삶을 먹고 놀아도 될 만큼 풍요하게 만들어 놓지도 않았단다. 삶은 고단한 것이란다.

고단한 너희의 삶에 충실해라. 그것이 '신'의 뜻에 부합하는 것이라 믿는다.

천지를 창조한 '신'에게 최소한의 예의를 다하자는 현명한 논리를 가졌다면, 너희를 낳고, 기르며 온전한 사람이 되도록 만들어 준 너희의 부모인 우리에게 한 달에 한 번이라도 찾아와 감사하는 일이 인간적인 도리가 될 것이며, 신의 뜻에 부합되는 것이 될 것이다.

위안과 마음의 평안을 교회나 절이나 기타 종교의식을 치르는 곳으로부터 얻어온다고들 하지…….

동네 어귀를 지키던 서낭당 앞을 지나면서 그저 무심히 지나는 사람들은 없었단다. 돌을 주워 탑 위에 올려놓고 합장기도를 하고 지나갔지. 왜 그럴까? 안 그러면 마음이 불편하니까.

서낭당 앞을 지나던 이가 **합장기도**로 얻은 마음의 평안과 교회나 성당, 절을 다녀온 이들이 받아온 마음의 평안! **그것에 다름과 차이가 있을까?**

어버이날!

부모님 가슴에 몇 천 원짜리 조화를 달아드리고, 몇 만원의 용돈을 쥐어드리고 온 자식들이 얻는 1년간의 마음의 평안과 종교로부터 받는 마음의 평안, 그것에 다름이 있을까?

깨달음을 얻고자 하는 사람들! 그분들도 참으로 이기적이라는 생각을 거둘 수 없다.

살아 있는 모든 동물들의 근본적이고, 기초적인 어떠한 경제적 의무도 하지 않으면서 오직 자신만을 위한 깨달음을 얻고자 사는 사람들이니…….

벽만 바라보던 묵언수행, 참선으로 시간을 보내고도 그들은 당당하게 신도들이 만들어 놓은 짐심상을 당연한 듯이 받아들지.

만약 그래도 너희가 종교를 갖는다면, 그 종교가 너의 생활 속에 은은히 자리 잡게만 하라. 지나친 애정의 표현과 집착은 스토커(stoker)가 되듯이, 지나친 광신의 믿음은 종이꽃을 양손에 들고 장군님을, 아버지를 외치며, 엉엉거리며 우는 북쪽 그들의 모습과 매양 다름을 설명할 길이 없다.

종교가 너희 삶의 많은 부분을 지배하게 하지는 마라!

남의 논에 대하여

항상 어떠한 판단을 할 때는 남의 입장을 내 입장으로 바꿔서 생각해 보는 습관을 들여라. 남의 입장을 내 입장으로 만들어 보는 것이 쉽지는 않단다. 또 정말로 상대의 입장이 내 입장으로 와 닿지 않을지 몰라도 자꾸만 그렇게 해보는 습관을 들이면 남의 입장과 처지를 쉽게 나의 입장으로 바꿔서 생각해 보게 된단다. 그렇게 해야만 내 입장만 생각하여 어떤 판단을 내리는 편협함에서 어느 정도는 벗어날 수 있단다.

오직 자신의 논에만 물을 대려고 하는 사람은 얼마나 편협하며, 추악한 사람인가? 자기 논이 소중하다면 그만큼의 크기로 남의 논도 소중하다는 것을 알아야 한단다. 이러한 연습이 부족해 편협하고 편향된 사람들 때문에 분쟁이 끊이지 않는 거란다.

내 입장과 남의 입장을 객관화하여 바라볼 수 있는 지혜로운 사람이 되어라. 아빠가 가장 혐오하는 사람 중의 하나가 자신의 입장에서만 모든 것을 판단하는 편협한 사람이란다. 내가 소중한 만큼 남을 배려할 줄 아는 사람이 되거라.

자기 자신의 입장만을 생각하기 때문에 사회며, 정치며, 심지어 이웃이나 친구 관계, 가족들까지도 분쟁이 끊이지 않는 거란다.

나만 옳다고 생각하기 때문에, 내 입장만을 강조하고 주장하기 때문에 갈등이 있는 거란다. 상대의 입장을 나의 입장으로 생각해 보는 것, 이것을 우리는 역지사지(易地思之)라고 하지. 나의 입장만이 아닌 상대의 입장까지도

헤아려 보는 것.

주부는 가장의 입장을 헤아려 보고, 가장은 주부의 입장을 헤아려 본다면 절대로 가정을 파괴하고 깨 버리는 숫자들은 현격히 줄어들겠지. 가정을 깨 버리는 수많은 사람들! 절대로 상대의 입장을 헤아려 보려 하지 않은 사람들이 대부분이란다. **내가 가족을 책임지는 가장이라면, 내가 아내라면…….**

노동자는 사용자의 입장을 생각해 보고, 사용자 역시 노동자 입장을 생각하고, 여당은 야당의 입장을, 야당은 여당의 입장을 헤아려 보지 않기 때문에 TV의 시사토론장에 나와서 벽창호처럼, 앵무새처럼 남의 의견은 듣지도 않고 같은 말을 반복하는 거란다. 모든 판단을 할 때, 상대의 입장까지도 헤아려 보고 판단을 한다면 내 논에만 물을 대려는 어리석고, 편협한 판단으로부터 벗어날 수 있단다.

다른 예를 들어보자. 가끔씩 신문이나 TV 뉴스에 아래 위층의 이웃 분쟁으로 인해 칼로 이웃을 찌르는 참담한 일까지 발생하지. 아래층 사람들이 아이들이 뛰는 일로 인해 참고 참다가 뛰어 올라가서 초인종을 누르고 위층에 따지지.

"아니! 애들 좀 조용히 시킬 수 없어요?" "사람들이 말이야, 상식이 없어."

"공동생활을 하면서 애들이 뛰면, 아래층을 생각해서 조용히 시켜야 되는 거 아닙니까?" 하고 아래층의 사람이 말하면 위층에 사는 이웃은 그래도 지은 죄가 있으니 점잖은 대답을 하지. "어휴! 죄송해요. 주의를 줄게요, 죄송합니다." 문을 닫고 돌아서면서, "애들아! 좀 조용히 하라니까!" 하고 애들을 향해 소리를 지르겠지.

그리고 생각한단다. "아니, 웃기고 있어. 정말! 공동생활을 하는 사람이라면서, 애들이 좀 뛰는 것 가지고 저렇게 난리를 치는 거는 뭐야! 정말." "애들이 뛰는 게 싫으면, 단독주택에서 살지, 왜 공동주택서 살고 지랄이셔!"

이들 두 이웃은 이미 확신을 한단다. 몰상식한 이웃이 아래층에, 위층에 산다고, 더러운 이웃을 만났다고…….

두 집 다 확신을 하지. 정말 밥맛이라고…….

그리고 언제든 싸울 준비를 하지.

아랫집의 논리는 '공동주택의 생활을 하면서 이웃에 대한 배려로 자제시키고 절제를 해야지. 단독주택에 사는 사람처럼 제멋대로 사느냐?'

윗집의 논리는 '공동주택 생활을 하면서 약간의 소음 정도는 이해를 해야지. 단독주택에 사는 사람처럼 조용한 것을 원하느냐?'

예를 든 아래윗집의 논리를 보면 결국 둘 다 옳다고 볼 수 있단다. 각자의 입장에서만 보면…….

그리고 아이들이 또다시 쿵쾅거리며 뛰어다니고, 결국엔 아랫집 사람이 다시 인터폰을 하지.

"제발 애들 좀 주의를 줘요. 공동주택에 살면서 몰상식하게시리……."

위층 사람도 이번엔 참지 않고 받아 치지.

"뭐요? 몰상식! 여보세요, 공동주택생활을 하는 사람이 그 정도도 이해를 못 해요? 무식해가지고……."

"뭐? 무식?"

씩씩대며, 아래층 사람이 올라가고, 그 결과는 불을 보듯 뻔하겠지.

바로 칼날을 들이대는 말은 상대도 바로 칼을 잡고 대응하게 만든단다. 몰상식이라고 전에 한 말이 칼날이 되어 이미 위층의 이웃 가슴에 꽂혀 있었던 것이지. 그러나 조금만 각도를 바꿔 보자. 아주 조금만.

아랫집에서 윗집 아줌마를 커피 한잔 하자고 초대를 하는 거지. 그러고는 일상의 말들을 하는 거야.

"아래 위층에 살면서 서로 얼굴도 못 봤네요." "애들이 남자애들만 있나 봐요?" "네, 애들이 너무 뛰어다녀서…… 혹시 너무 시끄럽지 않나요?" "애들이야 뭐 뛰는 거지요. 애들이 걸으면 어른이지, 애인가요?

이렇게 웃으면서 이야기를 하다 보면 윗집에서도 아이들이 뛰는 것을 자제하게 할 것이고, 아랫집에서도 조금은 이해를 할 것이고…….

모든 분쟁의 원인이 그러하단다. 상대에 대한 기본적 배려가 없는 데에서 시작되는 것이지. 내 입장에서만, 내 쪽의 관점에서만 바라보기 때문인 것이지. 아니면 애들이 있는 윗집에서 사전에 음료수 박스라도 사들고 내려가서 **"우리 애들이 너무 뜁니다. 주의를 주지만 너무 죄송합니다."**라고 양해를 구한다면, 아래층도 비수를 들이대듯이 바로 쫓아 올라와서 소리를 지르는 일은 없겠지.

이런 소소한 배려가 세상을 부드럽게 한단다. 물론 그렇게 사전에 음료수를 사들고 가 양해를 부드럽게 구해도 **"이런 거 필요 없어요. 애들이나 조용히 좀 시키세요."**라고 하고 문을 닫아 버리는 사람들도 많지.

그거야 어쩌겠니.

그곳에,

아래층에,

너희 옆집에

개들이 사는 걸…….

연못 속의 붕어에 대하여

공짜 : 힘이나 돈을 들이지 않고 거저 얻은 물건

행운 : 국어사전으로는 '좋은 운수'라는 명사

행운이 뭘까? 당연히 이 말은 **'공짜'**와 하등 다를 게 없는 말이지. 노력하지도 않았는데 거저 얻어지는 것, 그런 것들을 우리는 행운이라고 하지. 또한 자신이 들인 노력보다 더 많은 보상을 받는 것, 이 또한 우리는 행운이라고 할 수 있지. 따라서 행운을 좋아하는 사람은 곧 **'공짜'**를 좋아하는 사람이라고 보면 틀림없단다.

타인의 과도한 호의를 경계하라.

정당한 대가를 능가하는 '행운'이란 없다.

사기를 당하는 출발은 **'행운'**이라고 할 만큼의 대가를 기대하는 마음(네 욕심), 또 그만큼의 미끼를 제공하는 상태(사기꾼), 그것이 바로 사기를 당하는 출발점인 것이란다. 미끼를 무는 순간, 물고기로서는 돌이킬 수 없는 일이 되어 버린단다.

세상엔 너희에게 저절로 오는 행운은 없단다. 결단코!

어쩌다가 길을 걷다가 만 원짜리 하나를 줍는 것을 행운이라고 한다면 몰라도…….

모든 행운은 사기의 출발일 가능성이 전부라고 봐도 과언이 아니다.

세상이 너희를 위해 존재하는 것이 아니란다.

지구가 너희를 위해 돌아가는 것이 절대 아니란다.

태양이 너희를 위해서 떠오르는 것이 아니란다.

너희가 특별해 '행운'이 온다고 착각하지 마라.

너희가 신의 선택으로 태어난 것이라는 지독한 환상에서 벗어나라.

아빠 친구가 사업을 처음 시작할 때쯤, 서울 양재동 사거리를 걸을 때, 삼성이라는 마크를 단 탑차가 다가와서 노트북을 싸게 사겠느냐고 은밀히 물어보더란다. 자기는 삼성 영업사원인데 마침 노트북 한 대가 남아서 시중가의 절반 가격에 주려고 한다면서. 그 돈으로 직원들끼리 회식을 하려고 한다는 친절한 설명과 함께…….

마침 노트북이 필요했던 아빠 친구는 '이런 행운이 내게' 하면서 냉큼 사겠다고 했단다. 후미진 탑차의 조수석에서 가방을 열어 내용을 확인하고, 급히 은행에서 돈을 구해 왔지. 상대는 서둘러 가방을 건네주고 빨리 헤어지자고 하더란다. 그 자리에서 다시 노트북 가방을 열어 확인하지 못하고, 차에 타서 흥분된 마음으로 노트북 가방을 열어 봤더니, 노트북은 없고 전화번호부 인명부 책 한 권만 덜렁 들어 있더란다.

이렇듯 세상에는 사기꾼들이 많단다. 사기꾼들도 문제이지만, 손쉽게 노트북을 싸게 사려고 했던 아빠 친구의 욕심과, 그것이 자기에게 굴러 온 행운이라고 생각한 아빠 친구의 잘못이 더 큰 것이란다.

많은 곳에서 행운을 이야기하지. 심지어는 탁구 경기를 중계하는 아나운서도 끊임없이 행운을 중계하지. 탁구대 끝에 살짝 맞고 떨어지는 탁구공을 **"네, 행운까지도 따라 주는군요!"** 라고.

그것은 절대로 행운이 아니란다. 그렇게 탁구대의 모서리를 스치듯 맞고 떨어지도록 탁구공의 각도와 회전, 그리고 힘이 작용하게 선수가 친 때문이란다. 설사 탁구 선수가 의도하든 의도하지 않았든 간에…….

너희도 당구를 쳐보면 알거야. 후루꾸(일본식 발음)라고, 영어로는 Fluke(요행), 뜻밖의 행운이란 뜻이지. 의도하지 않는 방향으로 당구공이 회전하고 벽에 부딪혀 또 다른 공을 맞추는 것을 Fluke라고 하지. 객관적으로 누가 봐도 의도하지 않은 결과가 뜻밖의 좋은 결과를 가져올 때, 우리는 행운이라고 말하곤 하지.

그러나 실상 그것은 행운이 아니란다. 당구를 치는 자가 의도했는가, 의도하지 않았는가일뿐, 그 당구공이 그러한 각도와 힘으로 회전되고 이동되도록 쳤기 때문인 것이지.

따라서 세상에는 공짜란 없단다.

'행운이다.' 라고 생각하는 순간! 그것은 사기의 출발일 가능성이 단 1%도 부족하지 않은 100%인 것이란다.

아침 일찍 연못 속을 돌아다니던 붕어 앞에 놓인 먹음직한 지렁이를 무는 순간! 그 붕어에게는 돌이킬 수 없는 치명적인 타격이 되어 버리는 거란다.

붕어를 잡기 위해선 반드시 행운이라고 믿을 만큼의 미끼(제안)가 필요한 법이란다.

행운을 믿지 마라. 행운이란 사기의 출발일 뿐이다.

행운을 멀어라! 그리고 낚싯줄에 걸린 연못 속의 붕어가 되거라.

발차기에 대하여

우리는 나이를 중요하게 생각하지. 만나자마자 나이를 먼저 확인하는 것이 한국 사람들이 가진 특이한 습성이란다. 나이란 단지 떡국 먹고 쌓아 놓는 숫자에 불과하다.(물론 절대적으로 그런 것만은 아니지. 극단적으로 말하면 그렇다는 것이지.)

너희가 노력해서 쌓아 놓은 나이라면 몰라도 서둘러 그 나이를 자랑하지 마라. 떡국 먹고 쌓아 올린 나이를 주장하지 마라!

가장 내세울 것이 없는 사람들이 한결같이 하는 말이지.

'야~아, 너~어~ 몇 살이야?'

어느 대학 출신인가를 알아보려 하는 것 또한 대한민국의 특이한 습성이지. 어느 대학 출신이냐고 묻지도 말고, 부끄러워하지도, 과시도 하지 마라. 서둘러 부족한 능력을 포장하려는 사람들이 평생을 우려먹는 것이 학벌이란다.

일 년, 365일, 일주일 중에 토요일과 일요일을 제외하고, 실상 5일 내내 강의를 듣는 학생은 드물지. 그러니 일주일, 7일에 4일만을 학교에 나가는 대학생이 전부라고 할 수 있지. 일주일 중에 3일, 한 달이면 12일, 일 년이면 100일 정도는 수업이 없지. 여름방학, 겨울방학 약 80일, 법정 공휴일 약 20일을 더하면 일 년 중 절반 이상을 노는 것이 대학이란다. 기껏 하루도 빠짐없이 공부한다는 120~130일 중에도 축제라 놀고, MT 간다고 놀고, 운동회 한다고 놀고, 1학년은 일학년이라고 놀고, 2학년은 군대 간다고 놀고, 4학년

은 졸업반이라 놀고. 몇 년 동안이나 같은 학년들에게 반복되는 똑같은 중간고사, 기말고사 시험을 내는 교수, 빨래 널려 있듯이 많단다.

해병대 출신이라는 것을 평생 우려먹는 연예인들이 있듯이, **허망한 포장지로 너희의 부족함을 포장하려 하지 마라.** 대한민국의 대학은 4년의 세월을 탕진하게 하고, 20~30점의 시험 점수 차이로 인간의 등급을 매기고, 비싼 수업료의 대가로 조금 두꺼운 A4용지의 학위를 파는 파렴치한 장사꾼에 지나지 않을지도 모른단다.

대학이 주는 것, 그것은 졸업하는 날 복사지보다 두꺼운 A4용지에 도장 찍힌 종잇장(diploma) 하나만을 덜렁 준단다(이 또한 극단으로 표현해서 그렇다는 것이란다.). 수능시험 몇 점 더 받은 점수로 얻은 학벌로 평생 너희의 능력을 포장하려 하지 말라는 것이다.

다리가 굳어 앞차기도 제대로 안 되는 상태로 초등학교 3학년 때 받아 놓은 태권도 2단증을 서둘러 드러내 보여, 평생 우려먹으려 하는 것과 매양 같은 짓일 가능성이 크다는 것이란다.

학벌로 사람을 판단하는 우매한 짓 또한 경계하라. 일류 대학을 나왔다고, 일류대학을 다닌다고, 그것으로 사람을 평가하려 하지 마라. 포장지로 사람을 평가하는 잘못을 저지를 수 있단다. **그가 들고 있는 잘 손질해 놓은 연장만으로 능력까지도 서둘러 잘못된 판단을 할 수도 있단다.**

진정한 그 사람의 그릇으로, 능력으로 평가하려 애써라.

1900년대 생산된 286컴퓨터를 어느 일류대학이 만든 것이라고 자랑하고 돌아다니는 꼴이 될 수 있단다. 끊임없이 업그레이드(Upgrade) 시키지 못하는 컴퓨터는 고물이란다.

너희의 능력인 현란한 앞차기와 뒤돌려 차기만이 경기장에선 인정을 받는단다. 그런 사회가 되어야 한다.

발상의 전환에 대하여

아빠가 너희 나이쯤 되었을 때, 돌아가신 할아버지께서 아빠에게 해주신 이야기를 하나 더 해보자.

옛날 부잣집에서 며느리를 뽑는 과정이 있었단다. 그 부잣집에서는 다음과 같은 조건을 충족하는 아가씨를 며느리로 뽑겠다고 공포하고 후보 아가씨들을 테스트했지. 조건은 쌀 한말(약 8kg)을 가지고 장정 3명과 몸종 아가씨 둘, 그리고 본인까지 6명이 한 달을 버텨내는 사람을 며느리로 맞이하겠다고 했단다.

많은 후보들이 도전을 했고, 어떤 이는 쑥이나 야채를 쌀과 섞어서 죽을 쒀 먹기도 했고, 또 어떤 이는 잡곡과 바꿔서 양을 늘려서 버텨 보려고도 했지만 3명의 장정과 두 몸종 6명이 버티기에는 무리가 있었단다. 많은 후보들이 보름을 버티지 못하고 도망을 갔단다.

그런데 어느 날 한 아가씨가 또 도전을 했고, 그 아가씨는 도전이 시작하는 그날 바로 쌀 한 말의 절반을 덜어서 몸종에게 말하기를 "이걸 가지고 고깃간에 가서 고기로 바꿔 오너라." 하더란다. 그리고 그날 저녁을 흰쌀밥에 고기반찬으로 모든 사람들을 배부르게 먹이더란다. 몸종들은 생각했대. **"아! 이 여자가 밥이나 잔뜩 배부르게 먹고, 내일 도망가려고 하는구나."** 하고.

아가씨는 다음날 아침도 똑같이 모두에게 고깃국에 쌀밥을 배부르게 먹이고 나서는 장정 셋에게는 **"너희는 산에 가서 나무를 해 오너라."** 하고, 몸종들에게는 **"너희는 장터에 가서 삯바느질거리를 모두 구해 오너라."**라고 하더란다. 이렇게 한 달 후가 되니, 쌀이 열 가마니가 넘게 쌓이더란다.

그렇단다. 절약만으로는 가난하게 살지 않을 수는 있어도 부자가 될 수는 없단다. **누구나 하는 생각이 아닌, 발상의 전환, 생각의 전환은 많은 문제를 해결하는 결정적인 열쇠가 되곤 한단다.**

가난한 자! 부자인 자! 거기에는 다 이유가 있는 거란다. 머리를 쓰라고 하면 보통들 잔머리를 쓰지. 잔머리로는 약삭빠른 거간꾼이 될 수는 있어도 참다운 리더가, 부자가 될 수는 없는 거란다.

부자가 되고 싶은가?

발상의 전환과 사고의 전환, 그리고 창조적인 머리로만이 부자가 될 수 있는 거란다. 가난한 것이 착하기 때문이고, 부자인 자들이 탐욕스럽게 타인의 몫을 뺏어 간 자가 아니란다.

어리석은 자는 널린 기회도 잡을 수 없지만, 지혜로운 자는 어려움 속에서도 창조적인 생각으로 기회를 잡는 자란다. 가난한 자는 어리석거나 게으르거나 무지하거나 꽉 막힌 사람이거나 세상을 단순하게 사는 사람들일 가능성이 매우 높단다.

우리 인간이 지구의 주인이 된 이유가 무엇일까? 신이 우리를 창조해서? 인간이 지구의 주인이 되어 모든 동물을 지배하게 된 이유! 그것은 탁월한 지적 능력뿐이란다. 마찬가지로 인간과 인간들 중에 발생하는

빈부의 격차! 그것 역시 100% 지적 능력의 차이란다.

이 이야기가 어느 책에도 있는 것인지는 몰라도 어려서 할아버지께 이 이야기를 듣고 많은 교훈을 얻었단다. 지금도 아빠는 사업을 하면서도 또 세상을 살면서도 이 교훈을 명심하고 있단다. 따라서 아빠는 너희에게 절약만을 강조하지는 않는다. 절약만으로는 가난하게 살지 않을지라도 부자가 될 수는 없기 때문이지.

창조적인 생각, 관점의 다양성, 고정관념으로부터 벗어난 자유로운 사고!

그것이 부를 만드는 기본적 필요조건이란다.

어떤 **사람을 제대로 알고 싶은가?**

지금 그 사람이 서있는 그 모습을 보라!

지금, 서있는 너희의 위치! 너희의 모습!

그것은 100% 평상시 네 생각들의 결과!

그것의 표현일 뿐이다.

지금 서있는 당신의 위치!

그것만으로도 나는 모든 이들의 지난 10년 20년 30년 모두를 알 수 있다! 내가 점쟁이냐고?

보자!

현재의 그가 서있는 모습은 과거의 그의 생각과 행동, 가치관 등 모두를 그대로 대변하는 것이지.

현재의 그의 모습과 그자가 서있는 위치를 보면, 누구나 그의 현재를 있게 한 지난 시간의 궤적[trajectory, 軌跡] 을 통해서 쉽게 유추해 낼 수 있단다.

그의 생각과 그의 행동, 그의 가치관, 성실도, 심지어 지적 능력, 문제해결 능력 모두를…….

자! 이제 지금 서있는 자! 그자의 미래를 예측해 보자!

앎으로 그자의 미래가 어찌될 것인가?

너무나도 쉬운 문제란다. 그자의 과거를 맞춰 보는 것만큼이나…….

그자의 현재 위치로 우리는 쉽게 과거를 알 수 있었지.

마찬가지로 그자의 **과거 궤적은 그자의 미래, 향방을, 예측하게 한단다.**

많은 이들이 말하지.

【네가 감히 내 미래를 어떻게 예측하느냐?】

【내가 10년 뒤, 20년 뒤 오늘과 같이 살라는 법이 어디 있느냐? 】

그럼 내가 물어보자!

【 10년 뒤, 20년 뒤 당신이 오늘과 달리 살라는 법은 또 어디 있느냐? 】고.

단 한 가지 그자의 미래를 도무지 예측할 수 없게 만드는 단 하나!

그자의 미래의 방향을 바꾸는 단 하나!

그것은!

그자가 현재의 생각을 바꾸는 것뿐이란다.

생각을 바꾸지 않으면, 너희의 현실을 절대로 바꿀 수 없다!

생각을 바꾸지 않으면, 너희의 인생을 절대로 바꿀 수 없다!

'생각은 너희의 육신덩어리를 움직이는 조정관이란다.'

'생각은 너희의 현재를, 미래를 결정하는 전부란다.'

너희는 이 말에 이의를 제기할 합당하고 논리적인 이론을 가지고 있는가?

중간에 대하여

중용이란 한쪽에 너무 치우치지 않는 행동과 말, 그리고 생각을 이야기하는 것이란다. 동양과 서양을 막론하고, 우리보다 앞서 살아간 지혜로운 사람들이 한결같이 이 중용의 중요함을 이야기하고, 이 중용에 관해서는 결론을 내려, 우리들 후손들에게 정답으로 내려 준단다. 이는 우리 같은 평범한 사람들도 쉬 이해할 수 있고, 또한 모두에게 적용되는 보편타당한 진리이기 때문이지.

사람의 관계에서도 너무 멀리하면 마음도 멀어져 관계가 소원해지고, 반대로 너무 가까이 지내다 보면 소소한 일로 서운한 감정이 들어 실망하고 삐쳐서 차라리 가까이 지내지 않은 만 못한 경우도 종종 있지.

너무 엄격하거나 사나우면 사람들이 멀리하고, 너무 나약하고 유약하면 사람들이 무시하는 법이니 너무 가까이도, 너무 멀리도 하지 말라고 했고, 경제학에서도 수요와 공급의 가장 바람직한 비율이 넘치지도, 부족하지도 않은 상태라고 정의를 내리고 있지.

서양의 철학자 아리스토텔레스는 **"적당한 것이 가장 좋은 것이다."**라고 보았지.

그는 **용기를 무모하지도 겁먹지도 않은 상태라 했고,**
절제란 방종도 무감각하지도 않은 상태라 했고,
오만하지도 비굴하지도 말라 했으며,
낭비하지도 인색하지도 말라고 했지.

적당한 거리를 두고 바라보는 것이 가장 아름다운 것이지. 가까이 해서 우리를 실망하게 하는 것이 우리의 삶 속에 너무나 많단다. 남녀 관계 또한 그러하고, 사랑도 너무 집착하고 지나치게 모든 것을 바치려 하면 배신당하게 되지. 너무 멀리 하면 외롭게 되고.

동양을 대표하는 철학자 공자도 적당한 것이 가장 좋은 것이라는 것을 **'과유불급(過猶不及)**이라는 말로 중용을 한마디로 정의를 내렸지.

'과한 것은 차라리 부족한 것만 못하다.'

너무 놀면 바보가 되고,

너무 공부만 해도 문제가 되고,

술을 너무 좋아해도 문제고,

건강에 좋다는 운동도 너무하면 문제가 되지.

몸에 좋다는 보약이나 비타민도 과하면 문제가 되는 것이지.

몸에 좋지 않다는 나쁜 콜레스테롤이라는 것도 부족하면 문제가 되고,

욕심이 없어도 이루어 놓는 것이 없으니 문제고,

과한 욕심은 모든 불행의 시작이 되기도 하지.

체면과 염치를 너무 차리지 말라 하면 몰염치하고 몰상식하게 행동하고, 과하게 남에게 친절한 것도 문제고, 또한 무례한 것도 문제가 되지.

정직하라고 너무 까발리듯이 정직한 것도 문제가 되고, 너무 팍팍하게 원리 원칙을 지키면 꽉 막힌 사람이라고 답답해하고.

당당하라고 하면 자만하고 오만하게 행동하기 쉽고,

겸손하라고 하면 비굴하게 행동하기 쉽고,

도전하라 하면 무모하게 행동하기 쉽고,

칭찬하라 하면 아첨하기 쉽고,

신념을 가지라 하면 고집불통 벽창호가 되기 쉽고.

다양성을 가져라! 그것을 인정하라! 라고 하면, 지켜야 하는 원칙마저도 버리게 되기 쉽지.

지나치거나 모자라지 않게 행동하고, 말하고 생각하며 살아가는 것. 참으로 쉬운 일은 아니나, 우리가 인생을 살아가면서 가끔씩 이 중용을 기준으로 우리의 인생을 되돌아보고, 또 지향해 볼 가치가 있는 기준이 아닐까?

가정에 대하여

가정이 무엇인가? 가족이 무엇인가? 단 한 사람도 예외 없이 태어나면서 가족이라는 단위로 시작이 되지.

많은 사람들이 가족과 가정을 위해서 일생의 많은 부분의 시간을 보내지. 돈이 많고, 권력이 있고, 명예가 높은 사람일지라도 가정과 가족에 소속이 되며, 그 가정과 가족을 위해서 일하고 노력을 하지.

자기 자신의 소중함, 그 다음이 가족이고, 가정이라는 것이란다.

한 국가를 지탱해 주는 가장 기본적인 단위!

그것이 가정이라는 것이란다. 국가와 우리 모두는 이 가정이라는 것을 지켜 주기 위해 최선을 다해야 한단다.

많은 사람들이 "왜 남녀의 애정사를 국가 권력이 간섭을 하느냐."는 명분하에 간통죄의 폐지를 끊임없이 주장한단다. 심지어 어느 가수는 공영방송의 시사 토론장에 나와서 "남녀의 애정을 국가가 간섭하는 것은 잘못이다."라고 궤변을 토한단다.

생각해 보자! 남녀 애정사의 불간섭은 처녀 총각에 국한되어야 한단다. 국가도 경찰도 법원도 목사도 신부도 그 누구도 처녀 총각의 문란한 애정사를 도덕적으로 비난을 할지언정 간섭하거나 책임을 묻지는 않는단다.

그러나 가정을 가진 남녀의 애정사는 반드시 그에 따른 책임과 의무가 있는 거란다.

요즘의 많은 이혼의 원인들이 애정이 변하고, 사랑이 변해서겠지만, 많은

수는 배우자의 부정 때문이란다. 이혼은 자신과 배우자, 그들과 형성되어 있는 많은 가족에게도 상처와 고통을 주지만, 치명적인 고통은 바로 그 자식들이란다.

국가를 구성하는 기본적 단위인 가정이 해체되면, 그 영향은 바로 국가에 심각한 영향을 주는 것이란다. 가정이 건강할 때 국가가 건강한 것은 지극히 자명한 것이지. 그 누구라도 권력을 가진 자나, 돈이 많은 자나, 명예가 높은 사람이나 그 누구라도 가족을 위해서 일하고 노력한단다.

이 나라 대통령도, 전 세계 최강의 나라 미국 대통령도 9.11테러가 났을 때 자신의 가족 안부를 최우선으로 물었고, 최고 갑부인 빌 게이츠도, 대한민국 최고의 갑부들도 딸과 아들의 손을 잡고 포토라인의 선을 밟고 선단다. 그 누구라도…….

일이 끝나고 나면 발을 밟히고, 앞사람을 밀어 넣으면서 수십 량의 전철들을, 올림픽도로를, 가득 메우는 사람들! 그들이 빵빵거리며 끼어드는 차들에 쌍욕을 해대며 돌아가려고 기를 쓰는 곳! 개미들처럼 입에 뭔가를 물고, 고단하게 돌아가려 애쓰는 곳! 가족의 품이다.

국가가 지켜야 하는 가장 소중한 단위, 국가가, 정부가 존재하는 이유! 바로 가족이란다. 가정이란다. 가정을 지키지 못하는 국가, 그것은 존재해야 하는 이유가 없다. 가정을 소중히 하지 못하는 정권! 그것을 비난하는 입이 더러울 만큼이나 그 존재감이 없단다.

다행히도 개념 있는 헌법재판소의 몇몇의 재판관들의 덕에 우리는 유지되고 있지. 허나 많은 사람들이 "전 세계에 몇 개의 나라들이 간통제도를 두는가?"를 주장하는 사람들도 넘치도록 많단다. 입에 거품을 물고 구취를 뿜어낸단다. 남이 장에 가면 개념 없이 똥장군을 지고 따라갈 사람들이지.

간통제도라는 것이 약자인 여자의 입장인가, 남자의 입장인가라는 시각, 그것을 논점으로 하는 것이 아닌데…….

단순한 남녀의 구성이 아니라, 한 가정의 양대 축을 이루는 부부를, 남자와 여자의 만남이 아니라 가정이라는 커다란 시각으로 바라봐야 하는데…….

그것이 무너져도 할 수 없지. 폐지되어도 할 수 없지. 그런 지성들로 우리 사회가 굴러가는 것을…….

피해가 개인에게만 미치는 안전벨트 미착용에도 국가는 3~5만 원의 벌금을 물린단다. 하물며 가장 소중한 가정을 깨는 일에 국가가 각자의 인격과 자유로운 판단에만 그것을 맡길 수는 없는 거란다. 따라서 **그 소중한 가정을 지키기 위해서 국가가 참견을 하는 일! 그것은 아무리 지나쳐도 부족한 거란다.**

너희가 만약 나중에 이혼을 생각한다면, 너희가 세상의 모든 여자들을 포기하고 선택했던 여자라는 사실을 되새겨 봐라. 너희가 세상의 모든 남자들을 포기하고 선택했던 남자라는 사실을…….

너희만의 생각이 아니라 국가와 사회와의 암묵적인 약속과 의무까지도 생각하라. 너희는 너희의 기본적 의무에 과연 최선을 다했는가? 스스로에게 물어보라. 부부로서의 신의를 지켰는가? 가장으로서의 최대의 의무인 사냥의 의무에 게으름을 피웠는가?

반대로 너희의 가장이 애써 잡아온 전리품의 관리자로서 최선을 다했는가? 깨끗한 집안을 유지했는가? 하루 종일 일하고 너희의 가정을 위해 목숨을 걸고 사냥하고 들어온 당신의 가장의 수고와 노고에 충분한 존중의 표시를 함에 부족함은 없었는가? 너희의 가장을 노예 부리듯 하지는 않았는가? 돈이나 벌어 오는 머슴을 하나쯤 둔 것처럼 굴지는 않았는가를…….

그러고도 너에게 잘못이 없다면, 결정하라! 잘못된 선택과 외롭고 고단한 노예의 생활에서, 그 굴레에서 해방되라!

벤츠, 구찌에 대하여

명품을 사서 들고 다니려 하는 것은 결단코 자신의 부족한 부분을 채우려는 허영심이 많은 부분을 차지한단다. 허영심을 채우려 하는 것이 나쁜 것이라고만 할 수는 없지. 그러나 너희 능력 이상의 비용을 지불하면서 그 허영심을 채우려 하는데 문제가 있는 거란다.

허영심이란 모든 인간이 근본적으로 가지고 있는 기본적 욕구란다. 인정받고자 하는 마음, 과시하고자 하는 마음, 이것이 많은 문제를 만들고, 과소비를 만들기도 하지. 명품에 목을 매는 사람들은 전부라고 할 수 없지만, 대부분 자존심이 빈약한 사람들일 가능성이 크단다. 또한 허영에 사로잡힌 사람일 가능성도 크겠지.

다이아몬드 귀고리와 예쁜 수정 귀고리의 차이는 과연 뭘까? 수백만 원짜리 PRADA나 GUCCI 가방과 디자인 예쁜 동대문의 질 좋은 가죽 가방을 들고 다니는 차이가 무엇일까? 명품 가방은 아무리 무거운 것들을 넣어도 깃털처럼 가벼운가? **많은 사람들이 자기만족이라고 주장하지. 아주 당당하게.**

그렇다! 자기만족이라 할 수도 있고, 자기만족이라고 인정하자. 그러나 실상 그 기저에 깔려 있는 그것의 많은 부분을 차지하는 것은 허영심이란다.

국산 고급차와 BMW나 벤츠 등 이름난 차와의 차이가 무엇일까? 많은 사람들은 안전하기 때문이라고 말하지. 정말 안전을 위해서라면 커다란 탱크 같은 차를 선택하는 것이 옳겠지. 아빠가 이야기하고자 하는 것은 각자의 능력과 취향에 따라서 소비를 하고 허영심을 충족하는 것은 개인의 자유이고,

비난의 대상이 될 수도 없으나, 단지 허영심만을 채우기 위해 자신의 능력을 능가하는 과도하고 어리석은 소비를 말하는 것이란다.

명품이나 좋은 이름의 차를 가진 사람을 부러워하지 마라. 그들은 자존심이 부족한 사람들일 가능성이 높단다.

냉철히 한번 생각해 보자.

명품이란 남이 알아주는 제품을 말하지. 인지도가 있고 또한 가격도 터무니없이 높은 제품들을 우리는 명품이라고 하지. 물론 이 명품은 반드시 품질도 좋고 높은 가격으로 인해 희소가치도 있어야 하겠지. 그럼 명품을 좋아한다는 것으로 우리는 무슨 행간을 읽을 수 있을까?

좋다! 아주 순수하게 남에게 보이기 위함도, 허영도, 사치도 아닌 순수한 자기만족이라고 거듭 인정하자!

자기만족이라면 그리도 자기만족이라고 주장을 한다면 남에게 보이기 위함이 아니라면 그 명품을 집에서만 써야 할 것이다. 그것들을 걸치고 턱을 치켜들고 엉덩이를 실룩거리며 길을 나서지 않아야 할 일이다.

명품을 좋아하는 것은 자신의 부족함을 다른 장식품으로 보상하려는 마음일 것이고, 그런 보상하려는 마음이 있다는 것은 자신에 대한 자신감이 적다는 반증이겠지. 또한 다른 장식품으로 자신을 과대평가 받으려는 허영과 과시욕이겠지.

허영의 또 다른 모습을 보자.

수천만 원의 비용을 들이는 결혼식을 보자!

단 20~30분을 위해 오성(五星) 호텔의 결혼식 테이블에 앉아 있는 것만큼 가슴이 먹먹해지는 일이 또 있을까?

채워진 허영으로 만족해 하는 신랑, 신부 아버지의 빛나는 이마와 기름진 얼굴, 힘준 머리에 늘어진 심술보를 실룩거리며 하객을 맞는 신랑신부의 어머니, 히죽거리는 신랑, 단아한 척하는 신부.

【인륜지 대사다!】 한다.

【평생에 한번 있는 일이다!】 한다.

평생에 한번 있는 일이 어디 결혼식뿐이랴! 매일 매일이 평생에 한번 있는 일(日) 인데……

【체면이 있지.】 한다.

그러나 다시 한 번 강조한다.

【체면은 반드시 남을 배려하는 체면이 진정한 체면이다.】라고.

【자신을 위한 체면은 절대로 허영의 다른 얼굴일 뿐이다.】

【결혼식에 참석하는 손님들의 체면도 생각해야 하는 것이다.】는 명분을 삼기도 하지.

그 손님들은 체면을 유지하고, 대접을 받기 위해서 결혼식에 참석을 하는가? 아니면, 축하를 위해서 하객으로 오는가?

너희는 절대로 호텔 결혼을 꿈꾸지도 상상하지도 마라.

아빠는 적어도 체면과 허영을 구별하는 합리적이고 논리적인 분별력을 가지고 있다.

허영의 노예에서 벗어나라! 그런 사람들을 시기하거나 질투하지도 마라! 비난하지도 마라! 더더욱 부러워하지도 마라!

자존심 빈약한 사람들을, 허영이 부리는 노예인 사람들을 부러워하는 웃기는 일이 될 테니…….

너희의 능력에 맞는 소비를 하라!

남에게 보이기 위한 너희 속에 내재된 허영이 너희를 지배하게 하지 마라!

그것이 가정과 자신을 망치지 않는 지름길이란다.

머슴 근성에 대하여

아빠는 일산 큰아버지 덕분에 일찍 이것을 깨달은 거란다. 많은 사람들, 현재를 살아가는 수많은 어른들도 이 사실을 모르고 사는 자들이 지천이란다. 길거리마다 넘쳐 난단다.

우리는 보통 남들이 한 바퀴 공중제비를 도는 기술을 발휘할 때, 한 바퀴 반을 도는 재주나 두 바퀴를 도는 재주를 갖추려 노력하지. 그래서 남들보다 더 많은 연봉과 인정을 받으려 노력을 하지. 능력을 갖추고, 노력하고, 그에 상응하는 대접을 요구하는 것! 지극히 당연하단다.

많은 사람들은 월급이 얼마고, 출퇴근의 시간이 어떠하고, 휴일은 며칠이고, 복지가 어떤가에만 사람들은 관심을 두지. 면접은 보면서도 그런 것들을 당당히 확인하고 체크를 하지.

그러나 너희는 그러한 곁가지들에만 관심을 두지 마라! 그러한 것들에 연연하는 사람들은 평생을 어설픈 머슴 생활만을 하려고 하는 사람들이고, 평생을 서커스 단원인 원숭이처럼 살 가능성이 높은 사람들이란다. 자신이 머슴 생활을 하는 것인지조차도 모르는 사람들일 가능성이 높단다.

너희는 그러한 소소한 조건들에 관심을 두지 마라.

조삼모사(朝三暮四)

이런 일이 어디 어리석은 원숭이에게만 국한될까? 직장을 선택하는데 어느 것에 우선의 관심을 두는가! 관심을 두는 시각의 차이! 그 시작은 차이가 없는 듯 보이나 시간이 지나면 엄청난 차이를 만든단다.

대한민국 최고의 기업이라고 하는 삼성, 엘지, 현대라는 회사를 다닌다 할지라도 결국엔 거상(큰 장사를 하는)에 소속된 머슴에 지나지 않는 거란다.

옛날에 거상에 소속되어 있는 머슴과 작은 가게에서 일하는 머슴이 주막에서 만나 모처럼의 술잔을 나눈다고 가정해 보자! 거상에서 일하는 친구가 자랑하듯 말하겠지.

"우리는 어제 보너스로 보리쌀 두 말하고, 좁쌀 두 바가지 받았다."라고 자랑하듯 말하면 "에이 씨! 우리는 좁쌀 한 됫박만 받았는데."라고 작은 상점에서 일하는 친구가 대답하며 말하겠지. "역시 큰 곳에서 일을 해야 해."라며 불평을 하겠지. 헤어질 때 거상에 속한 머슴이 거만하게 말하겠지. "오늘 막걸릿값은 내가 낼게……."

이와 똑같은 내용을 요즘은 주막이 아닌 맥주 집에서 넥타이를 매고, 와이셔츠를 입고, 탁자 옆에 큼지막한 스마트폰을 테이블에 놓고 다른 단어를 쓰면서 이야기하겠지.

"우리 회사는 어제 보너스가 200% 나왔어. 실적이 좋았거든." "그래? 야! 부럽다. 역시 대기업을 다녀야 돼."

둘이 맥주 집을 나설 때 "오늘 맥줏값은 내가 낼게!"

삼성의 직원이라고, LG의 직원이라고, 무슨 은행의 직원이라고, 자랑하지 마라. 상황과 기본은 동일한 것이란다. 보리쌀 몇 말 더 받는 것으로 만족하고, 그것을 자랑하려는 좀팽이, **머슴 근성에서 벗어나라.**

내가 이 회사에서 무엇을 배우는가?

앞으로 내가 무엇을 배워서, 내 그릇을 키울 것인가?

그것이 몇 백만 원의 연봉과 휴일 수나 복지보다도 훨씬 중요한 거란다.

직장 동료들과의 술자리에서도, 친구들과의 대화에서도 가끔 우리는 머슴 생활을 하는 것에 지나지 않는 것이라는 논리로 말했지. 많은 직장 동료들이

酒
우리는 세경이
쌀 2 가마니야
우와
좋겠다
오늘 술값
내가 내지

나는 연봉이
5,000만원이야
BAR
부럽구만
오늘 맥주값
내가 내지

나 친구들이 아빠에게 짜증나는 듯이 잘난 체한다는 듯이 이렇게 말했지.

"기분 나쁘게 머슴이 뭐냐?" "말을 해도 정떨어지게 한다." 고. 그렇게 말하던 그 친구들, 마흔이 넘고 오십이 넘어가는 나이에도 그저 그런 위치에서 살거나, 지금도 나아진 삶이 별로 없단다.

지금 우리는 연봉을 받고, 500년 전에는 '새경' 이라는 것을 받았지. 이것이 일 년 단위로 받던 급여란다. 지금은 우리는 '과장' 이니 '대리' 니 '부장' 이니 하는 직함과 호칭을 쓰지. 인터폰으로 사장이 "이 과장." 하고 부르면 "네, 사장님." 하고 달려와서 "사장님 부르셨습니까?" 대답하지.

수백 년 전엔 '마당쇠야.' 하고 부르면 "네 마님." 하고 달려오는 것과 하등 무엇이 다른가! 지금의 우리들의 손에 볼펜과 연장이 들려 있고, 그리고 컴퓨터의 자판을 두드리지. 수백 년 전에는 우리의 손에 삽과 괭이가 들려 있었을 뿐, 다른 것은 아무것도 없단다. 우리가 일하는 일터가 사무실 안이고, 공장 안이고, 그때의 일터는 논두렁이거나 밭고랑이었겠지.

'과장' '부장' 이라는 포장지에 감추어진 호칭 속으로 우리는 이러한 상황을 절실하게 인식하지 못하고 살아갈 뿐이란다. 이런 사실을 인지하고 살아가는 것과 모르고 사는 것의 차이가 없을 수도 있지만, 세월이 지나면 이것 역시 너무나 많은 차이를 나게 한단다.

만약 너희가 직장생활을 해 월 200만 원을 받는다면, 반드시 월급날 **"나는 회사에 오백, 아니 천만 원의 이익을 남기도록 일을 했는가?"** 라고 반성을 하라. 이백만 원짜리 일을 하고, 너희가 이백만 원을 가져간다면 누구도 너희를 쓰려 하지 않을 것이기 때문이다.

너희가 직장생활을 한다면 월급을 올려 달라거나, 더 받을 것을 요구하지 마라! 너희가 더 받을 수 있는 능력이 있음에도 불구하고, 부당한 대우를 받는다고 생각하면, 너희 능력을 인정해 주는 직장으로 옮기면 되는 것이다.

너희는 직업 선택의 자유가 절대적으로 보장되는 나라에 살고 있다. 아니 차

고 넘치게 보장되는 나라에 살고 있단다. 국가의 행정부에 노동부라는 부서는 절대적으로 너희가 부당한 대우를 받지 않도록 보장하고, 감시를 하기 위하여, 수백, 수천억의 예산을 써 가며 기업을 감시하는 사람들로 넘쳐 난단다. 누구도 너희에게 총과 칼로 그 직장에서 부당한 대우를 받으며 있으라고 강요하지 않는다.

너희가 선택한 직장이고 또 지금 너희가 받는 대우가 너희 그릇에 합당한 대우를 받고 있는 것이라는 것을 명심하라. 너희가 노력해서 자신의 가치를 높이려는 일을 게을리 하면서 오직 더 받으려 욕심을 부리는 것은 강도와 하등 무엇이 다른가? 길모퉁이에 앉아서 문신한 팔뚝을 드러내 보이며, 통행세를 받아 챙기려는 양아치, 건달과 무엇이 다른가?

오랜 시간, 10년을 20년을 동일한 직장에 있었다고, 자랑하지 마라!

그 직장에 충성과 청춘을 바쳤노라고 아전인수, 무개념의 억지를 부리지 말라!

그 반대로 10년 20년을 너희의 자식들을 부양하고, 교육시키고, 먹여 살리도록 사냥터를 제공한 고마운 곳이란다.

단물 빠진, 씹다 뱉는 껌처럼 버린다고 비난하는 궤변을 토하지 마라!

그릇을 키우지 못한, 새로운 단물을 제공하지 못하는, 끊임없이 노력하지 못한 너희의 부족한 능력의 탓임을, 부족한 노력의 탓임을, 빈개념의 탓임을 명심하라!

비전이 없다는 개 짖는 소리하지 마라!

회사는 비전을 주는 곳이 아니란다. 합당한 월급을 주는 곳이란다. 비전은 너희가 찾아야 하는 온전히 너희만의 몫이란다. 그것이 사회란다. 그것이 우리가 사는 자본주의란다.

많은 젊은이들이 대학을 졸업하면 누구나 장교의 계급인 '소위' 라는 계급이 자동으로 사회에서 주어지는 것이라는 착각을 하지. 대학 졸업장이 자신의 신분을 보장하는 증명서쯤 되는 것으로 착각을 하지.

그렇단다. 그것은 정말로 심각하게 어리석은 착각이란다. 내 친구는 얼마의 연봉을 받고, 심지어 후배가 자신보다 많은 연봉을 받는다고 툴툴대며 불평을 해댄단다. 똑같은 졸업장을 받았는데, 왜 나보다 급여를 더 받는 이가 있는가? 똑같이 입사를 했는데…….

불만을 토로하지. 이런 어리석고 개념 없는 생각들이 젊은이들의 머리를 지배하게 되는 이유가 무엇일까?

자신이 좋은 대우를 받는 친구나 후배보다 똑똑하다고 생각하지. 그리고 자신은 부당한 대우를 받고 있다고 불평을 하지. 자신이 그들보다 학생 때 공부도 더 잘했다고 말하지. 학생 때 친구들보다 큰 조각칼을 가지고 있었다고, 사회에서 조각을 더 잘하는 것이 아니듯이, 학생 때 친구보다 달리기를 더 빨리 뛰었다고 훌륭한 축구 선수가 되는 것이 아닌 것과도 같은 이치란다.

너희는 단지 기본 소양과 기본기를 가지고 사회로 나가는 것이라는 사실을 명심하라. 단지 1000m 달릴 수 있는 기초체력과 100m를 18초 이내에 달릴 수 있는 순발력을 습득하고 트레이닝 받은 정도란다. 그리고 사회에 나아가 너희의 피나는 노력으로 진정한 축구 선수가, 농구 선수가, 럭비 선수가 되어 가는 거란다.

프로축구 선수가, 프로농구 선수가 대학을 졸업하자마자 거액의 계약금으로 입단하듯이 사회의 병아리로 출발하는 너희에게도 똑같이 해당하는 것이라는 심각하게 어리석은 착각에서 벗어나라.

너희가 노력해서, 너희의 노동의 가치를 올리고, 너희의 그릇을 키운다면 반드시 물병의 물이 저절로 수평을 맞추듯이, 그에 합당한 대우를 받게 되는 거란다. 자신의 지위는 스스로 노력해 얻는 **'성취지위'** 라는 것을 명심하라.

수백 년 전의 머슴은 **'귀속지위'** 였지. 아버지가 머슴이면 그 자식이 아무리 똑똑해도, 아무리 열심히 노력을 해도 머슴의 신분을 벗어날 수가 없었지. 즉, 한번 종지로 태어난 이상 영원히 변할 수 없는 종지로 살아야만 했지. 그런 사회라면 깨부숴야 하지. 총을 들든, 창을 들든, 돌을 들든, 촛불을 들든…….

그러나 지금은 성취지위란다. 누구나 노력하면 지위나 신분을 상승시킬 수 있는 것이란다. 너희의 그릇을 키울 수 있는 거란다.

불평하기 전에 자기반성을 먼저하고, 노력을 먼저 해라!

그릇을 키우려 노력하라!

자신의 그릇을 되돌아봐라!

이미 모든 것을 기득권자들이 차지하고 있다고 불평하지도 마라!

역으로 의기소침도, 기죽지도 마라!

불가능하다고 함부로 말하지 마라! 정말로 불가능한 것이 된단다.

다행스럽게도, 참으로 다행스럽게도 너희가 태어나 살아가는 대한민국은 너희가 키우는 그릇대로 대접을 받을 수 있는 나라란다. 너희의 능력대로 세상을 사는 것이 절대적으로 보장된 나라란다. 설탕물을, 식용유를 물처럼 마시고, 그것으로 밥을 말아 먹어도 기인이라고 출연료를 줘 가며 유명인을 만들어 주는 좋은 나라에 살고 있단다.

기득권을 가진 자들도 나이가 들게 되면, 판단력도 흐려지게 되어, 빈틈을 보이게 되는 거란다. 불평이나 하는 자에겐 세상의 어떠한 빈틈도, 기회도 보이지 않는 법이란다. 눈을 뜨고 최선을 다해 준비하면 반드시 기회는 오는 법이다. 눈은 감겨 있고, 시야는 좁으면서도 허영에 차 욕심만 부리는 어리석음을 경계하라.

부자를 질투하고 시기하지 마라! 그만큼 그들도 노력을 한 결과란다. 너희가 너희에게 주어진 시간들을 게으름과 무개념, 유희로 탕진할 때, 그들은 땀 흘려 깊이 밭을 갈고, 씨 뿌린 사람들이다. **그들의 과실이 부당하다고 불평하는 너희의 무개념의 생각들이 입을 벌려 불평을 토해 내 지구 온난화에 일조하는 구취 나는 너희의 입이 부당할 뿐이다.**

로또나 복권을 사는 어리석고 허황된 꿈을 꾸지 마라!

로또나 복권을 사는 어리석은 기대로 성공을 얻을 수는 절대로 없단다. 혹자는 그래도 일주일간은 행복한 꿈을 꿀 수 있지 않느냐고 말하는 왜곡된 관점을 가진 사람들도 있지.

행복한 꿈이 아니라, 허황된 꿈으로 일주일을 탕진하는 사람들이란다.

허망하게 탕진된 일주일이 쌓여 1년을 10년을 허비하게 한단다.

복권으로 일주일을 행복한 꿈을 꾸는 자!

실현 불가능한 허망한 꿈으로 기와집을 부쉈다가 지었다가 하는 자!

마약에 취해서 일주일을 해롱거리는 사람들과 진배없다.

세상은 오직 항상 사전에 철저히 준비하고, 성실히 노력하는 자에게만 그 보상이 주어진단다.

눈을 떠라! 아빠를 닮아 작은 너희의 눈을 부라려 크게 뜨라는 것이 아니다. 너희는 잘났으나 세상이 너희를 몰라본다고 개 짖는 소리 같은 착각에서 벗어나라!

눈을 뜨고 있는 듯이 보이지만, 눈을 감고 사는 사람이 되어서는 안 된단다.

노력 없이 얻는 것! 그것은 단 하나도 없는 것이다.

이것은 아빠의 생각을 너희에게 해주는 말이 아니라 신(God)의 뜻이고, 해가 뜨고 지는 일처럼 신(God)이 깔아 놓은 세상을 움직이는 기본적 프로그램 중에 하나란다.

미쳐라! 미쳐 버려라

아빠는 너희가 먹고 살기 위해서만 직업을 선택하지 않기를 정말로 희망한다.

아빠는 단언하건데 너희가 부와 명성, 권력을 갖는 직업을 갖기를 희망하지 않는단다. 너희가 국회의원이나 판사, 검사 등 권력을 가지는 위치에 있는 것이 절대로 아빠의 자랑이 될 수는 없단다. 너희가 변호사, 의사, 유명 연예인, 누구나 아는 스타의 위치에 서 있는 것, 금고를 가득 채우는 부를 쌓는 것! 어떤 것도 아빠의 자랑이 될 수는 없단다.

너희를 잘 키워 좋은 직업과 너희가 쌓아 놓은 명성으로 아빠의 허영을 채우고자 하는 욕심을 '전혀' 라고 할 만큼 없단다. 그것을 희망하지도 않는단다.

절대로!

돈을 많이 번다는 대명사 같은 치과의사를 예로 들어보자. 그들이 많은 돈을 벌수는 있겠지. 또한 아픈 이빨로 고통 받는 이들을 위한 일을 한다고 위안을 삼고 보람을 얻을 수도 있겠지. 그러나 아침부터 저녁까지 냄새 나는 남의 입이나 뒤적거리는 일로 얼마나 많은 만족과 보람, 희열을 느낄 수 있을까?

치과 의사를 비하하고자 예를 든 것은 아니란다. 그들이 돈을 잘 번다고 통속적으로 하니 든 예이고, 단순히 돈을 잘 번다고, 그 직업을 선택하지는 말라는 뜻이란다. 세상의 모든 일에는 반드시 빛과 그림자가 있는 법이란다. 먹고 살기 위해서, 자식을 부양하기 위해서만 일을 한다면 그 일은 무엇이 되던 참으로 고단한 일이 된단다.

아빠가 이렇게 말하는 것이 아주 사치스러운 말이 될지도 모르지. 실상 수많은 사람들이 고단하게 직업을 선택하고 있고, 또한 수많은 가장들이 그들의 처와 자식을 부양하기 위해서 직업을 선택하고, 또 고단하고 힘든 일들을 하고 있으니……

그러나 아빠가 너희에게 요구하는 또 허용하는 유일한 사치라면 바로 이 직업 선택의 사치란다.

그 사치는 미치는, 미칠 수 있는 일을 찾으라는 것이란다. 너희가 가장 잘할 수 있고, 최선을 다할 수 있으며, 즐기면서 할 수 있는 일! 미치는 일을 찾아라!

반복해서 강조하지만 이것은 그저 단순히 너희가 하고 싶은 일이거나, 허황된 생각들이 바탕이 된, 남들이 알아주는 연예인이나 남들로부터 인정받고 부러움을 받는 그런 사치스러운 직업을 선택하라는 것이 아니란다. 많은 명예나 권력이나 또는 '부(富)'를 얻을 수 있는 직업을 말하는 것이 절대로 아니란다. 밤을 새워도 신이 나는, 미칠 수 있는 일을 하라는 것이란다.

너희가 좋아 미치는 일을 하면서 너희의 처자식을 부양할 수 있다면, 아빠는 그것이 최고의 직업이라고 믿고 있단다. 또한 너희가 미치도록 좋아하는 일이라면, 반드시 너희는 그것이 무엇이든 그 분야에서 최고가 될 수 있을 것이라는 것을 **아빠는 종교처럼이나 믿기 때문이란다.**

따라서 부와 명예, 그것들은 저절로 얻게 되는 거란다. 물론 처음부터 그런 직업을 찾기란 쉽지 않지. 어떤 직업이든 최선을 다하는 가운데, 그 기회를 잡을 수 있단다.

만약 너희가 라면을 끓여 판다면, 남들과 비슷한 라면을 팔지 마라. 남들과 비슷하게 파 썰어 넣고, 계란 하나 풀어 넣은 라면을 끓여 팔면서는 성공을 기대하지 마라.

남들과 비슷하게 튀겨서 파는 통닭을 팔지 마라. QQQ처럼 ㅇㅇ치킨처럼 하

라는 대로 튀겨서 팔지 마라.

너희의 혼을, 정성을 팔아라!

남들과 비슷하게 땀 흘려 놓고, 남들이 끓여 파는 파나, 계란 하나 깨 넣는 라면을 끓이고, '나는 최선을 다했노라!' 말하지 마라.

그저 법적으로 보장받는 8시간의 노동으로 최선을 다했노라고 건방지게 말하지 마라.

세상엔 그저 적당한 노력으로 보상되거나 이루어지는 것은 하나도 없단다.

미쳐라! 미쳐라! 미치지 않고 이루어지는 것은 정화조를 채우는 일 이외는 단 하나도 없다!

미치게 좋은 일을 찾아라.
그것이 너희의 직업이 되게 하라.
일단 그것을 찾았으면, 미치게 일하라!

그 일에 미쳐 버려라!

우산에 관하여

찬란한 햇살을 즐길 줄 알아라! 걱정하고 조바심만 하면서 세상을 살아가기에는 너무나 억울하다. 그러나 언제나 비가 올 수도 있다는 사실을 잊지 마라! 항시 비 올 때를 대비해야 한단다.

사업이 잘 되거나, 잘 나갈 때, 항시 우산을 준비해야 한단다. 모든 것은 유한하단다. 영원히 계속되는 것! 그런 것은 없단다. 있다면 그것은 엄마가 너희를 사랑하는 것뿐이란다.

인간관계나 사업이든, 그 무엇이든 간에 거품이 있다면 그 거품은 꺼지게 마련이란다. 진실이 바탕이 되지 못한 인간관계, 진실이 바탕이 되지 못한 언동들, 신의와 성실이 결여됐다면, 그것은 반드시 깨어지게 마련이고, 진실이 바탕이 되지 못하고 거품이 낀 사업도 시간이 문제일 뿐, 언제가 되던 그 바람은 빠지는 법이란다. 아무리 단단한 가죽으로 감싸 놓은 축구공도 시간이 지나면 바람이 빠지듯이…….

잘 나갈 때, 무엇인가 잘될 때, 항상 최악의 경우를 대비해야 한단다.

아들아!

뜨거운 여름날!

작렬하는 태양 아래서 우리는 눈보라 치는 겨울을 상상하기가 쉽지 않지. 살을 에는 한겨울에 푹푹 찌는 여름이 어김없이 올 것이라는 확신은 수십 번의 반복된 경험으로도 약해지지.

말라 죽은 것 같은 나뭇가지에 잔인한 4월이 오면, 다시 새싹이 돋으리라는 확신은 또 다시 허망한 의심이 되지.

그러나 눈부신 태양 아래서 어둠을 한번쯤 생각하고, 앞이 보이지 않는 먹물 같은 어둠 속이라고 좌절할 것도 없단다.

세상엔 영원히 지속되는 것, 그것은 단 하나도 없단다.

피카소에 대하여

우리가 절대적 진실이라고 확신하는 사실들을 조금 다른 각도에서 바라봐 보자. 위에서 말한 **'발상의 전환'** 이라는 말의 반복이 될 수 있으나 또 해보자.

우리가 진실이라고 철석같이 믿고 사는 사실의 감추어진 다른 면을 보려고 애를 써라. 너희의 눈에 보이는 2D의 면이 전부라고 확신하지 마라.

감추어진 다른 면을 보려 애써라.

한국 사람들 대부분이 일본 사람들을 싫어하지. 그리고 그것을 일종의 애국이라고 생각하지.

아빠도 그렇단다. 하는 짓이 얄밉고 그리도 밉상인지, 이웃이 아니라, 그리도 원수 같은지! 약삭빠른 원숭이 같은지…….

우리가 36년간 그들에게 지배를 받았으니, 또 우리는 그 사실을 교육을 통해서 잘 알고 있으니. 그러나 아빠는 어쩌면 대한민국의 잘못된 교육을 이야기하고 싶은 것인지도 모른단다. 우리는 무조건적으로 일본을 미워하고 증오하기만 해서는 안 된단다. 개인이든 국가든, 과거의 시행착오와 자기반성을 통해서 성장하고 성숙해가는 것이지. 개인이나 국가나 그 하나의 시행착오를 통해서 열 가지의 교훈을 얻는 사람이 있는가 하면, 어리석게도 똑같은 실수를 반복하는 사람들이 있단다.

관점을 전환해 본다면, 우리를 지배한 일본의 잘못만이 아닐지도 모른단다. 국가가 존재해야 하는 기본적 의무인 우리국민들을 지켜 주지 못한 무지

하고 무능했던, 과거 우리 정부의 탓일지도 모른단다. 세계정세의 변화에 눈 감고 있던 우리 조상들의 어리석음 탓이 더 큰 것인지도 모른단다.

정신대에 끌려가 고생했던 수많은 젊은 여자들의 청춘에 대한 보상은 지금의 우리 정부가 배상을 해줘야 하는 것이 옳단다. 자국의 국민들도 제대로 보호하지 못했던 뼈를 깎는 자책과 반성으로 …….

그녀들의 한을 우리가, 우리 정부가 어루만져 줘야 한단다.

늙어 꼬부라지고 주름진 그녀들을 …….

확성기의 목소리마저도 힘겨워하는 그녀들을 앞장세워 그녀들이 지르는 절규로 뭔가가 나올까를 기대하며, 팔짱끼고 뒷골목의 벽에 기대어 서서 바라보는 추악한 모습으로 서 있는 정부의 모습을 보여서는 안 된단다.

한번 관점을 이동시켜 보자. 우리가 절대적 진실이라고 믿고 있는 사실들의 다른 면을 바라봐 보자. 절대적인 관점이 아니라, 모든 사람들이 생각하

는 면이 아니라,

다른 관점으로 바라봐 보자!

어쩌면 일본이 총과 칼로 36년간 지배하지 않았다면 과연 지금의 우리의 삶이 어떠했을까? 과연 우리가 우리들 스스로 600년을 이어온 반상의 제도(양반과 상놈의 제도)를 혁신했을 수 있었을까? 우리 스스로 500년을 이어오고 아직까지도 뿌리 깊은 유교사상의 상투를 자르고, 도포자락을 벗어던졌을 것인가? 아마도 지금의 우리는 아직도 상투를 틀고, 갓 쓴 사람들이 시내를 활보하고 있지 않을까? 사우디아라비아나 아랍 등의 중동처럼…….

아직도 카스트라는 신분제도가 유지되는 인도처럼…….

추석이면 공동묘지 부근 도로는 성묘하는 차량으로 가득 차고, 차례를 지내러 귀향하는 차량들로 모든 도로가 주차장이 되는 것도, 부모님께서 살아계실 때는 생일상도 제대로 차려 드리지 않던 며느리, 자식들이 제사상은 반드시 차리는 것!

죽은 조상으로부터 무엇인가를 기대하는, 귀신은 어떠한 힘이 있다고 믿는 뿌리 깊은 유교로부터 온 생각들이 우리를 지배하고 있기 때문일지도 모르지. 이런 것이, 아직도 뿌리 깊게 우리를 지배하고 있으니…….

십 수 년 전 정부는 새해의 명절을 양력으로 해서 차례를 지내도록 유도하려고 무진 애를 쓴 적이 있었단다. 음력설은 공식적으로 휴일도 없애고, 양력으로 새해를 맞이하도록 휴일도 만들어 주고, 갖은 애를 썼으나 결국엔 포기를 했단다.

사람들이 생각을, 고정관념을 바꾸려 하지 않았기 때문이지.

많은 사람들이 양력설이 무슨 설이냐며, 절대로 바꾸려 하지 않았단다. 정부의 강력한 노력으로도 명절 '설' 하나를 음력에서 양력으로 바꾸지를 못했단다. 이것이 사람들의 고정관념을 바꾸는 것이 얼마나 어려운 것인가를 극명하게 보여주는 예란다.

정부의 갖은 노력으로도 명절인 설 하나를 바꾸지 못했는데, 우리 스스로 수백 년을 입어 온 도포 자락을 벗어 던지고, 상투를 스스로 자르고, 혁명을 할 수 있었을까?

1000여 년을 이어온 뿌리 깊은 사고를 우리 스스로 바꿀 수 있었을까?

막연히 얻어맞았다고 미워하고, 끊임없이 증오하고, 미워한다고 해서 해결되는 것은 하나도 없단다. 21세기도 10년을 넘긴 지금도 광복절이 되면, 왜 우리가 얻어터지고 맞았는가를 반성하는 TV프로나 신문의 칼럼은 한 줄도 찾을 수가 없지. 단지 우리가 얼마나 얻어터졌는지, 얼마나 지독하게 고통을 받았는지, 아직도 그 상처를 드러내 새롭게 각인시키지.

그것은 증오만을 키울 뿐이란다.

모든 원인을 가해자인 일본에게서만 찾아서는 단 하나도 해결되는 것도, 시행착오에서 오는 우리의 성숙도 반성도 없는 것이란다. 얻어터진 원인을 제공한 우리에게서 찾아야만 다시는 그 같은 일을 반복하지 않을 텐데…….

혁명과 총칼을 통하지 않고, 스스로의 혁신은 불가능에 가깝다고 한단다. 진정으로 우리가 극일(일본을 극복)하는 방법은 우리가 막연히 그들을 끝없이 미워하기보다 진정으로 우리가 그들보다 강한 나라를 만드는 일이지 않을까?

원인을 분석하고 그 분석을 통해 다시는 같은 어리석은 실수를 반복되지 않게 하는 것! 그것이 우리 조상이 비싼 대가를 치르고 우리 자손들이 얻는 교훈이어야 하지 않을까?

개인이든 국가든 모든 본질적 원인은 자기 자신에게 있다는 사실을 바탕으로 작금의 자신이 처한 상황을 분석하고 반성해야 하는 것이란다.

아빠가 그리도 이 책에서 모든 원인의 책임을 너 자신에게서 찾으라고 강조

를 하였듯이…….

IMF로부터 국가가 돈을 꿔 오던 시절, 식당을 하던 많은 사람들이 냄비며, 프라이팬을 들고 나와 서울 시내 한복판에 쌓아 놓고 농성을 했단다.

세상에! 이런 한심한 사람들이 어디 있단 말인가? 정부가, 그 누가 자기네들 보고 식당을 하라고 했나? 자신이 선택해 놓고는 냄비를 들고 시내로 나와서 뭘 어쩌려는 것인가? 식당 장사가 안 되는 것이 어찌 정부의 탓인가? 그 시간에 어떻게 하면 맛있게 음식을 만들까를 연구해야지, 냄비를 국회의사당 마당에, 시청광장 바닥에 내동댕이쳐서 어쩌라는 것인가?

그러나 이것이 대다수 사람들의 발상이고 관점이란다. 내 탓을 못하고 남 탓을 하기는 쉬운 법이란다. 혹여! 너희가 냄비를 들고 시내를 찾는, 국회의사당 마당을 찾는 어리석은 사람들의 무리 속에 끼여 있을까 두려운 마음에 하는 말이란다.

왜 뜬금없이 일본을 말하고, 냄비를 말하는가? 그것은 세상을 바라보는 **'발상의 전환'을 이야기하고 싶은 거란다.** 너희가 세상을 바라보는 관점을 조금만 그 각도를 바꿔 봐도 세상은 다르게 보이는 거란다.

언제나 너희에게 일어나는 모든 일의 원인은 1차로 너희 자신에게서 찾아라!

그래야만 발전이 있는 거란다.

후회를 하는 인생을 살아라! 후회를 하지 않는 사람, 변명을 늘어놓고, 자기 합리화를 빠르게 하는 사람! 결단코 미래가 없는 사람이란다.

후회한다는 것은 반성을 한다는 것을 의미한단다. 반성한다는 것은 미래에는 달라진다는 것을 의미하지. **"후회하지 않은 인생을 살아라!"**라고 말들 하지만, 어찌 그것이 가능한 일인가? 후회하지 않는 인생을 산다는 것은 성장하지 않는 인생을 사는 것과 같단다.

과거의 나와 지금의 내가 성장하지 못하고 동일한 수준에 있는데, 어찌 과거를 후회하고 반성할 수 있을까? 아빠도 모르겠다.

그러나 너희는 참으로! 후회할 줄 아는 인생을 살아라! 반성하는 인생을 살아라!

세상엔 반드시 잃기만 하는 일은 없단다. 또한 반드시 얻기만 하는 일도 없지. 이웃 나라 일본이 우리 조상에게 준 것은 반드시 고통만이 아니라는 사실이란다. 아빠를 배신한, 아빠 회사의 직원도 아빠에게 금전적 손해와 인간적 실망감만을 준 것은 아니란다. 그 반대로 아빠가 잃은 것만큼의 교훈과 깨달음을 줬단다.

관점을 전환하여 본질을 보려 노력하라! 관점을 이동시켜 보는 습관을 들여라.

산토끼처럼 다니는 길만을 고집하려 하지 마라! 너희가 생각해 왔던 고정된 한 면이 아닌 다양한 면을 보려 노력하라는 것이란다.

아빠의 시각도 절대로 옳은 시각이라고 할 수는 없단다. 그러나 누구나 애국자인 양 무조건적으로 일본을 미워하는, 증오하는 편향된 시각이 아닌, 다른 시각이 있다는 것을 알려 주려 함이란다. 그리고 다른 관점으로 보면, 동일한 사실이 얼마나 다르게 보이는가를 알려주려 함이다.

관점을 달리 보는 습관을 들여라!

누구나 바라보는 단순하고 정형화된 관점만이 아닌 다른 관점으로 바라보는 습관을 들여라!

세상을 너희가 바라보는 고정관념의 깔때기를 통해서만 보려 하지 마라! 너희가 가지고 있는 고정관념의 깔때기를 벗어 던지는 순간 얼마나 넓은 세상이 존재하고 있는지, 그리고 너희가 믿는 절대적 진실들이 얼마나 왜곡된 것인지를 알게 될 것이다.

너희는 피카소의 그림이 왜 그리도 유명한가를 알고 있니?

성형수술에 실패한 후에 벌에 쏘인 것 같은, 엉망진창으로 짜깁기해 놓은 것 같은 여자 얼굴의 그림이, 유치원생이 엉망으로 그려 놓았음직한 그림들이, 왜 그리도 유명한 것일까?

그것은 바로 발상의 전환 때문이란다. 그 시대에는 누구도 생각하지 못한, 사물을 바라보는 다른 시각 때문인 것이지. 누구나 볼 수 있는 한쪽 면에서만 바란 본 얼굴을 사진을 찍듯이 정교하게 그려 놓은 그림이 아니라 밑에서, 위에서, 옆에서 바라본 다양한 시각에서 본 얼굴을 짜깁기하듯이 그려 놓은 엉망인 얼굴이 수백 년을 지난 지금도 명성으로 남아 있는 것이라고 한단다.

사진을 찍듯이 잘 그려진 그림 때문이 아니라, 보이는 면만이 전부인 양 믿는 고정관념의 표현이 아니라 아래, 위, 옆, 다양한 면에서 바라본 얼굴을 한 장의 종이 위에 그려 넣고자 한 피카소의 시각과 관점의 다양성, 발상의 전환, 그것을 세상은 위대하게 보는 것이지.

아빠의 후배인 어느 미대 교수가 아빠에게 자신의 유학 시절의 이야기를 해준 말 하나 해보자. 국내에서 그림을 제법 잘 그리던 그는 유학을 갔단다. 그리고 수업 중에 '사과'를 그리라는 과제를 받았단다. 그는 정말로 제대로 된 구도와 음영과 색감으로 사과를 그렸단다. 속으로 은근한 자신감에 차 있었단다. 그런데 그는 F를 받았단다.

그는 F의 점수를 이해할 수 없었고, 곧바로 항의를 하러 교수를 찾아갔단다. 교수는 말없이 불평을 듣더니, 다른 학생들의 그림을 보여 주더란다.

'이빨 자국이 있는 사과'

'벌레 먹은 사과'

'다 먹고 씨만 남은 사과'

'길게 늘어트려진 사과 껍질만 그려 놓은 사과' 등등.

미술을 공부한 사람이면 누구나 그려낼 수 있는, 아니 너무나 사실에 가깝게 그려낸 정형화된 구도와 색감, 음영의 사과로는 점수를 줄 수가 없다고 교수는 말하더란다. 예술의 목적은 창조에 있다는 말과 함께 …….

달걀 껍데기를 깨는 사고와 관점!

자신을 둘러싸고 있는 고정된 사고인 껍질로부터 자유로울 때 우리는 새로운 관점과 사고를 할 수 있는 것이지. 자신을 감싸고 있는 고착화된, 고정된 사고에 의해서만 판단하는 것! 그것으로는 어떠한 새로운 창조나 창의를 기대할 수 없는 거란다.

우리의 교육은 한 면만을 강조하지! 정답을 만들어 놓고, 그 정답을 고르는 연습만을 가르치지! 그러나 세상에는 우리가 믿는 정답보다도 훨씬 더 위대한 정답들이 오답으로 처리되는 일이 많은 거란다.

우리가 바라보는 각도에 따라서 우리가 오답으로 처리하기엔 너무나 아깝고, 소중한 오답들이 많은 거란다. 너희 엄마가 아빠를 선택하면서 포기했던 수많은 아까운 남자들의 숫자만큼이나.

자신의 기본적인 생각을 바꾸지 않고는 현실을 바꿀 수는 없는 것이란다. 자신이 생각하는 습관을 바꾸지 않고는 너희의 현실을 바꿀 수는 없단다. 자신이 생각하는 지금의 습관을 인생의 철학이라고, 소신이라는 포장지에 싸여 평생을 개미처럼 단순하게 우물 속에 갇혀 사는 우(愚, Stupidity)를 경계하라.

업그레이드에 대하여

'사람이 전부다.' 라는 말이 있지. **'인사가 만사다.'** 라는 말도 있고. 세상을 움직이는 것! 그것은 절대로 사람이기 때문이란다.

모든 것을 움직이는 가장 중요한 소프트웨어(software)가 바로 사람이기 때문이란다.

칼을 예로 들어보자. 칼이 어떤 사람(칼을 움직이는 software)의 손에 들려 있느냐에 따라서 아름다운 조각을 탄생시키는 조각칼이 되기도 하고, 사람을 해치는 흉기가 되기도 하며, 단순히 사과나 깎는 역할로 그치기도 하지.

엄청난 힘을 지닌 굴삭기를 움직이게 하는 것 역시 소프트웨어(software) 역할을 하는 사람이란다. 수천만 톤의 기계를 움직이게 하는 것도 사람이고, 자동차를 움직이게 하는 것도 소프트웨어인 사람이란다.

사업도 마찬가지지. 어떤 품질의, 어떤 능력의 소프트웨어인가에 따라서 흥하고 망하는 거란다. 어떤 생각을 가진, 어떤 능력을 가진 직원을 채용하는가로 기업의 흥망까지도 좌우하게 되는 거란다.

정치는 또 어떠한가? 어떤 사람이 어떤 위치에 있는가에 따라서 어마어마한 차이를 내는 거란다. 골이 들어가면 팔이나 쳐들고 아이처럼 좋아라! 하고, 또 그냥 팔짱이나 끼고 서 있는 것 같은, 축구 감독이 누구냐에 따라서 엄청난 성적의 차이를 내는 거란다. 사회를 움직이는 것은 덩치 큰 하드웨어(hardware)가 아니라, 바로 소프트웨어란다. 컴퓨터의 하드 디스크가 아무리 용량이 크더라도 그것을 움직이는 프로그램(program) 없이는 무용지물이듯…….

너희가 끊임없이 공부를 하고, 지식을 쌓는 이유는 컴퓨터의 소프트웨어를 업그레이드(upgrade)시키는 것과 같은 것이지. 따라서 너희가 어떤 소프트웨어의 역할을 할 것인가를 고민해야 하고, 끊임없이 소프트웨어를 업그레이드 시키는 일에 매진해야 한단다.

창조적인 두뇌에 치중하라! 창의 없는 지식은 1기가 정도의 USB메모리에 지나지 않는단다. 기억력 좋은, 머리 좋다는 친구를 부러워하지 마라. 학교 공부와 사회에서의 성공이 다르다는 이유가 여기에 있단다.

단순히 머리만 좋은 친구는 고용량의 USB에 지나지 않는단다.

생각하지 않는 지식, 창조적이지 못한 두뇌는 의미가 없단다.

천재라고 하던 사람들 대부분이 TV의 묘기자랑이나 하지. TV에 나와서 칠판 가득한 숫자들을 단숨에 외우고, 암산을 계산기보다 빠르게 하지. 그런 그들이 가진 직업이라는 것이 한결같이 주산학원이나 속셈학원의 원장을 하고 있지.

그게 뭐 어쨌다는 것인가? 그저 전자계산기를 머릿속에 넣고 다니는 것 이외에 무슨 의미가 있는가? 계산기를 주머니에 넣고 다니면 되지, 왜 머릿속에 넣고 다니는가! 의미가 크지 않은 머리란다.

암산은 슈퍼에서 돈을 지불하고 잔돈을 정확히 받는 정도나 하면 충분하단다. 칠판을 가득 메운 숫자나 글자를 외운다고 해도 그것은 아주 작은 메모리 카드만도 못하단다. 수많은 숫자들을 암산으로 풀어낸다고 해도 길거리 노점에서 산 1000원짜리 전자계산기만 못하단다.

창조적이지 못한 천재, 그것은 전혀 의미가 없단다.

우리는 머리 좋은 천재들을 누구나 의사나 변호사를 시키려 애를 쓰지. 사실 그리해서는 안 되는 거란다. 특별한 천재들은 자기 자신만의 영달과 성공을 위해서만 키워져서는 안 되는 거란다.

철학과 개념이 없는 머리 좋은 사람은 자신을 위한 직업을 선택하고, 자기 자신만을 위해 살지만, 빌 게이츠 같은 창의적인 사람들은 자기 자신뿐 아니라, 수백만, 수천만의 사람들을 먹여 살리기도 하고, 세상을 변화시키기도 한단다.

어찌해야 하는지 아빠도 모르겠다. 올 백점의 학교 점수가 아니라, 일류대학이 아니라, 너희를 창조적이고 창의적인 사람으로 키울 수 있는지.

세상을 변화시키는 사람은 판사나 의사, 정치인이 아니란다. 창의적인 생각을 하는 사람들에 의해서 세상은 바뀌는 거란다.

세상은 너무나 빠르게 변하고 있단다. 과거 100년에 걸쳐서 변하던 시대가 지금은 일 년 만에 변하고, 자고 일어나면 새로운 제품들이 쏟아져 나오고, 새로운 최신 전자 제품을 구매하는 그 순간 이미 그것은 구형이 되어 버리는 시대란다. 시장은 끝임 없이 창조적인 제품과 기능을 요구한단다.

진보하지 않는 것은 정지가 아니라 퇴보란다.

흐르지 않는 물은 썩는다.

변화하지 못하고 진화하지 못하는 생물은 멸종한다.

끊임없이 우리가 공부를 해야 하고, 새로운 지식을 습득해야 하는 이유도 바로 여기에 있단다.

아빠의 세대는 컴맹인 사람들이 많지. 컴퓨터에 대해서 안다고 해봐야 인터넷 게임이나 하는 수준의 사람들이 많단다. 심지어 전자메일(e-mail)이 무엇인지도 모르는 어른들도 많지.

전부 다 업그레이드하는 일에 게으른 사람들이란다. 1980년대, 1990년대, 2000년대의 구닥다리 지식과 지혜로 2011년, 2012년의 최신 시대를 살아가는 사람들이란다.

아빠는 나이가 지긋하고 머리가 희끗희끗한 의사를 선호하지 않는단다. 경험이 풍부하고 다양한 지식과 지혜가 있을 가능성이 농후하지만, 반대로 20세기 의술로 21세기의 질병을 치료하는 사람일 가능성 또한 크기 때문이란다.

사람들이 **대학병원이나 커다란 병원을 선호하는 이유!** 바로! 새롭게 개발되고, 진보된 의술의 혜택을 받을 가능성이 크다고 생각하기 때문이란다.

많은 개인 병원들이 **'화요일은 원장님의 세미나 참석으로 쉽니다.'** **'목요일은 원장님 대학원 강의로 쉽니다.'** 라는 문구를 써 붙여 놓지. **'나는 끊임없이 새로운 의술과 기술을 업그레이드하는 일에 게을리 하지 않습니다.'** 라는 것을 보여 주는 동시에 **'나는 구식의 의술을 팔지 않습니다.'** 라는 것을 웅변하는 것이지. 그들이 그런 문구를 써 붙여 놓고는 집에서 쉬는지 어쩌는지는 몰라도 참으로 잘하는 마케팅인 것이지.

왜 우리가 명의를 찾으려 애쓰는가? 그것은 똑같은 의사라도 그 기술이 천차만별이기 때문이란다. 칼을 다루는 기술이, 병명을 정확히 집어내는 안목이, 또 그 병을 해결하고 치료하는 방법의 선택, 그것을 실행하는 기술 등 의사가 가진 소프트웨어가 다르기 때문에 그 결과도 다르게 나타나기 때문이란다.

많은 사람들이 최신 제품을 사고자 애쓰지. 그러나 정작 자기 자신의 소프트웨어는 얼마나 업그레이드가 되고 있는지도, 또 끊임없이 업그레이드를 하려고 노력하지도 않는단다.

너희가 성인이 되면 최신 전자제품을 쓰려고 애를 써라. 변하는 세상에 따라 빠르게 너희의 지식을 업그레이드하라!

우리가 끊임없이 공부를 해야 하는 이유가 바로 여기에 있단다.

아빠도 너무하다고 할 만큼, 자주 새로운 디지털 기기들을 바꾸기도 하지. 다양한 기능의 제품, 새로운 제품을 두려워하기 시작하면, 귀찮아하기 시작하면, 뒤쳐지기 시작하기 때문이란다. 낭비벽이 있거나 신제품을 선호해서만이 아니란다. 새로운 기기들로부터 **새롭게 변하는 세상으로부터 뒤쳐지지 않으려는** 일종의 발악이란다.

빠르게 변하는 세상의 변화에 뒤쳐지지 않으려 노력하라. 학교에서 배우는 지식은 기초 체력과 같은 거란다. 지극히 상식적인 지식을 가진 사람을 양성할 뿐이란다. 대학에서 무엇을 전공했는가? 그것은 전혀 의미가 없단다.

업그레이드하는 일을 게을리 하지 마라! 너희가 공부하는 2010년대 지식으로, 2020년대 구닥다리 지식으로 너희의 시대인 2030년대, 2040년대를 살아가려 하지 마라!

부자가 되고 싶은가? 머리를 써라. 거듭 말하지만 열심히 일하는 것만으로는 가난하지는 않을지라도 부자가 될 수는 없단다. 잔머리로는 안 된단다. 잔머리나 운이 좋아 부자가 되는 사람도 없단다.

게으르고, 창의적이지 못하고, 닫힌 사고를 가진 사람들에게 주는 벌이 '가난' 이란다.

창의적이고, 신의가 있으며, 성실하고, 최선을 다해 노력하는 자, 열린 생각을 가진 이에게 주는 상이 '부' 란다.

착하기 때문에 가난하고, 욕심이 많기 때문에 부자인 것이 절대 아니란다.

닫힌 사고를 가진 사람이 부자인 경우를 보지 못했다. 고집불통, 벽창호인 사람이 부자가 되는 것 또한 보지를 못했다.

열린 사고를 가지고 최선을 다하는 자,
자신의 그릇을 키우려 끊임없이 노력하는 자들!
그런 사람들이 가난한 것을 보지 못했다.

똥지게에 대하여

(질투와 시기에 대하여)

사촌이 땅을 사면 배가 아프다는 말이 있지. 친구가 잘 되면 시기하고, 질투하고 심지어 형제가 잘 되어도 시기하고, 질투하는 사람들이 주위에는 너무 많단다.

천박한 놀부와 그 마누라 같은 사람들이지. 너희가 그런 무리 속에 속해 있지 않기를 정말로 희망한다.

너희와 전혀 무관한 사람들도 잘 되는 사람들이 많단다. 너희와 전혀 무관한 사람들도 땅 사고, 집 사고, 좋은 차 사고 한단다. 그들에게는 질투와 시기를 하지도 못하면서 너희와 가까이 있는 사람들의 성공을 시기하고, 질투하는 것은 참으로 작은 그릇이란다. 너희와 가까이에 있는 사람들이 잘되는 것을 진심으로 박수 치며 축하하고 기뻐해라. 마땅히 그래야 한단다.

질투와 시기로 자신을 합리화시키고, 성공한 사람들을 **"별거 아니야." "운이 좋아서일 뿐이야."** 라고 말하고, 잘된 친구를 보고 "쟤! 학교 다닐 때 나보다 공부도 못하고, 내 가방 들어다 주던 놈이야." 라고 폄하하는 짓을 하지 마라. **스스로 얼굴에 똥바가지를 뒤집어쓰는 짓이며, 시장통 싸구려 청바지, 천박한 종지의 수준임을 광고하는 짓이란다.**

시기와 질투로 자신은 노력하지도 않으면서 노력하고 앞서 나가는 친구의 발목을 잡는 짓을 하지 마라. 앞서 나가는 친구의 성공을 폄하시켜 주저앉아 있는 너희 수준에 맞추려는 짓을 하지 마라.

자신의 나태함과 게으름을 탓하기보다 타인의 성공을 시기하는 사람들이 우리 주위에는 강가의 자갈만큼이나 도처에 있단다.

너희는 그들의 무리 속에 속해 있지 마라. 그 질투와 시기로 남이 장에 간다고 덩달아 똥지게 지고 따라나서는 어리석은 짓을 경계하라. 친구가 장에 간다고 똥지게를 지고 따라 나서는 일은 정말로 우리가 명심해야 하는 일이란다.

"웃긴다. 정말 똥지게를 지고 친구 따라 장을 따라 갈까?" 라고 하지만, 실상 너무나 많은 사람들이, 너무나 많은 경우로 다른 형태의 똥지게를 지고 설치는 그러한 일들이 일상에서는 비일비재하게 일어난단다. 나의 입장과 처지가 남들의 상황과 전혀 다름에도 불구하고 시기와 질투로 그 같은 일들이 왕왕 일어나는 거란다.

'르나르' 라는 철학자는 **"우리의 나태함의 벌로 타인의 성공이 있다."**라고 했다.

너희 주위 사람의 성공을 시기하고, 질투하여 깎아 내리고 폄하하기 전에 그들의 성공을 진심으로 축하하고, 그 시기심을, 그 질투심을, 너희 자신을 채찍질하는 동력으로만 삼아야 할 일이다.

비판에 대하여

너희도 자라고 나면 아빠를 비판하게 될지도 모른단다. 심지어 아빠의 삶 전체를 비판할지도 모르지. 그것이 바로 역사의 심판이라는 미명하에 자행되는 자기 편의적인 비판이란다.

자신에게 유리한가, 아닌가만으로 어떠한 상황이나 사람을 비판하는 것은 가장 편협한 비판이란다. 그 당시의 상황을 이해하지 못하고 현재의 결과만으로 가하는 비판 역시 올바른 비판이 아니란다. 여기에서도 '기회비용'이라는 법칙은 그대로 적용되고 작동된단다.

아빠가 어려서 큰아빠들과 고모들은 성장해 공부하러 나가고, 할아버지, 할머니, 작은아빠가 살던 시절에 그 당시 8만원이라는 목돈으로 할아버지가 어떻게 쓸까를 두고 가족회의를 했단다. 할머니와 작은아빠는 매일 연속극을 볼 수 있는 TV를 사자고 주장했고, 청소년이었던 아빠는 읍내에 쉽게 갈 수 있도록 오토바이를 사자고 주장했단다. 그러나 할아버지께서는 장고 끝에 작은 냉장고를 사셨지. 왜냐하면 그때는 장티푸스나 식중독 같은 것이 유행을 했었단다. 할아버지의 생각은 무엇보다도 우리들에게 신선한 음식을 제공하는 것이 중요하다고 생각을 하신 것이지.

겨울이 되어 냉장고가 그렇게 필요하지 않은 시기가 되어서 아빠는 할아버지에게 불평을 하고 할아버지의 판단을 비판했단다. "거 봐요, 오토바이를 샀으면 읍내를 쉽게 올 수 있고 사계절 쓸 수도 있었잖아요."

작은아빠와 할머니는 "거 봐요, TV를 샀으면 1년 내내 사용할 수도 있고 얼

마나 좋아유. 겨울엔 필요도 없는 냉장고를 왜 사유?"

할아버지께서는 침묵으로 우리를 바라보셨지. 어떠한 변명도 없이.

그렇단다. 할아버지께서 냉장고를 선택하셨을 때는 오토바이와 텔레비전의 효용성과 가치를 무시하신 것이 아니셨단다. 오토바이의 효용성과 TV 그리고 냉장고의 가치 가운데서 할아버지께서는 오랜 시간의 고민을 통한 결론이셨을 거야. TV와 오토바이의 가치가 냉장고의 가치보다 작아서가 아니라, 그때는 최선의 선택이셨던 거란다. 물론 할아버지가 가족 모두가 요구하는 냉장고, TV, 오토바이 모두를 살 수 있었으면 좋았겠지만.

우리는 기회비용을 지불하지 않는 선택을 할 수는 없는 거란다. 우리는 매 순간 단돈 만 원을 쓰더라도 또는 1분의 시간을 들여 어디를 가든 그 선택으로 인해 반드시 포기해야 기회비용이 발생하는 것이고, 우리는 숙명처럼 그 기회비용을 지불해야 한단다.

하나 더 이야기해 보자. 지금 너희 할아버지가 누워 계신 산에는 많은 밤나무들이 있지. 아빠가 어려서는 지천으로 널린 밤을 입에 넣고 씹으면서, 입술을 타고 흐르는 담백한 알밤 국물을 코 묻은 소매로 훔치면서도 "에이, 할아버지는(너희의 증조부) 사과나무나 감나무도 좀 심으시지."라고 생각한 적도 있단다.

할아버지가 심은 밤나무 덕에 담백한 밤즙이 입술을 타고 턱밑으로 차고 넘치게 밤을 씹으면서도 우리는 불평을 하는 거란다. 그러한 비판이 우리 주위에는 너무나 많단다.

나에게 이익이 되는 것은 옳은 것이고, 나에게 불이익 되는 것은 옳지 않다는 비판은 참으로 편향된 어리석은 비판의 잣대란다.

또한 그 당시의 상황을 고려하지 않은 비판, 그 또한 허공을 향해 짖어대는 공허한 것이 될 수도 있단다.

장사(사업)에 대하여

사업이 무엇인가? 장사가 무엇인가?

직장생활, 즉 어떠한 집단에 소속되어서 자본을 투자하지 않고, 오직 노동만을 제공하고 그 대가로 돈을 받는 생활을 하던 사람들이 자신의 자본을 투자해, 자신의 책임하에 물질이나 서비스를 제공해 이윤을 남기는 것이 장사(사업)라는 것이다. 이 정의에 이의가 없겠지.

자본이 아니라 노동만을 파는 것이 리스크(Risk)가 없는 가장 안전한 수단이란다. 따라서 많은 사람들이 양질의 노동을 팔 수 있도록 그 자식들을 교육시키는 것이고, 그것도 대충시키는 교육이 아니라, 최상의 교육을 시키려 애쓰는 것이지.

무엇인가를 시작하려면 40세가 넘기 전에 시작을 해야 한다. 40이 넘어 중반의 나이가 되면, 더 벌려고 애쓰기보다 이제는 지금까지의 가진 것을 지켜야 하는 나이가 되어 버린단다. 50이 넘으면 정말로 사람의 판단력과 총명함도 사그라지기 시작하는 나이가 되어 버리지.

오후 3~4시에 밭에 나가서 일을 한들 얼마나 할 것이며, 또한 사업은 자기의 모든 것을 걸고 하는 외줄타기와 같단다. 만약 그 외줄에서 굴러 떨어지고 난 후에는 다시 회복할 시간적 여유가 없다는 것이 가장 큰 문제란다.

그럼 돈을 버는 방법은 무엇일까?

아빠는 단 두 가지뿐이라고 생각한다.

하나는 정상적으로 상대에게 지불하는 화폐의 가치보다 큰 효용가치를 제

공하고, 기꺼이 돈과 재화를 지불하도록 하는 방법과, 또 하나는 총이나 칼을 들고 은행을 털거나, 강도짓이나, 사람들을 속이는 사기를 치는 것이지.

첫 번째의 정상적인 방법으로 재화를 버는 것이 너무나 정상적이고 당연한 일이지만, 이것이 여의치 않기 때문에 많은 사람들이 비정상적인 방법으로 돈을 벌려고 하는 거란다.

사업이란, 장사란 효용가치를 파는 것이란다. 고객이 지불하는 돈보다 그 효용가치가 적은 물건이나 서비스 등을 파는 것은 곧 사기를 치는 것이란다.

사업을 하는 것은 온전히 자신의 힘만으로 해야 한다. 부모님이 도와주거나, 은행에서 꿔서 또는 빌려서 하는 사업은 누구나 그럴 듯하게 할 수가 있는 거란다. 사업은 마치 도박장에서 반드시 딸 수 있다는 환상에 빠지는 것과 같단다.

따라서 이 고비만 넘기면 문제없다고 하지. 심지어 사업자금을 끌어 들이기 위해 속된 말로 와이프마저도 은행에 담보로 맡기고 싶은 심정이란다. 그러나 사업은 자기가 의도한 대로 되지 않는 경우가 너무나 많단다. 그래서 아빠는 어떠한 일이 있더라도 너희 사업 자금을 댈 생각은 없다. 너희 혼자 힘으로 해결을 해야 한다.

사업을 시작하는 사람은 포커나 고스톱 판에서 금방이라도 돈을 딸 거 같은 기분에 휩싸여 있는 사람들이라고 봐도 무방하지. 따라서 아빠는 절대로 너희의 사업자금, 즉 너희의 도박 자금에 돈을 투자할 의사는 전혀 없단다. 아이템이 없다고들 한다. 아이템을 찾으려 얼마나 노력을 했는가? 반성은 없이 그저 해먹을 아이템이 없다고들 한다.

인류의 역사는 쉽고 편리함을 추구하면서 발전을 해 왔다고 해도 과언이 아니란다. 세탁기 장사를 보자. 세탁기는 장사가 되지 않을 수 없는 아이템이란다. 인간을 편리하게 하고 게으르게 하는 아이템은 반드시 성공할 수밖에 없단다. 세탁기로 인해서 얼마나 많은 여자들이 세탁이라고 하는 노동으로부터 해방이 되었으며, 남는 시간을 활용할 수 있게 되었는지는 두말하면 잔소리지.

지금은 수천억을 버는 사업은 손에 꼽을 정도로 특수한 경우이고, 지금은 작은 아이디어가 돈을 버는 시대란다. 몇 억 또는 몇십 억 정도는 작은 아이디어 하나로도 충분히 벌수도 있단다.

따라서 **아이디어를 동원하라!**

잠자는 너희의 머리통을 깨부숴라! 자갈 구르는 소리를 내는 너희의 머리에 기름을 쳐 굴려라.

에디슨이 발견한 전등, 축음기 등이 우리 인류에 끼친 영향이 얼마나 지대한가? 빌 게이츠가 발견한 윈도우라는 프로그램으로 우리는 얼마나 손쉽게 컴퓨터를 하며 정보의 바다라는 인터넷을 향유하는가! 윈도우 덕에 20여 년 전의 슈퍼컴퓨터와 같던 성능의 컴퓨터가 노트북이라는 이름으로 우리의 책상 앞에 놓여 있는 것이지.

신이 숨겨 놓은 원리를 발견한 사람들에게 금전적으로 보상되는 것은 얼마나 큰가! 세상을 움직이는 과학적인 원리들, 그 모든 것들은 신이 숨겨 놓은 원리란다. 보물찾기 하듯이 그것을 찾아내는 사업이 가장 창조적인 사업이 된단다.

실상 인간이 창조해 내는 것은 단 하나도 없는 거란다. 모든 것은 신이 꼭꼭 숨겨 놓은 원리와 과학을 발명이라는 이름으로 우리 인간들이 발견을 하고 찾아내는 것일 뿐이란다. 그것을 발견해 내는 일은 인류의 생활을 편리하게 할 뿐 아니라, 그 발견자에게 주어지는 보상 또한 엄청난 것이란다.

욕심을 경계하라! 무리하게 사업을 확장하지 마라! 더 벌겠다는 욕심을 경계하라. 더 많은 사원을 거느리고, 더 많은 매출을 올리는 회사로 만들겠다는 욕심을 경계하라. 너희가 짊어지고 나갈 만큼의 금덩이만을 너희의 지게에 짊어질 일이다.

감으로 사업을 하지 마라!

잘될 거라는 너희의 어설픈 느낌을 믿지 마라.

철저히 두드리고 분석하고 그리고 시작하라! 철저한 분석과 사전 준비만이 성공을 보장한다.

친구가 제안하는 사업을 하지 마라! 그 결과가 좋은 것을 단 한 번도 본 적이 없다. 너희가 결정하고, 너희 책임 하에 결정하라. 그리고 그 결과에 책임을 져라. 너희가 알지 못하는 사업에 친구나 남의 말만 믿고 뛰어들지 마라.

너희가 모르는 길을 친구만을 믿고 나서지 말라! 너희 스스로 계획할 수 없는 여행이라면 친구를 따라서 무작정 나서지 마라.

언제든 칼자루를 남에게 쥐게 하지 마라! 칼날을 잡지 마라.

아빠도 몇 번이나 믿었던 직원이 아빠를 배신하고 나가는 것을 당했단다. 사람을 믿고 살라고 말해야 하는 아빠가 결국엔 슬프게도 그 누구도 믿지 말라고 가르쳐야 한단다. 어쩌면 세상을 알아가는 것, 철이 들어간다는 것이 순진하게 사람을 믿지 않는 것인지도 모른단다. 어쩌면 이것이 우리가 모르는 사람들에게 무례하게 대하는 이유인지도 모르지.

많은 사람들이 이윤을 남기는 것이 장사라는 사실 하나만 알고 장사를 시작한단다. 거의 본능에 가깝게 이윤을 추구하는 것이 장사라는 것을 안단다. 장사가 사업에 필요한 도의, 상도라는 것은 전혀 관심도 없이, 필요도 없이 말이지.

장사에는 반드시 그 도의라는 것이 있단다. 지켜야 하는 도리, 인간의 도리처럼이나. 그것은 아주 절박한 상황이 아니라면, 각자가 가져야 하는 장사의 철학이 있어야 한단다.

고객에게 최고의 효용가치를 줄 수 없는 장사, 그것은 일종의 사기인 것이다. 너희의 노동을 팔든, 재화를 팔든, 상대에게 최고의 만족을 줄 수 있는 것을 팔아야 하는 것이지.

최고를 팔려고 노력하라!

그러면 저절로 성공은 너희 옆에 와 있을 것이다. 최고의 품질을 팔고, 너희 물건을 사가는 고객을 성공시키려, 만족시키려 노력하라. 너희의 성공은 저절로 이루어질 것이다.

고객을 만족시켜라!

어느 회사가 만든 슬로건인지 정확히 모르겠다마는 이것이 최고의 상술인 것이다. 너희가 노동을 팔든, 기술을 팔든, 지식을 팔든, 자장면을 팔든, 너희 고객에게 항상 최고의 만족감을 제공하려 노력해야 한다. 순간의 이윤에 집착하지 마라.

거품이 없게 하라!

신의, 성실이 바탕이 되지 않은 사업은 시간이 걸릴 뿐, 그 거품은 반드시 꺼지기 마련이란다. 100억의 매출로 1억의 이윤보다, 10억의 매출로 1억의 이윤을 남기려 노력하라. 직원이 몇 명이고, 매출이 얼마고, 남에게 보이는 허영을 경계하라.

근시안적인 시야를 경계하라! 우선 남는 것이 중요한 것이 아니란다. 사업은 눈앞의 이익만을 좇는 것은 실패의 지름길이란다.

예를 하나 들어보자. 아빠가 대학을 다닐 때, 기거하던 독서실이 있었단다. 그 독서실 아래층에는 여고와 남고 그리고 초등학교까지 있는 아주 좋은 길목에 문방구 5개가 나란히 있었지. 하나의 문방구는 사람이 바글바글하고, 나머지 문방구는 파리를 날리다가 결국엔 주인이 자꾸 바뀌곤 했지. 그 이유는 복사를 한 장 하러 가면, 장사가 안 되는 문방구 사장은 복사기에 전기로 열을 올려야 하고, 복사 한 장을 하면 전기세도 나오지 않는다고 툴툴댄단다.

그러나 장사가 잘되는 문방구는 지금 당장은 복사 한 장으로 손해를 보지만, 그 사람이 더 많은 것을 살 가능성이 있으니 나중까지를 생각하면, 결국엔 이익이 된다는 사실을 잘 알고 있단다. 기쁜 마음으로 당장은 남지 않는 장사를 하는 거란다.

그리고 500원짜리 노트를 살지라도 어린아이들에게 100원짜리 지우개 같은 것을 공짜로 고르게 한단다. 단골을 만드는 것이지. 작은 지우개 하나로 다른 문방구와 차별화를 시키는 것이지. 기대하지 않은 보너스를 주면서, 실상 100원짜리 지우개라고 해도 원가는 10~20원 정도일 뿐이지.

반대로 나머지 문방구 사장들은 이상하게도 장사가 안 된다고 불평을 한단다. 절대로 자신들의 반성을 하지 않는단다. 원인을 자기 자신에게서 찾지 못하는 어리석은 사람들이란다. 많은 사람들이 당장의 이익에 눈이 멀어 나중의 더 큰 이익을 잃는 장사꾼들이 많단다.

사업이란 깜깜한 밤에 오롯이 혼자 책임을 지고 떠나는 세상과의 싸움이란다. 길은 불확실하고, 비바람과 추위, 모든 역경을 혼자 짊어지고, 내가 가진 모든 것을 걸고, 세상과 싸우는 외로운 한판의 전쟁과 같은 것이란다. 지면, 포기하면, 곧 나락이란다.

적당한 각오로 시작을 해서는 안 되는 세상과의 전쟁이란다. 엉성한 각오로 적당히 덤벼서, 성공할 수는 없는 거란다. 누구에게나 도전의 기회는 주어지지

만, 정말 쉽지 않은 길이란다.

끊임없이 도망갈 길을 찾는 유혹은 사막의 타는 목마름만큼의 유혹으로 마음을 흔들어 놓는단다. 도망갈 길 없는 신립 장군의 '배수의 진'이 없이는 많은 사람들이 쉽게 포기를 한단다.

'잘못된 판단이다.' 라는 정확한 판단으로 빠르게 포기를 하는 것도, 지혜로운 것이 될 수 있으나 그러한 명분과 도망칠 수 있는 길들은 작은 고통도 쉽게 포기를 하게 만드는 유혹의 요소가 되기도 한단다.

사업을 해도 좋다는 표시.

새는 자신의 덩치가 너무 커져서 더 이상 둥지에 머물 수 없을 때, 자신의 날개가 충분한 힘을 가졌을 때, 그때 비로소 힘찬 날갯짓으로 둥지를 떠난단다. 물론 한 번의 비행으로 성공을 하지는 못하지. 바닥에 떨어지기도 하고, 잔가지에 부딪치기도 하고.

그러나 준비된 비행이란다. 너희가 다니는 회사가 너희의 그릇을 품기에 너무 작다고 느껴질 때, 너희의 능력을 인정받아 최고의 위치에 있을 때, 또 그 둥지가 정말로 너희를 필요로 할 때, 그때가 비로소 너희가 둥지를 떠나기 좋을 때란다.

많은 사람들이 직장을 떠나 독립을 시작한단다. 다양한 이유와 명분으로, 회사가 자신을 알아주지 않아서, 상사가 맘에 들지 않아서, 비전이 없어서 기타 등등…….

그리곤 준비되지 않은 상태로 자신의 날개 힘은 알지도 못하면서, 날아오르기를 시도한단다. 날개에 깃털도 충분히 돋지 않고, 날개의 힘도 기르지 않은 상태에서. 이 역시도 주위에 한둘씩 날아오르기에 성공한 사람들이 있고, 그들의 비상이 그리 대단한 것이 아니라는 생각이 들기도 하기 때문이지. 자신의 능력은 알지도 못하면서, 자신의 덩치는 알지도 못하면서 …….

그러고는 바닥에 떨어져 개미들의 성찬이 되는 것이지.

남의 집 담을 넘어라

만약 너희의 자식을 3일 굶겼다면 남의 집 담이라도 넘어라!

너희 능력이 없어서 자식을 이틀이나 삼일을 굶겼다면, 남의 집 담을 넘어 남의 물건을 훔쳐서라도 우선 자식을 먹여야 한다.

"자식이 굶어 죽어도 남의 집 담을 넘을 수는 없습니다."라는 개 짖는 소리는 마라. 그것이 가장으로서의 최소한의 의무인 것이란다.

그것이 인간의 도덕을 뛰어넘는 신(God)의 뜻에 부합되는 것이다.

그러나 우리는 인간이기 때문에 인간답게 살아야 한단다. 신에 뜻이 우선한다 하여 평시에도 개처럼 살수는 없단다.

세상에는 하이에나처럼 남의 눈에 눈물을 흐르게 하는 사기를 치거나 남의 돈을 훔쳐서 그 돈으로 그들의 자식을 부양하는 천박하고, 양아치, 하이에나 같이 추악한 사람들이 너무 많단다.

특히나 작은 돈일지라도 남에게 피해를 주며, 자신의 양심에 반하는 짓을 하는 사람들이 너무 많단다. 심지어 자신이 일을 해 가족을 부양하는 자신의 직장 물건을 빼내 가 푼돈으로 팔아먹는 짓을 하는 사람들도 너무나 많단다. 철없는 유년시절에 아빠 주머니에서 몇 백 원을 몰래 꺼내 가 아이스크림을 사 먹던 짓을 어른이 되어서도 같은 짓을 하는 천박한 사람들도 많단다.

가장은 자신의 가족의 부양을 위해서는 막노동, 즉 벽돌을 나르거나, 불고기 집에서 숯불을 나르는 일이라도 해야 하는 거란다. 그것이 가장으로서의 최소한의 의무란다.

그럼에도 불구하고 **"그거 몇 푼이나 번다고?"** 라는 개 짖는 소리를 외치며, 차라리 먹고 노는 어리석고 자존심 빈약한 사람들도 많단다.

절대로 정당하게 돈을 벌어라!

정당하고 상대에게 최대의 만족감을 제공한 대가로만 돈을 벌어라! 그렇지 않으면 사기다. 천원의 원가를 가지고 십만 원의 가격표로 팔지라도 이십만 원, 삼십만 원의 효용가치를 줄 수 있다면, 그것은 사기가 아니란다. 그러나 천 원의 원가로 천백 원의 가격을 받을지라도 천 원 이하의 효용가치를 준다면 그것은 사기란다.

2백만 원의 월급을 받는 놈이 2백만 원 가치의 일만을 하거나, 그 이하의 일을 하는 놈! 그놈들도 도둑놈, 사기꾼이란다. **남에게 피해를 주고, 남의 눈에 눈물이 나게 한 대가로 얻은 재화로, 너희의 자식을 살찌우는 더럽고 추악한 짓을 해서는 안 된다.**

정당하고 정직하게, 눈처럼 새하얀 깨끗한 돈만으로 너희의 자식을 살찌우고, 부양하라.

장군님에 대하여

(이념에 대하여)

진보와 보수, 그것을 구분 짓는 기준은 무엇일까?

그것은 바로 주머니의 차이란다. 주머니가 빈 자! 진보가 될 가능성이 크단다. 주머니에 무엇인가로 찬 자! 보수가 될 가능성이 크지.

진보는 변화로부터 무엇인가를 얻으려는 사람들이다. 더 이상 잃을 것이 없는 사람들이 추구하는 것이 진보란다. 따라서 주머니가 빈 젊은이들이 진보가 되기 쉽지. 변화로부터 잃을 것이 없고, 빈 주머니가 무엇인가로 채워질 확률만 있으니.

보수는 무엇인가?

보수는 가진 것을 변화로부터 지키려는 사람들이란다. 지켜야 하는 가정이 있고, 집이 있고, 무엇인가로 주머니가 가득 찬 사람들, 그들이 보수가 될 가능성이 큰 것이지. 따라서 많은 기성세대들이 보수가 되는 이유란다.

진보는 변화로 무엇인가를 얻으려는 사람들이고, 보수는 급변하는 것으로부터 가진 것을 지키려는 사람들이다. 이들에게 어떤 차이가 있을까?

너희는 변화를 추구하는 진보가 우수한 생각이라고 생각할 수도 있겠지. 아빠가 이 책에서 변화에 적응하라고 그토록 역설을 했으니.

그러나 여기서 말하는 진보란 단순히 세상의 흐름과 변화에 적응하려는 사람들이 아닐지도 모른단다. 변화에 적응하려는 합리적인 순리에 의한 변화를 추구하는 사람들이 아닐지도 모른단다. 그들은 급진적인 변화를 추구

하려는 사람들이란다.

세상의 변화는 물의 흐름처럼 변한단다. 서서히 그리고 단호하고 도도하게…….

아빠가 말하는 변화란 이러한 순리대로 서서히, 그리고 도도하게 흐르는 변화를 말한단다. 어느 날 아침 홍수가 지듯이 강둑을 넘쳐흐르는 급격한 변화는 없는 거란다. 그것은 혁명이란다.

진보라는 사람들이 추구하는 것! 그것은 홍수가 지듯이 급격하게 변하는 변화를 추구하는 사람들이란다. 그것을 도도하게 흐르는 강물 같은 변화라고 포장하기도 하지. 홍수가 지듯이 급격한 변화로 성공한 예가 없단다. 보수라고 할 수 있는 기존의 생각들과 제도들이 일시에 무시할 만큼 그 존재 가치가 무의미할 수는 없기 때문이란다.

보수인 사람들이 빠질 수 있는 맹점은 자신만이 옳다는 생각에 빠지기 쉽다는 거란다. 그들은 변화로부터 자신을 바꾸려는데 인색하며, 자신만이 옳다는 아집에 빠지기 또한 쉽단다. 보수는 일정한 틀을 만들어 놓고 그 틀에 맞지 않는 것은 모두 정답이 아니라고 생각하기 쉽고, 그 틀을 깨려는 사람들 모두를 비난하고 적대시하기가 쉽지.

진보는 자신들의 생각이 최초이고, 혁신적이며, 기발한 생각이라는 착각에 빠지기 쉽고, 곁가지를 가지고 뿌리이며 본질이라고 주장하는 생각을 갖기 쉬우며, 보수는 진보의 생각과 행동들을 이미 다 알고 있던 사실이고, 이미 오래 전에 자신들이 해봤던 생각이라는 아집에 빠지기 쉬운 것이지.

이념이란 인간들이 만들어 내는 생각의 차이, 관점의 차이들 중에서 가장 정점에 있는 신념이라고 할 수 있으며, 인간을 가장 인간답게 살게 하는 제도와 국가 권력의 형태가 무엇인가라는 화두에 제각기 자신의 생각이 옳다고 믿는 확고한 신념하에 그것을 주장하고 실현시키려 하는 갈등에서 비롯된 것이라 할 수 있지.

인간들 간에 생기는 우열의 차이! **그 역시 지적 능력의 차이란다. 생각하는 방식과 그 관점의 차이들이 인간들 사이에 우열을 만드는 기본적 사실이 된다는 것이지. 우리 인간들이 마주하는 문제와 시련들을 해결하는 방법을 찾는 갈등. 같은 문제를 가지고도 서로 바라보는 관점에 따라서 엄청난 차이를 두고 생기는 문제인식의 차이들. 그것들이 우리 인간을 반목하고 갈등하게 하는 근본이 되는 것이지.** 이것들을 바탕으로 이념을 이야기해 보자.

이념(理論 Ideologies) : **인간, 자연, 사회에 품는 현실적인 의식의 제 형태, 이상적이라고 여겨지는 생각이나 견해.**(사전적 용어)

이념의 갈등! 근대시대를 살아왔던 우리의 증조 또 너희의 할아버지, 할머니는 이념이 무엇인지, ~주의가 무엇인지도 몰랐단다.

아무런 잘못도 없었던 우리의 할머니, 할아버지 세대는 속칭 깨인 자들이 저질러 놓은 이념의 혼란 속에서 얼마나 비참한 시행착오를 겪었는가! 그리고 아빠의 세대가 또 삼촌의 세대가 지불한 반복되는 시행착오들의 대가는 또 얼마나 컸던가! 증조할아버지, 할머니 또 할아버지 세대가 나와 생각이 다르다는 이유만으로 죽고 죽이는 전쟁이라는 최악의 수단까지 동원해 수많은 희생과 죽음의 대가를 치르고도 또다시 우리의 선배, 아버지 세대들은 이데올로기의 갈등으로 청춘의 많은 부분을 허비하는 똑같은 시행착오들을 겪는 어리석은 짓을 했단다.

그러고도 아직도 우리는 그 이념의 뼈다귀로 인해 새로운 세대들마저도 반복되는 시행착오를 겪고 있단다. 이념의 갈등은 이미 백골이 되어 버린 지 오래란다. 서구나 전 세계의 많은 나라들이 더 이상 그 이념이라는 껍데기에 미련을 가지고 있지 않단다. 왜 우리만이 아직도 그 백골의 뼈다귀를 붙잡고, 미련을 버리지 못하는 것일까? 얼마나 더 반복되는 희생과 시행착오를 겪기를 원하는가? 얼마만큼의 같은 시행착오들을 더 겪어야만 이 썩어 백골이 된 뼈다귀를 내려놓을 것인가!

너희가 그들의 무리 속에서 서성이지 않기를 바라는 간절한 마음으로 어설픈 이념에 대한 아빠의 견해를 너희에게 이야기해 보자.

이념의 정점에 서 있는 두 가지의 양분된 생각, 대표적인 이념을 이해해 보자.

공산주의(communism)는 그 뿌리를 사회주의의 시작으로부터 찾을 수 있단다. 사회주의 이념은 자본주의가 발생하고, 성장, 발전하는 과정에서 나타나는 여러 가지의 문제점에 대한 하나의 대안으로 발생하였다고 볼 수 있지. 이러한 사회주의는 프랑스혁명과 산업혁명의 영향으로 인한 부의 편중, 그로 인해 발생하는 심각한 불평등, 기타의 원인들로 유럽의 정치와 사회의 변화로 인해서 생긴 산물이었단다.

마르크스의 등장은 사회주의가 하나의 사상적인 차원에서 정치이념적인 차원으로 발전되었고, 지금의 공산주의 의미는 보통 마르크스에서 레닌으로 이어지는 사상을 토대로 된 이념을 말하지. 즉, 초기 자본주의가 태동하고, 그 자본주의의 단점들인 사유재산의 인정, 그로 인한 부의 편중과 자본의 지배 등 초기 자본주의의 반발로 사회주의라는 것이 탄생하게 된 것이라 할 수 있단다.

따라서

'누구나 평등하게 사는 사회를 만들자!'

사유재산제도를 인정하지 않고, 공유재산제도의 실현으로 빈부의 차가 없는 사회를 만들자!

근본적으로 빈부의 차를 만드는 노동의 가치를 동일하게 하자!

이것이 공산주의 기본적 모토란다.

민주주의(Democracy)라는 용어는 그리스어의 Demos(인종, 민중)와 Kratos(권력, 지배)의 두 단어가 결합한 Democratos에서 유래한다고 한단다. 이것은 '민중의 권력', '민중의 지배' 라는 의미를 가진 정치체계 또는 정치 원리를 뜻하는 것으로 정치의 권력이 어느 하나에게 집중되어 있는 전제정치나 왕권정치가 아니라, 정치의 권력이 구성원 다수에게 있다는 것을 의미하지.

인간의 존엄성에 최고의 가치를 부여하는 이념적 목표를 달성하자!

인간 누구나 누려야 하는 자유와 평등, 인간의 존엄성 그것들을 실현시키는 것을 기본 조건으로 하자!

인간 개별의 능력 차이를 인정하자!

노동의 가치 차이를 인정하자!

개인의 자유와 인권을, 그리고 개인의 능력에 따른 자본의 축적을 인정하자!

이것이 민주주의의 기본 모토란다.

그럼 이런 기본적 이념의 차이가 생겨난 이유가 무엇일까? 전문적인 용어나 역사적 나부랭이들의 나열을 지양하고, 한마디로 말해서 두 가지 제도 전부 다 추구하는 이상!

그것은 바로 '국민을 등 따듯하게 하고, 배부르게 하자.'는 것이란다. 두 이념이 이루고자 했던 기본적이고 공통된 목표란다.

그것을 실현시키는 이상적 제도가 각자가 생각하는 것이라고 소리쳐 주장하게 되고, 그 주장으로 인한 갈등! 그것이 전 세계를 양분시키고, 그것이 우리들이 겪는 이념의 갈등이라는 것의 모태란다. 그 이념의 갈등이라는 산물이 수천 년을 이어온 통일 한반도의 가장 중요한 현대사의 60년 이상을 분단되도록 하고, 수백만의 사람들을 죽게 하고, 부모형제도 만나 보지 못하고 늙어 죽어 가게 한 것이지.

소비에트연방(소련)이라는 나라를 모태로 하여 수많은 동구 유럽 등의 나라들이 수십 년을 거쳐서 실행해 보고는 '이것은 인간이 추구하는 이상의 제도일 뿐' 이라는 결론으로 수십 년 전에 이미 포기를 한 것이란다. 이미 수많은 국가들이 수십 년의 시행착오로 이미 땅에 묻어 백골이 된 그것을 왜 우리는 아직도 그 뼈다귀를 잡고서 이리도 서성이는 것인지. 왜 화상을 입어 사경을 헤매는 사람들의 어리석음을 보고도 불에 대한 미련을 가지는가?

세상엔 완벽한 평등이란 존재할 수 없는 거란다. 어린아이들도 자아가 생기자마자 내 것과 남의 것을 구분하는 것이 인간의 본능이란다.

너희도 **'아빠 꺼야, 엄마 꺼야, 내 꺼야'** 를 정확하고도 확실하게 구분하여 외쳤지.

수많은 선진화된 이상을 가졌던 국가들, 체코, 폴란드, 동독, 루마니아 등등 많은 나라들이 국민을 등 따습고 배부르게 하리라는 이상으로 공산국가라는 제도를 실행했단다.

그러나 공산국가의 근본인 평등을 실현시키기 위해서는 평등하도록 분배해 줘야 하는 사람들이 있고, 그 분배자는 공평할 수가 없다는 필연적 모순을 가지고 있는 것이란다. 공평한 분배를 위해서 그들은 절대적인 강력한 권력을 가져야 하고, 절대 권력을 가진 자들은 필연적으로 썩게 되어 있기 때문이지.

그 증거로 공산국가를 실현해 봤던 국가 중에 절대 권력으로 강력한 철권독재를 하지 않았던 국가가 있는가? 이 필연적인 모순을 극복하여 지배자들이 썩지 않고, 사회정의를 유지하고 공평함을 유지한 국가가 단 하나라도 존재하는가?

영화 'Killing Field' 는 캄보디아의 학살사건을 다뤄 유명해졌는데, 여기서 폴 포트는 인간의 불평등이 지적 수준의 불평등에서 나오는 것이라는 것을 빠르게 갈파하고 있다. 교육받은 사람들은 오랜 기간 볼펜을 잡게 되면 중지의 마지막 마디에 굳은살이 박이게 되지. 이런 이유로 마지막에는 중지 끝마디에 굳은살이 박인 사람들까지도 죽여 버렸단다. 남들보다 더 교육을 받았다는 이유로, 혁명에 방해가 되리라는 이유로…….

공산주의를 실현하려 했던 모든 국가들은 한결같이 모든 사람들을 지적 하향평준화 시키려 노력을 했지. 그러나 인간의 지적 수준을 평준화시킨다는 것은 불가능한 것이란다.

수많은 공산국가가 실패한 원인 두 가지! 그 첫째는 인간들의 지적 수준을 평준화시키지 못했다는 것. 둘째는 사람들 모두가 부자가 되도록 상향평준화시키는 것은 불가능하다는 것을 알고, 지배자들은 그들이 추구하는 평등의 실현을 위한 노력을 잔디를 깍듯이 실현하려 했단다. 즉, 모두를 가난하게 만들어 하향평준화를 시키고 서로 다르게 자라는 잔디를 끊임없이 깎는 것으로 그들이 추구하는 평등을 실현시키려 한 것이지.

끊임없이 깎인 잔디는 성장이 아니라, 퇴보를 할 수밖에 없다는 것이란다. 그 잔디를 깎는 절대 권력을 가진 지배계급은 썩을 수밖에 없고, 아래로 지향하는 평등! 그것이 결국엔 오늘날 캄보디아를, 북한을, 동구의 여러 나라들을 빈국으로 만들어 버렸단다. 아직도 수많은 나라들에서 1,000원도 안 되는 돈으로 하루를 살아가는 사람들이 수십억 명이나 된단다.

공산국가를 했던 나라들이 잘사는 나라가 단 하나도 없는 것으로 그 제도와 이념은 실패라는 것을 증명하고 있지.

빈부격차가 없는 누구나 평등한 사회를 만들자! 그렇단다. 공산국가를 했던 국가들은 어쩌면 그리도 한결같이 그 목표를 완벽하게 완성을 했는지! 모든 국가들이 한결같이 자국의 국민들을 가난하게 살도록 만드는 것으로 **'완벽한 평등을 실현'** 시켰단다.

공산주의를 선택했던 동구 유럽의 많은 나라들은 그들의 찬란했던 역사와 위대한 유산에도 불구하고, 유럽 국가 중에서 천대받고 무시당하는 나라로 전락해 버렸단다. 다른 서유럽 국가의 신발이나 옷을 만들고, 구두를 만들어 연명하는 생산단지 국가들로.

공산주의 사상의 모태가 되는 러시아는 레닌과 그 추종자들(스탈린 등등) 덕분에, 제정 러시아의 찬란한 문화와 발전된 문명에도 불구하고, 달나라로 우주선을 띄워 보내고, 우주정거장을 갖는 등의 독보적인 첨단 기술과 강력한 중공업 기술을 가지고도, 그들의 꽃 같은 손녀딸들과 증손녀들은 현재 전 세계 여러 국가들의 창녀로 전락해 버린 거란다.

그나마 아직까지 공산주의의 빛바랜 간판을 달고 있는 중국을 보자! 그들은 이미 공산주의를 포기한 나라란다. 무늬만 공산주의일 뿐! 그들은 이미 자본주의가 되어 버린 지 수십 년이 지나 버렸단다. 간판만 공산주의인 중국은 자본주의 보다 훨씬 더 돈의 위력을 실감할 수 있는 나라가 되어 있단다. 모든 인민을 공평하고, 평등하게 살게 하겠다던 중국이 전 세계에서 가장 극명하게 빈부의 차가 큰 나라가 되어 버렸단다.

중국의 공산혁명을 이끈 모택동이라는 사람 덕분에 수천 년 찬란하게 세상의 중심이었던 중국의 현대사가 몇 십 년 동안 얼마나 비참한 굴욕을 당했던가?

그 덕에 우리의 오만함은 어떠했는가? 감히 수천 년 동안 중국의 변방이었던 대한민국의 개인들이 중국을 무시할 수 있었을까? 수백 년 동안 조선에서는 중국의 제품이 최상의 선진제품으로 대접을 받아왔음에도 불구하고, 냄새나는 짱꼴라들이라고, 중국에서 만든 싸구려 제품이라고 업신여길 수 있었을까?

수천 년을 중국의 속국처럼 살아왔고, 그 속국의 천대받던 국민이었던 우리가 감히 중국을 무시하고, 중국 사람을 깔보고 백 달러짜리 몇 장으로 중국의 젊은 여자들을 희롱하고, 싸다 싸다를 외치면서 중국의 녹용이며, 짝퉁의 명품들을 싹쓸이 해올 수 있었던 오만방자함을 누리던 호사가 누구의 덕인가? 과연 무엇의 덕이었던가? 중국의 모든 지폐를 가득 채우며 그려진 모택동이라는 중국의 공산혁명을 완성한 사람 덕분이란다.

반대로 등소평이라는 중국의 위대한 지도자는 공산주의의 포기 선언을 다음과 같이 흑묘백묘(黑猫白猫)론으로 했단다.

'검은 고양이든 흰 고양이든 쥐만 잘 잡으면 된다.'

즉, 공산주의든 자본주의든 이념이 문제가 아니라, 껍질이 아니라, 간판이 아니라, 이념의 본질인 국민들을 잘살게만 하면 된다는 뜻이란다. 등 따뜻하고, 배부르게…….

결국엔 빛바랜 간판만 공산주의로 해 놓고, 자본주의의 장점들을 모두 가져다가 지금의 발전하는 중국을 만들게 한 것이지. 이는 공식적으로 공산주의 포기를 선언한 것이나 마찬가지란다. 세상의 흐름을, 본질을 제대로 간파한 그이 덕분에 **우리가 그동안 중국에서 누리던 오만방자함의 호사도 곧 끝이 보인단다. 건방지고 무례함을 자랑하던 천박했던 우리의 파티도 곧 끝이 날 거란다.**

자! 이제 당면한 우리의 문제를 보자!

동일민족의 전쟁으로 수백만의 이산가족을 만들고, 수백만의 내 아저씨들과 삼촌들을 죽음으로 몰아갔고, 우리의 동포들을 헐벗고 굶주리게 하는 이북의 김일성과 그 아들 김정일이, 그 손자가 캄보디아의 폴 포트와 차우세스크라는 사람들과 하등 무엇이 다른가?

아빠가 무심히 출퇴근하는 자유로 임진강 너머로 빤히 내다보이는 또 지척으로 손을 뻗으면 닿을 듯이 보이는 우리의 땅 절반을 전 세계에서 가장 폐쇄적이고 가난한 나라로 만든 그들은, 그들의 이념에 어떠한 미련이 남아서 아직도 백골이 되어 버린 이념의 뼈다귀를 부여잡고 이리도 끊임없는 갈등을 만드는가!

개성공단의 노동자 월급이 우리의 일당노동자 하루 임금의 절반에 가까운 66.77달러라는 신문기사를 읽고도 그 땅에, 그 땅의 제도에 어떠한 미련이 남아 있어 이리 갈등을 만드는가? 이 누리는 호사를 넘치는 풍족함에 질려서, 싫증나서 또다시 중국의 속국이나, 하루를 1,000원도 안 되는 돈으로 살던 시대로 되돌아가고 싶은 것인가?

왜 더 열심히 노력하기를 거부하고, 자신의 그릇을 키우는 일에 게으름을 피우면서 자신들의 무능과 어리석음은 뒤로 감추고, 우물 속의 닫힌 사고를 가지고 살면서, 가진 자들, 열심히 노력하고 최선을 다해서 땀 흘린 자들의 과실을 탐내는가? 어떤 이유로 그들의 과실이 부당하다는 궤변을 토하는가? 어떠한 이유로, 명분으로 그리도 당당하게 그들의 과실을 나누어 갖자고 뻔뻔한 주장을 일삼는가? 어떠한 명분으로 완장 찬 왈패의 짓거리로 투정을 부리는 것을 정당화하려는 것인가?

왜 이리도 불나방처럼 불 속을 뛰어드는 어리석음을 우리는 반복하는가! 왜 우리의 기성세대들은 철부지 그들의 철없는 언동들을 비난하면 '망발' 이라 하며 그들을 옹호하는가?

모든 것을 판단할 때는 뿌리를 보려 노력을 하라!

몇 장의 나뭇잎으로, 한두 개의 가지로 나무를 판단하려 하지 마라.

몇 장의 나뭇잎이 누런색이라고 가을이 온 것도 아니고, 나무가 병든 것도 아니란다.

나뭇가지 한두 개가 꺾였다고 나무를 베어 버리는 어리석음을 경계하라.

세상은 반드시 얻는 것이 있으면 잃는 것이 있는 것이고, 잃는 것이 있으면 또한 반드시 얻는 것이 있는 것을.

얻는 것이 전부라 생각하는 것을 경계하라! 잃는 것이 전부라는 것 역시, 경계해야 할 일이다.

보증에 대하여

누구에게도 보증을 부탁하지도 또 남을 위해 보증을 서지도 말라.
너희가 보증을 할 만큼, 완벽한 인간은 존재하지 않는단다.

어떠한 일이라도 너희 자신의 능력만큼으로 일을 벌여라. 그리고 그 실패가 절대로 너희 자신에게만 국한되도록 하라. 너희는 이렇게 생각할 수도 있겠지. "부모, 형제도 보증을 서주지 않는다면 누가 보증을 서주겠는가?"

맞는 말이다. 아빠도 그리 생각을 했었단다. 하지만 역으로 생각해 보자! 너희에 대한 보증으로 아무 잘못도 없는 너희의 부모, 형제, 친척, 친구 모두

를 너희의 실패로 인해 하루아침에 같이 망하게 하지 말라는 것이란다. 아무 잘못도 없이 졸지에 어느 날 아침에 모두를 일시에 넘어지게 하는 위험한 부탁이라는 것이지.

너희의 실패로 줄줄이 볼링 핀 쓰러지듯이 한 집안을 송두리째 넘어뜨려서는 안 된다는 거란다. 그들을 너희의 마지막 보루로 남겨 두어라! 그래야 너희가 사업에 실패했을 때, 너희가 넘어졌을 때, 네 주위의 가족들이, 형제가 너희를 도울 수 있는 손을 내밀 수 있는 것이란다.

아무 잘못 없는, 열심히 사는 그들을 너희의 욕심으로 날벼락 같은 위험에 빠뜨리지 말라. 어려운 부탁으로 너희 주위의 선량한 그들에게 심적인 고통을 주지 마라. 견딜 수 없는 어려움에 처했을 때, 그때만 아주 작은 손을 내밀 일이다.

너희가 감당할 수 있는 만큼만의 일만을 벌여야 할 것이다.

행복에 관하여
(즐겁게 사는 것에 대하여)

많은 사람들이 '인생은 즐기며 살아야 한다.' 고 말하지.

인생은 행복을 추구하기 위해 산다고. 인생은 짧다고.

노~세 노~세 젊어서 노세…….

과연 우리는 행복하기 위해서 사는 것일까?

우리가 추구하는 행복이라는 것은 무엇일까?

인생을 즐기기 위해서 사는 것일까?

일견 맞는 이론이라는 생각도 들지만…….

넓은 집에 살고, 맛난 음식과 안락한 의복들, 이것들이 행복일까?

너희 눈의 동공을 부풀게 하는 시각이 느끼는 즐거움, 너희의 간사한 혀가 탄성을 지르게 하고, 오만한 후각을 벌름거리게 하는 그런 것들이 행복일까?

육체를 감싸는 비단결의 촉감으로 너희를 구성하는 수억 세포의 촉수가 안락해하는 삶만이 행복일까?

그렇게 살다 죽으면 행복한 삶을 살다 죽었다고 우리는 만족해할 수 있는 것인가?

마음이 편안하고 스트레스 없는 삶!, 그것 역시 과연 행복한 삶일까? 많은 유명한 곳들을 여행하고, 수많은 나라들을 여행을 해봤다고 그것이 행복한 것일까? 통장에 그려진 수많은 동그라미의 잔고와 금고 가득히 채워 놓은 돈이 행복을 만드는 것일까?

매일이 맑은 날이고, 매일이 화창한 날들로 이어지면 결국엔 사막이 된다는 말이 있단다.

갈증이 있어 물의 시원함을 느끼는 것이고, 행복은 불행과 어려움의 터널이 있어 우리는 그 소중함을 깨닫게 되는 것이지.

비바람과 천둥이 있어 화창한 날의 고마움을 알고, 어둠이 있어 아침에 뜨는 태양의 고마움을 아는 것이듯.

불행과 수고는 행복과 성취감, 기타 만족을 얻기 위해 반드시 거쳐야 하는 과정인 것이란다.

우리가 느끼는 행복감들!

그것들의 유효기간은 어찌 그리도 비눗방울이 견디는 만큼으로 허망하게 짧은지!

생각해 봐라!

너희가 어려서 선물 받은 장난감이 주는 행복감이 얼마를 가던가? 너희가 원하던 브랜드 운동화가 주는 행복이 얼마를 유지하던가? 너희가 처음으로 너희의 노력으로 산 최초의 자동차가 주는 행복감이 얼마를 가던가를…….

6개월쯤 지나면 아마도 다른 차가 너희의 눈에 들어오리라. 부러움으로 또 다른 욕심으로…….

너희의 노력으로 장만한 자그마한 아파트가 너희에게 주는 만족과 행복감이 얼마를 갈지. 처음으로 장만한 집이라 환호하고, 잠들 수 없게 하던 환희와 행복감이 그리도 허망하게 사그라지는지. 어쩜 그리도 빨리 다른 평수, 큰 아파트들이, 새 아파트들이, 넓은 마당이 있는 집들이 눈에 들어오는지…….

아빠는 단언한다. 너희가 행복만을 추구한다면, 평생을 행복이라는 마약에 종속되어 끊임없이 더 높은 강도, 더 높은 행복감을 추구하게 되리라는 것을.

행복하기 위해서 산다!

행복을 위해서 산다!

행복하고자 산다!

아마도 정답이 아닐 수도 있단다.

인생과 사랑에 대한 결론! 그것은…….

아빠는 아빠의 결론을 알고 있으나 그 결론을 너희에게 말해 주고 싶지는 않다. 그것이 너희의 정답이 될 수도 없으니.

너희가 내리는 인생에 대한 너희만의 결론! 그것이 정답이 될 수도 있으니 …….

여기까지가 아빠가 너희에게 해주고 싶은 말들이란다.

마지막 마침표를, 점을 찍기가 참으로 쉽지 않으나 여기까지로 하자.

그렇지 않으면 영원히 이 꼰대의 잔소리를 멈출 수 없을 것 같으니.

아들아 !

사랑 하고........

사랑한다.

너희가 어떠한 자세로 이 글을 읽었을까?

너희의 그릇대로 담아가는 것이라고 이 책에서 수없이 강조를 했지!

공허한 외침이 될지라도…….

나의 부탁대로 너희를 가두는 자존심의 대문을 활짝 열어젖히고 이 책을 읽었으리라 생각한다!

얼마나 많은 양을 너희의 그릇에 담았다고 생각을 하니?

아빠가 아는 모든 이들을 돌아봐도 자신의 그릇을 키우려 애쓰는 이를 떠올리는 것은 참으로 쉽지 않단다.

한결같이 자신들에게 다가오는 다른 논리들에 신경질적으로, 발악으로 그것들을 거부하는 본능에 충실하지.

아빠 또한 그러하고…….

그만큼 자신의 그릇을 끊임없이 키워가는 것이 참으로 어려운 거란다.

너희에게 던져준 각각의 화두(話頭)의 씨앗들이 치열하고도 논리적인 고뇌를 통해서 너희만의 웅장하고 찬란한 그리고 편향되지도, 왜곡되지도 않은 올바른 가치관의 거목(巨木)으로 자라기를

참으로 희망한다.